政大人文系列叢書

文學東亞

歷史與藝術的對話

陳芳明 主編

政大人文中心

政大出版社
Chengchi University Press

國家圖書館出版品預行編目 (CIP) 資料

文學東亞：歷史與藝術的對話 / 吳佩珍等著；陳芳
明主編 .-- 初版 .-- 臺北市：政大出版社出版：
政大發行, 2015.12
面； 公分 .
ISBN 978-986-6475-82-5（平裝）

1. 東方文學　2. 文學評論　3. 文學

860.7　　　　　　　　　　　　　　　104028718

政大人文系列叢書

文學東亞：歷史與藝術的對話

主　　編　　陳芳明
著　　者　　王君琦　王婉容　吳佩珍　邱雅芳　紀大偉
　　　　　　郝譽翔　崔末順　劉正忠
發 行 人　　周行一
發 行 所　　國立政治大學人文中心
出 版 者　　政大出版社
執行編輯　　蕭淑慧　林淑禎
助理編輯　　陳鈞昂　莊雯伃
校　　對　　張雨捷
封面設計　　談明軒
地　　址　　11605 臺北市文山區指南路二段 64 號
電　　話　　886-2-29393091#80625
傳　　眞　　886-2-29387546
網　　址　　http://nccupress.nccu.edu.tw

經　　銷　　元照出版公司
地　　址　　10047 臺北市中正區館前路 18 號 5 樓
電　　話　　886-2-23756688
傳　　眞　　886-2-23318496
網　　址　　http://www.angle.com.tw
郵撥帳號　　19246890
戶　　名　　元照出版有限公司

法律顧問　　黃旭田律師
電　　話　　886-2-2391-3808

排版印刷　　鴻柏印刷事業股份有限公司
初版一刷　　2015 年 12 月
定　　價　　300 元
I S B N　　9789866475825
G P N　　1010403436

政府出版品展售處
・國家書店松江門市：104 臺北市松江路 209 號 1 樓
　電話：886-2-25180207
・五南文化廣場臺中總店：400 臺中市中山路 6 號
　電話：886-4-22260330

文學東亞：歷史與藝術的對話

文學東亞的視野

陳芳明

國立政治大學台灣文學研究所講座教授

　　進入21世紀的台灣文學研究，無論是史料蒐集或是詮釋策略，都已經與上個世紀的脾性產生極大差異。對國內學界而言，台灣文學是一門遲到的學問。在出土之前，可以說完全沒有存在空間。即使出土之後，這門學問似乎也沒有得到多少祝福。許多人宣稱台灣文學是顯學，卻完全遺忘在戰後長達半個世紀以來，這門學問未曾獲得寬容的待遇。必須要進入1990年代，台灣社會完全民主化之後，才升格成為知識訓練的一支。

　　台灣文學研究已經產生重大變化。1980年代，史料的出土與整理，是台灣文學的開創階段，這當然是相當反諷的事。在這海島所釀造出來的文學想像與作品，竟然可以遭到政治權力的遮蔽，長達半世紀以上。這說明了為什麼這門學問的出土是何等困難，屬於本土的知識從未見到看見、從無形到有形，無疑是充滿了後殖民的文化能量。曾經有一段時期，台灣文學研究者必須為自己追求的方向辯護，也必須在各種試煉的過程中自我合理化。這也說明了在台灣文學的領域，橫跨兩個時代的殖民地作家之所

以受到尊敬的原因。沒有他們的藝術想像與創作實踐，就不可能
釀造豐碩的文學遺產。

殖民地作家在戰前受到帝國的壓制，在戰後受到威權體制的
歧視。他們有太多人終生追求文學，不僅從來沒有見到天日，卻
還遭到冤獄、迫害，甚至槍決。無怪乎文學史家葉石濤不能不感
嘆，作家就是天譴。他們的心靈夾帶著非常豐富的文化意義，但
是在戒嚴時期，這樣的意義完全一文不值。他們那個時代，所生
產出來的小說與詩，高度富有東亞的意義。他們的美學，一方面
承受著來自帝國的藝術洗禮，一方面他們的生命主體卻又得不到
伸張。如果說，他們與生俱來就擁有東亞的身體，亦絕不為過。
從教育過程到閱讀經驗，他們的魂魄曾經被帶到遙遠的東京、北
京、南京。甚至有些生命，被引導到滿州與韓國。台灣歷史曾經
走過那麼遙遠，卻在政權更迭之後，全然受到蒙蔽、否定、抹煞。

新世紀的台灣文學研究，無疑是在進行一次龐大的招魂式。
曾經在日本、韓國、滿州、中國遊走過的台灣作家，顯然已經到
了可以獲得歷史安頓的時刻。今天從事文本上的詮釋時，其實是
相當靜態。如果可以參與台灣先人的旅行蹤跡，大概可以感受到
那個時代的疏離、荒涼、絕情。站在廣漠的亞洲地圖上，台灣作
家的身影何等孤單、何等落魄，或竟如吳濁流所自況的「亞細亞
的孤兒」。重新解讀他們的作品，似乎他們也從最遙遠的歷史邊
境回到這個海島。

東亞觀念在台灣學界的浮現也是相當遲緩，無可懷疑，這個
用詞是由日本創造出來。他們以帝國的眼光，來看待兩個殖民
地，並且藉由北進政策與南進政策，來概括整個東亞地區。東亞
一詞的最初創造，在一定程度上延伸著帝國權力的想像，即使到

戰後初期，東亞的解釋也是由日本來壟斷。當台灣文學這門學問建立起來以後，便不再扮演被凝視、被解釋、被定義的角色。當我們可以寫出自己的文學史，也可以詮釋自己的文學作品，也就蓄積足夠的能量，重新解釋東亞。具體而言，從前的台灣歷史與台灣文學都由不同的帝國來書寫並解釋。如今，台灣學界可以建立詮釋主體的時候，自然而然可以進一步干涉東亞既有的意義。

台灣文學的內容，永遠是處在變動不居的狀態。戰前的新文學運動，受到日本與中國的啟蒙，那樣的思考格局可以說相當龐大。戰後台灣文學再出發，從日文書寫換軌到中文書寫，似乎暗示著，台灣作家具有雙重視野，既可以觀察日本文學的發展，也可以考察中國新文學運動的崛起。橫跨在兩個時代的台灣知識分子，一直是受到高度壓迫。他們承受著戰前的帝國體制，也忍受著戰後的黨國體制。他們一直是東亞歷史的受害者，始終懷抱著被欺負、被損害的靈魂。但無可否認，他們在歷史凌遲的過程中，仍然在內心底層保有追求文學之美的願望。

1990年代以來，文學史料不斷出土，那是台灣先人魂魄歸來的重要儀式。台灣學界捧讀他們的作品時，也辨識了他們與生俱來的東亞精神。殖民地台灣永遠不會遺忘另一個殖民地朝鮮，兩個國家的命運在屈辱中顛仆前進。重新解釋殖民地文學的內容時，無疑是重新定義了東亞的意義。我們不能永遠單方面接受帝國的解釋，殖民地文學的後裔不僅要建立屬於自己的解釋，還要進一步去翻轉帝國的解釋，而且也要進入帝國內部，重新解釋日本文學的內容。

身為政治大學頂大計畫的其中一個團隊，我們結合了國內年輕世代的研究者，他們都是台灣文學研究的新起之秀，也是對日

本、中國、韓國、台灣的文學都相當熟悉，他們的語文能力，橫跨日文、韓文、英文、中文，足以在不同的文學領域進出自如。本書所收的八篇文章，都是由少壯派的教授所完成。他們是王婉容、郝譽翔、吳佩珍、崔末順、劉正忠、紀大偉、王君琦、邱雅芳，個別提出的論文都經過正式的審查，他們的主題、內容、詮釋各有不同，但是集合起來，便構成了一個龐大的東亞圖像。他們所涵蓋的內容，觸及了東亞各國的文學內容，包括了文學史未曾處理的議題，連結了國族與歷史的敏銳觀察，銜接了劇場、小說、性別、電影、史觀的不同研究方式。每位作者的論文，都在構成他們未來專書的一部分。這本論文集的出版，無疑是預告了一個豐收季節的到來。

陳芳明

2015.9.11 政大台文所

明治「敗者」史觀與殖民地台灣：
以北白川宮征台論述為中心[1]

吳佩珍

國立政治大學台灣文學研究所副教授

一、前言

　　日本與台灣近代關係始自1874年的台灣出兵，史上又稱「牡丹社事件」。日本自1868年明治維新之後，便開始近代國民國家發展的進程，國家在擴張的同時，也進行內外的收編。除了企圖迎頭趕上世界帝國列強，並積極加入帝國主義競逐遊戲。「牡丹社事件」正可說是其加入列強競逐的試金石。

　　「牡丹社事件」事發原因起自琉球漁民遭遇船難漂流至台灣恆春半島，其中五十四名遭牡丹社以及高士佛社原住民殺害。「牡丹社事件」發生後，日本開始積極主張其對琉球主權的正當性，讓前近代以來一直處於中國以及日本兩大國夾縫之中的琉球王國，其主權岌岌可危。日本以台灣原住民殺害琉球漁民爲由，

1　本文乃執行國科會專題研究計畫「日本的台灣殖民事始與「國民文學」書寫——以日據時期北白川宮能久親王形象建構與明治維新「敗者」史觀爲中心」（101-2410-H-004-147-MY2）之部分研究成果。另，本文根據收入《臺灣文學研究學報》第20期（2015.6）原稿補訂。此外，謹在此對本文審查人的指正與寶貴意見致上謝忱。

日本對清廷提出抗議。然而清廷將台灣定位爲「化外之地」，讓日本根據近代列強競逐遊戲的基本規則：「萬國公法」，於1874年由西鄉從道率軍對台灣出兵，此乃官方近代史上台日的首次接觸。[2]事實上「台灣出兵」的目的，乃企圖消解日本維新後因「廢藩制縣」而大量失業的武士階級的不滿情緒。「台灣出兵」之前，已有所謂的「征韓論」主張。在「征韓論」政爭失勢的西鄉隆盛掛冠求去，隱遁鹿兒島。「台灣出兵」決議雖有種種緣由，其中最重要的原因之一，可說是當時明治政府企圖對心生不滿的西鄉隆盛懷柔。「台灣出兵」的統帥雖是其弟西鄉從道，也因此西鄉隆盛表面上看來似乎並未主導征台戰役，但實質上所有軍隊調度多出自西鄉隆盛之手。[3]1874年台灣出兵之後，士族的不滿不僅未消解，加上當時明治政府未徹底落實近代國家議會體制，自由民權運動越演越烈，在「明知不可爲而爲之」的情勢下，西鄉隆盛率領不滿士族在九州蜂起，於1877年爆發明治維新之後最後的國家內戰「西南戰爭」。[4]至此，明治維新後，日本動盪不安的內政情勢告一段落。隨著1894-1895年的中日甲午戰爭以及1904-1905年的日俄戰爭分別打敗中國以及俄國，同時依馬關條約，由清廷割讓台灣，得到第一個殖民地。

　　如果依照「通史」觀點看來，以上所敘述者可視爲近代日本流通的主流史觀，即明治維新之後薩摩、長州二藩所主導的歷史觀點。而台日近代關係史基本上由上述史觀來呈現，也因此，台

2　小森陽一，《ポストコロニアル》（東京：岩波書店，2001），頁23-25。

3　吳佩珍，〈日本自由民權運動與台灣議會設置請願運動──以蔣渭水〈入獄日記〉中《西鄉南洲傳》爲中心〉，《台灣文學學報》第12期（2007.12），頁109-132。

4　同註3。

灣成爲日本殖民地的歷史脈絡，基本上也由上述史觀認定，成爲
一般流通的論述。

　　對日本的近代史觀而言，歷史學家成田龍一曾經指出，所謂
的歷史對於創造、支撐國民國家是非常重要的裝置。也正因爲如
此，歷史學也常常難以介入對國民國家的批判。然而，自冷戰體
制崩壞，來自前「日本」帝國殖民地對戰前戰爭責任的釐清與挑
戰，也正是對支撐歷史框架的近代國民國家，以及以國民國家
爲理念的戰後的詰問。這些現象挑戰了敘述「歷史」的立場，讓
至今爲止擁有特權的歷史學地位岌岌可危。因此所謂「歷史」也
是一種敘事的觀點被導入，與其緊鄰領域 —— 文學的關連性，
開始被重視。也就是說，歷史學之外的學問領域開始對「歷史」
關切，而漸漸動搖了「學門」（discipline）的界線，也重新定義了
「歷史」的概念。[5]

　　省思以上日本近期的史觀變化，再對照至今爲止的台灣研
究，可看出日本領台五十年間的研究史觀，無異是沿用明治維新
後，薩長二藩所主導的「勝者」史觀。正因爲如此，當時統治者
「日本」的認識不僅平板同時一元化，在後殖民研究論述上過度
單純化日本近代的「國族主義」，對日本領台五十年間在台日人
的文學框架建構，基本上均視爲以日本宗主國爲主體的「勝者」
史觀「國民文學」。然而，重新省視日本統治期的在台日人文學
主導者，便會發現多爲東北「敗者」集團出身者，或者多與東北

5　成田龍一，《〈歷史〉はいかに語られるか》（東京：ちくま学芸文庫，2010），頁13-14。

地域有極深淵源者的歷史事實。西川滿、島田謹二、[6]濱田隼雄[7]等都在此行列。不僅如此，如果從「敗者」的東北史觀出發，觀察當時在台日人的文學創作以及「國民文學」框架建構的構想與意圖，便能看出有著更複雜的重層以及無法還原於「單一」的日本「國族主義」的結構，而這與日本領台的時間點——1895年前後不無關係。此時，日本的近代國家基礎尚未底定，同時所謂「日本」的國族認同也未臻至成熟。[8]而當時在台日人的國族認同，並無法如此單純地還原還未具體成形及充滿曖昧矛盾的「日本」，而從在台日人的「敗者集團」，也可看出其「國族主義」認同中，衝突與矛盾的複雜性格。[9]其中關鍵，與北白川宮能久親王（以下為北白川宮）——即幕末時被東北奧羽列藩擁立為東武天皇的

6　島田謹二畢業自東北帝國大學英文系。

7　濱田隼雄畢業自東北帝國大學國文系，因轉向問題，之後赴台灣成為女校教師。在東北帝國大學就學期間，曾受教於也赴台任教的島田謹二。日本敗戰，返回東北之後，其作品散見於地方報紙雜誌如《河北新報》、《東北文學》，可知濱田戰後返回日本之後，仍活躍於日本東北地方文壇。

8　關於日本明治維新前後的國家體制乃至國族認同問題，吳叡人以「敗者」集團的會津藩出身的東海散士柴四朗在1879（明治12）年開始撰寫，耗時十年完成的《佳人之奇遇》為例，指出明治初期近代日本國族認同仍呈現渾沌以及曖昧不明狀態。參照吳叡人，〈「日本」とは何か：試論《佳人之奇遇》中重層的國／族想像〉，收入黃自進編，《近現代日本社會的蛻變》（台北：中央研究院亞太區域研究專題中心，2006），頁638-669。1868（慶應4）年戊辰戰役，會津藩被迫陷入對抗薩長軍的危急狀況，家臣男子依年齡組成親衛隊。其中十六、七歲男子所組成的「白虎隊」因目擊城下陷入火海，誤以為藩城鶴之城被攻陷，二十人決心殉主，在飯盛山集體切腹自殺。其中飯沼貞吉獲救，「白虎隊」當時狀況，大部分根據其證言，流傳後世。另，會津藩遭政府軍攻擊陷入籠城當時，政治小說《佳人之奇遇》作者、柴四朗被編入護衛會津藩藩主松平容保的護衛隊「白虎隊」，但在出征時因發高燒，並未實際參與戰門。參照松本健一，〈白虎隊士の精神〉，收入歷史讀本編輯部編，《カメラが撮られた会津戊辰戦争》（東京：新人物往来社，2012），頁44-59。

9　以西川滿為例，其自傳對於自己家族來台以及因日本戰敗被迫離台都以明治維新「敗者」史觀來書寫，對於建構近代「日本」觀點也與當時日本內地的主流意識迥異即為一例。參照西川滿，《自傳》（東京：人間の星社，1986），頁2、70。同時參照吳佩珍，〈日人作家的「文學史觀」疑義〉，《聯合文學》第328期（2012.2），頁48-51。

「輪王寺宮」，在1895年死於台灣征戰途中後，其在台灣的神格化以及形象的建構、複製與傳播有極爲密切的關係。[10]由北白川宮傳說以及當時以東北「敗者」集團在台日人作家所企圖建構的「國民文學」，都可看出其對於台灣的定義，與明治維新之後「勝者」集團的主流統治視點有差異之處。

　　本文將由「敗者」史觀重新探討北白川宮在明治維新史的定位，對照日本的台灣殖民事始 —— 即病殁於台灣征途中的北白川宮其在台生成的傳說與形象。除了從1895年隨北白川宮能久親王征討台灣的森鷗外其所撰寫的傳記《能久親王事蹟》，探討北白川宮形象的生成與史觀差異二者之間的關係外，也將從《臺灣日日新報》連載的講談《北白河宮殿下》(1911.4.3-1911.12.30)，探討殖民地台灣如何從「敗者史觀」建構北白川宮形象。

二、佐幕敗者到鎮台神祇 —— 北白川宮形象的更迭

　　回溯日本的台灣殖民事始紀錄，基本上均由當時身任近衛師團團長北白川宮的基隆澳底登陸開始。依日本的台灣殖民事始解讀，北白川宮於1895年5月30日登陸基隆，「於嘉義南進途上罹患風土病」，「二十二日入台南城，至二十八日病勢加劇」，[11]同年10月28日於台南駐在所死去。爾後台灣情勢底定，建造台灣神社奉祀北白川宮，成爲日本南方鎭守大社。身爲明治天皇的皇

10　北白川宮能久親王爲明治維新之後的稱謂，幕末時期其身分爲上野東叡山寬永寺「輪王寺宮」公現法親王。除文本引文，本文均作北白川宮。

11　台灣教育会，《北白川宮能久親王御事蹟》(台北：台灣教育会，1937)。本文引自收錄於佐藤元英監修，《皇族軍人伝記集成 第3卷 北白川宮能久親王》(東京：ゆまに書房，2010)，頁140-155。

叔，死於台灣的北白川宮成為日本統治台灣的精神象徵 —— 台
灣神社的鎮守神祇，表面上看來似乎並無特別的疑點，但這卻是
台灣的殖民史對於日本治台的史觀沿用日本明治維新之後的主流
史觀檢視之故。如果由東北史觀重新省視明治維新歷史，其史觀
便完全迴異於至今為止由薩摩、長州於明治維新奪權成功之後所
建立的日本近代史觀。隨著日本的近代史，特別是對明治維新史
觀今年的重新評價，北白川宮在明治維新時捲入幕府與朝廷之間
的政爭，同時一時之間成為東北朝廷擁立的新帝，在明治維新史
上被視為叛國謀反的歷史，便再度浮上檯面。

　　幕末到明治維新這段歷史，由東北敗者史觀重新回顧明治
維新前後由薩摩、長州的西軍集團[12]以及以仙台、會津藩為首的
奧羽越列藩的東軍所展開的天皇正祚爭奪權的過程，乃始於戰
後。[13]前行研究中，藤井德行指出，戰前使用大量的史料，以不
偏袒佐幕派或者是倒幕派的公正立場收集、編述幕末維新史者，
首推藤原相之助的《仙台戊辰史》。[14]戰前對於北白川宮被推為天

12　幕府末期，由薩摩藩與長州藩主導之軍力，由至今為止的主流明治史觀來看，多稱為
　　「官軍」。本文由重新省視此一史觀的立場出發，於本文以「西軍」或「新政府軍」稱之。

13　長久以來視為禁忌的東北朝廷立帝說，直到戰後才逐漸解禁。提出東北朝廷立帝說
　　者有以下論文。如瀧川政次郎，〈知られざる天皇〉，《新潮》47卷10号（1950.10），後收
　　入《日本歷史解禁》（東京：創元社，1950）；以及武者小路穰，〈戊辰役の一資料〉，《史
　　學雜誌》第61編8号（1953.8）、鎌田永吉，〈いわゆる大政改元をめぐって〉，《秋大史
　　學》14号，（1967〔昭和42〕）、藤井德行，〈明治元年 所謂「東北朝廷」成立に関する一
　　考察〉，收入手塚豐編，《近代日本史の新研究1》（東京：北樹出版，1981），對此東北
　　朝廷擁立新帝論述都有其主張。相對於薩摩、長州藩在日本東京，明治維新之後的「勝
　　者」史觀成為日本近代乃至日本帝國史觀主流者，近來「敗者」東北的明治維新史觀也
　　漸漸流通，例如2004年由專門出版東北相關史料的歷史春秋社所創刊的《會津人雜誌》
　　季刊除了介紹日本東北地域的風土人情，同時也企圖對明治維新史重新進行東北視點的
　　解讀與詮釋即是其中一例。

14　藤井德行，〈明治元年 所謂「東北朝廷」成立に関する一考察〉，收入手塚豐編，《近代
　　日本史の新研究1》，頁222。

皇，乃至東北朝廷成立的構想幾乎無人提及，這樣的現象起因自
日本戰前的尊皇主義，以及天皇的神格化、皇國史觀等思想壟斷
歷史詮釋權。日本戰敗後，日本由美軍接管，成爲實質的殖民地
之後，天皇「神格化」神話崩壞，其權威受到挑戰。一直以來被
視爲禁忌的這段幕末政爭的明治維新史，在戰後逐漸解禁。[15]其中
藤井德行的〈明治元年 所謂「東北朝廷」成立に関する一考察〉
將戰後以來的東北朝廷立帝說，做了清楚的整理與解析。

　　幕末時，奉幕府之命鎮守京都維持治安的會津藩與薩摩、
長州藩於1868（慶應4）年在京都發生武力衝突，是爲鳥羽伏見戰
爭。幕府軍敗戰，以薩摩、長州藩爲首的新政府軍在戰爭結束七
日之後，對仙台藩下令討伐會津藩主松平容保。東北諸藩對於新
政府軍強烈的不信任感，以及對於其政權正當性依舊存疑，同時
對於新政府軍要求對會津藩藩主松平容保處以死罪，抱持強烈的
不滿，認爲薩摩、長州有公報私仇的嫌疑。於是同年5月3日以
仙台藩爲盟主的奧羽越列藩正式成立，對此，薩摩、長州爲首的
官軍發兵征討東北，是爲戊辰戰役。當薩長新政府軍攻打江戶
上野寬永寺時，北白川宮被擁幕軍彰義隊擁立。之後在薩長聯軍
攻入江戶之後，於關東各地逃亡藏匿，最後逃至東北，在平潟登
陸，抵達仙台。之後東北諸藩成立的東北朝廷，擁立北白川宮爲
帝。[16]

　　明治天皇的父親孝明天皇是強硬的攘夷論主張者，對自幕末
以來擔任京都守護職的會津藩一直以來極爲信賴，一直到慶應2

15　參照John Dower, "Imperial Democracy: Evading Responsibility," *Embracing Defeat*, W.W. Norton & Co Inc., 2000, pp. 319-345。

16　百瀬明治，〈奧羽越列藩同盟──その成立から解体まで〉，收入歷史読本編輯部編《カメラが撮られた会津戊辰戦争》（東京：新人物往来社，2012），頁6-27。

（1866）年因水痘急逝爲止。[17]北白川宮爲孝明天皇義弟，[18]也因此
對於對意圖在東北樹立新朝廷政權的奧羽越列藩而言，其血統之
純正乃不二人選。[19]對會津藩深表同情，因而結盟的奧羽越列藩擁
立北白川宮爲東武天皇，企圖藉此大義名分，對抗薩長主導的新
政府軍。[20]

　　另，關於「輪王寺宮」（即北白川宮）[21]在東北被擁立爲帝的
主張與幕府長久以來的傳說也有密切關係。北白川宮於幕末時承
襲「輪王寺宮」，名爲公現法親王。「輪王寺宮」是上野寬永寺代
代傳承的住持名號，也是幕府菩提寺日光東照宮的司職者。天
台宗的天海大僧正獲得三代將軍家光的支持，得以開山寬永寺。
開山之後不久，均由京都迎來皇族出任歷代的「輪王寺宮」。據
傳，天海獻策德川幕府，當「西邊諸國發生叛亂企圖夾持天皇

17　關於孝明天皇的死因眾說紛紜，一直以來其遭毒殺的傳說甚囂塵上。而這樣的傳聞直至
　　日本戰後，病死論述以及毒殺論述兩派，仍爭論不休。毒殺說認爲，因孝明天皇主張公
　　武合體，對於尊王攘夷激進派的態度嚴酷，因而被當時傾向倒幕派的公卿岩倉具視等視
　　作絆腳石，遭到毒殺。例如韓國遭日本併吞前夕的1909年，安重根暗殺當時日本首相伊
　　藤博文，其中所列舉的伊藤的罪狀之一便是：「毒殺孝明天皇」。參照伊良子光孝，〈天
　　脈拜診──孝明天皇拜診日記〉（1）（2），《医譚》復刊第47、48号。轉引自藤井德行，
　　〈明治元年 所謂「東北朝廷」成立に関する一考察〉，收入手塚豐編，《近代日本史の新
　　研究1》，頁236。
18　北白川宮爲孝明天皇父親仁孝天皇的養子，也是明治天皇的叔父。
19　星亮一，《奧羽越列藩同盟──東日本政府樹立の夢》（東京：中央公論社，1995），
　　頁70-71。另，首先提出東北朝廷存在與否論述者，爲日本法治史研究者瀧川政次郎在
　　1950年於《新潮》（47卷10号）所發表的〈知られざる天皇〉。參照藤井德行，〈明治元年
　　所謂「東北朝廷」成立に関する一考察〉，收入手塚豐編，《近代日本史の新研究1》，頁
　　219-226。
20　參照星亮一，《奧羽越列藩同盟──東日本政府樹立の夢》，頁70-71。
21　輪王寺原是德川三代將軍家光時代在日光山所建，由當時的天海大僧正（1563？-1643）
　　開始經營，可說是德川幕府的菩提寺。天海大僧正之後的公海，迎接後水尾天皇皇子尊
　　敬親王爲日光門主，第一代輪王寺宮爲守澄法親王。之後直到明治維新爲止，共計十
　　三代十二位法親王成爲日光門主。「輪王寺宮」歷代均由幕府指派，皇族出任。「輪王
　　寺宮」爲日光門主，常駐江戶東叡山輪王寺，即上野寬永寺。北白川宮能久親王在
　　還俗前，是最後一任的輪王寺宮。參照管原信海，《日本仏教と神祇信仰》（東京：春秋
　　社，2007），頁165-191。

時，當奉本東叡山皇族後裔爲今上，進行平定」。[22]這被稱爲「天海密策」──即幕府對朝廷以及西邊諸侯大名所採取的預防謀反的對策，這在幕府內部以及箱根以東的諸藩當中暗暗流傳。[23]瀧川政次郎甚至指出，德川將軍對「輪王寺宮」尊崇與順從的態度，甚至高過京都的朝廷，日光東照宮的皇子（宮樣）即東邊（あづま）的天子，這與日光東照宮即東邊的伊勢神宮，東照神君即天照神君是相同的道理。[24]也因此，「輪王寺宮」被奧羽越列藩擁爲新帝，並非是歷史的偶然，乃其來有自。

新政府軍底定東北諸藩後，「輪王寺宮」投降謝罪，被下令在京都閉門自省，赦免後復籍伏見宮家，襲名北白川宮[25]禁閉解除後，北白川宮懇求明治天皇，允許其負笈德國留學。然而留學期間與德國女性貴族訂下婚約，明治天皇因而震怒，在婚約消息見報後，被迫中斷留學返國。[26]之後再度被命令謫居京都，閉門思過。後來進入近衛局，中日甲午戰爭之際，於1895年晉升近衛

22　參照藤井德行，〈明治元年　所謂「東北朝廷」成立に関する一考察〉，收入手塚豊編，《近代日本史の新研究1》，第二節「輪王寺宮の制度的意義」，頁217-231。以及長尾宇迦，〈「東武皇帝」即位事件──最幕末に存在した、歷史に埋もれたもう一人の天皇〉，《歷史読本》55巻8号（2010.8），頁126。

23　長尾宇迦，〈「東武皇帝」即位事件──最幕末に存在した、歷史に埋もれたもう一人の天皇〉，頁126。

24　瀧川政次郎，〈知られざる天皇〉，頁124。

25　奧羽越列藩同盟敗戰之後，「輪王寺宮」決定謝罪投降。另，將兩位執事僧義觀與覚忍免職。之後義觀被送往東京糺問司接受訊問調査，義觀擔起全部責任，供稱：「今春以來一事〔按：指北白川宮由彰義隊擁立，決定佐幕除薩路線〕，非出自親王本意，皆野衲一人計謀」，之後死於獄中。後世皆以義觀（覺王院）此番供詞，認定北白川宮出任奧羽越列藩同盟盟主並成爲「東武皇帝」，都出自義觀教唆，而非北白川宮本意。參照藤井德行，〈明治元年　所謂「東北朝廷」成立に関する一考察〉，收入手塚豊編，《近代日本史の新研究1》，頁306-308。

26　近期關於北白川宮留德期間與德國貴族的婚約問題，見淺見雅男，〈北白川宮能久親王──明治帝を激怒させたドイツ貴族との婚約〉，《文藝春秋》89巻3号（2011.3），頁330-332。而明治天皇傳記《明治天皇紀》中也言及此事。

師團長。同年5月30日以守備軍力帶領半個師團兵力登陸台灣，隨即開始台灣征戰。當時近衛師團被派遣至遼東半島待命，是爲了萬一與清廷戰事擴大，以便進入北京進行守備。然而與中國戰況並未如預期擴大，在清廷的媾和提議，隨即於1895年5月8日馬關條約訂定之後，同時在三國干涉還遼之下，急遽被命令前往台灣進行守備。明治政府隨即於5月10日任命樺山資紀爲台灣總督，緊接著當時的征清大總督小松宮彰仁親王決定派遣北白川宮率領的近衛師團充當台灣駐屯軍，5月16日征清大總督命令近衛師團等待台灣總督命令，隸屬台灣總督指揮下，候命派遣至台灣。

　　日本皇族自明治近代以來擔任軍職已成沿革，但一般將領，即使軍階高於皇族出身的軍官，也無法對其肆意指揮調度。也因此北白川宮所統率的近衛師團，原來以守備狀態駐屯遼東半島，但在台灣總督樺山資紀的命令下，突然以半個師團兵力，受命登陸台灣，進行討伐，急遽進入戰鬥狀態。當時隨行的軍官西川虎次郎於其回憶錄中如此回顧：「甲午戰爭的結果，台灣以及澎湖島歸日本所領有。當時我近衛師團在北白川宮能久親王殿下的統御下，駐屯遼東半島。說是師團，但只有半師團兵力，充當遼東半島之守備。然而突然受命守備台灣，身著冬衣的情況下，緊急趕往台灣。當然我們當時對於台灣不僅一無所知，同時完全未預期會有戰爭。運送船被命令於蘇澳灘集合，之後依海軍的通報，決定了登陸地點。直到那時，才開始有著我們或許無法安全登陸也未可知的念頭」。[27]在此段記述之後，西川回憶當時最感苦惱

<hr>

27　西川虎次郎，〈北白川宮能久親王殿下の御征戰に従ひて〉，《台湾》7巻1号（1936.1），頁4。

的，是沒有台灣地圖。由此回憶錄可知，北白川宮所引領的近衛軍團，事前並未被告知將會進入戰鬥態勢。同時也可從以上敘述得知，北白川宮的近衛軍團是在毫無作戰計畫以及台灣地理情報的狀況下，進入戰鬥狀態。以皇族之尊親身征討「蠻夷之地」台灣，原本便極不尋常，同時北白川宮駐屯遼東半島時已罹患瘧疾，[28]也因此自基隆登陸到達台南去逝，其滯台時間僅短短數月，然而卻被神格化為當時日本治台的精神象徵台灣神社的鎮守之神。[29]之後，北白川宮征台事蹟在日本領台五十年間，其傳記以及傳說不斷被複製、再生，於台灣流傳，成為日本統治台灣的精神象徵。

三、東北朝廷立帝說的虛與實 ── 森鷗外《能久親王事蹟》中的北白川宮形象

北白川宮事蹟在殖民地台灣時期的流傳與複製，基本上從1910年代便由當時隨能久親王征伐台灣的近衛師團軍官以回憶錄形式撰寫而開始。之後直到1940年代戰爭時期，北白川宮神話則再次被動員。[30]即使是以傳記形式書寫，對於征台戰役之前的歷史一概輕描淡寫，且均聚焦於其滯台期間，即1895年5月30日至同

28　台灣教育会，《北白川宮能久親王御事蹟》，引自佐藤元英監修，《皇族軍人伝記集成 第3卷 北白川宮能久親王》，頁20。

29　同時有史料指出北白川宮在抵達新竹時，便在牛眠山中彈身亡，日軍怕影響士氣，祕不發喪。參照黃榮洛，《北白川宮は新竹で死んだ》(出版地、出版者不詳，1986)。而日本乃至戰前台灣所流傳的北白川宮傳記均記載其在台南因瘧疾加劇病逝，但祕不發喪，將遺體運回東京舉行喪禮。1908年所出版的森鷗外《能久親王事蹟》對此過程有詳細描寫。參照森鷗外，《能久親王事蹟》，《鷗外全集》第3卷(東京：岩波書店，1987)。

30　台灣所發行、流通的北白川宮傳記，擬預定之後撰稿再述。

年的10月28日期間的征戰經過。[31]日本國會圖書館現存的相關資料與北白川宮傳記對其「輪王寺宮」時代，即「明治維新」主流史觀強調的幕末能久親王隨佐幕派流亡至東北，被認定企圖謀反的歷史，其實都有一定程度的呈現。然而，檢視北白川宮的台灣征討戰役，便會發現疑點甚多，也由於北白川宮與東北諸藩敗者以及明治新政府之間錯縱複雜的關係，同時讓日本1895年征台史蒙上了陰影。例如，從北白川宮能久親王登陸台灣時的部屬西川虎次郎隨北白川宮登陸台灣戰役的回顧，便能發現箇中的疑點。[32]

　　另，華嚴宗佛學研究者龜谷天尊等所著的《北白川宮》傳記，對北白川宮如何捲入幕末政爭以及台灣征討始末，也提出了疑義。[33]龜谷敘述幕末奧羽越列藩對於薩摩、長州二藩以新政府軍的大義名分對德川幕府以及東北諸藩進行征討乃是夾私怨報復，企圖代替幕府掌握政權，因此東北諸藩寧願戰死，也不願將坐以待斃。而由江戶逃往仙台的北白川宮便被奧羽越列藩奉為盟主，得以讓東北諸藩得以師出有名，與薩長二藩帶領的西軍對抗。[34]而對於之後北白川宮受命以守備軍力征討台灣一事描寫與對台

31　如台灣教育會編撰的《北白川宮能久親王御事蹟》以及前近衛師團通譯官吉野利喜馬，《北白川宮御征臺始末》（台北：臺灣日日新報社，1923）等。

32　西川虎次郎，〈北白川宮能久親王殿下の御征戰に従ひて〉，頁4。

33　龜谷天尊又名龜谷聖馨，明治至昭和期的佛教學者與教育者。生於安政3年，研究大乘佛教，特別是「華嚴」教理。曾任東京名教中學校長。著有《華嚴大経の研究》、《仏陀の最高哲学とカントの哲学》等。

34　龜谷天尊、渡部星巖，《北白川宮》（東京：吉川弘文館，1933），頁44-46。藤井德行指出，此傳記關於北白川宮親信的執事僧侶覺王院義觀以及竹林坊曇覺的相關論述，二者時有混淆，故有與史實出入之虞。參照藤井德行，〈明治元年 所謂「東北朝廷」成立に関する一考察〉，收入手塚豐編，《近代日本史の新研究1》，頁225。另，關於北白川宮傳記內容，論及台灣出兵者，除龜谷天尊、渡部星巖的《北白川宮》與森鷗外的《能久親王事蹟》之外，目前尚未發現其他的詳細記載史料，故本文先採用此二文本以供對照。

總督府的批判，可知當時北白川宮的處境艱難。其中敘述由於近
衛師團預定於北京原野交戰，並未預料到台灣島國將成為主力
戰場，因此面對島國台灣的險峻山路，並未有足夠應對的運送人
夫。登陸時僅攜帶三日份糧食，士兵也只帶有二百餘發子彈。此
外，台灣抗日義軍抵抗激烈，台灣總督府早有耳聞，但卻處處對
師團牽制，對於後路守備乃至地理位置以及敵情的掌握幾乎完全
空白。[35]當時總督府雖是行政組織，但卻具有指揮守備隊的權限。
從該傳記的字裡行間可讀出，北白川宮所率領的近衛師團可說是
台灣總督府的「棄子」。也暗喻幕末戊辰戰爭北白川宮為東北諸
藩奉為盟主與薩長二藩對抗的恩怨，在明治維新之後由薩長掌權
的情況下，北白川宮為何以皇族之尊卻親身涉險，最後死於日本
的「新領土」── 台灣。

　　另一親王的傳記為森鷗外的《能久親王事蹟》，其影響，可
從學術論文以及歷史小說書寫對於該傳記的頻繁引用窺見。同
時，此傳記對於日本統治期在台日人作家以及文學主導者也影響
甚鉅。[36]而森鷗外之所以成為北白川宮傳記的作者，是因為森鷗
外不僅參與甲午戰爭，之後也隨近衛師團移師台灣，參與征討之
役。森鷗外研究中，對於森鷗外在甲午戰爭結束，然而旋即遭
到緊急異動，奉命參與台灣征討戰役也被認為是疑點重重。對
照戰前島田謹二所撰寫的〈征台陣中の森鷗外〉，島田仔細爬梳
森鷗外參予台灣戰役的所有相關資料，如《明治二十七八年日清

35　龜谷天尊、渡部星峯，《北白川宮》，頁82-83。
36　如島田謹二以及西川滿，都對森鷗外極為推崇。而島田謹二〈征台陣中の森鷗外〉、藤
　　井德行〈明治元年 所謂「東北朝廷」成立に関する一考察〉，以及吉村昭的歷史小說《彰
　　義隊》（東京：新潮社，2010）都引用了《能久親王事蹟》，同時論及此傳記的影響。

戰史》、《明治二十七八年役陣中日誌》，島田謹二推斷森鷗外滯
台期間應爲明治28（1895）年5月30日至9月27-28日。但他也指
出，森鷗外的甲午戰爭以及征台戰役的日誌《徂征日記》，幾乎
未著墨台灣征戰，不過森鷗外登陸台灣參加征台戰役的紀錄卻可
由1908年出版的《能久親王事蹟》窺見。[37]同時並指出，森鷗外雖
然參與甲午戰爭以及1895年的登陸台灣戰役，但其作品論及台灣
者，除了《徂征日記》之外，便屬北白川宮傳記《能久親王事蹟》
對於台灣的著墨最多。[38]

　　《能久親王事蹟》的刊行，構想源自明治29（1896）年時，曾
隨北白川宮率領的近衛師團登陸台灣的將校十餘名所組成的棠陰
會。在棠陰會會員分工調查，進行資料整理後，囑咐台灣之役當
時同屬於近衛師團的軍醫森鷗外編撰，最後會同會員們校正，於
明治41（1908）年出版刊行。森鷗外在《能久親王事蹟》對於幕末
時期的「輪王寺宮」時代，特別是爲東北諸藩擁立爲新帝以及之
後被命禁閉自省的描寫，幾乎都以曖昧的筆調帶過。該傳記中與
之成爲對照者，則是對之後北白川宮自登陸台灣，一路往南征戰
過程，巨細靡遺的描寫。

　　例如對於「輪王寺宮」在上野寬永寺受到薩摩二藩率領的政
府軍攻擊，進駐上野寬永寺護衛「輪王寺宮」的「彰義隊」被擊
潰時，榎本武揚以軍艦長鯨丸至羽田灣迎接「輪王寺宮」的描
寫。森鷗外對「輪王寺宮」當時對前往東北的決定，作了如下的
敘述。「東叡山道場遭逢兵難，已失棲身之處。近日諮詢左右，

37　島田謹二，〈征台陣中の森鷗外〉，《華麗島文学志——日本詩人の台湾体験》（東京：明
　　治書院，1995），頁65-67。
38　同註37，頁94。

皆道江戶危險，縱使倚靠大總督府，應也難期安全。因此暫時避
亂奧州，待*皇軍*平定國內之日」。[39]此一視點顯然企圖淡化，並強
調「輪王寺宮」並無謀反意圖，同時對於新政府軍＝皇軍的正當
性毫無疑慮。此外，抵達東北之後「輪王寺宮」如何在奧羽列藩
簇擁下，被立爲新帝的經過，卻幾乎沒有著墨。最主要透過側近
的覺王院義觀的視點，推移「輪王寺宮」如何自江戶逃至東北，
以及被奧羽越列藩推舉爲盟主的經過。傳記中心人物的「輪王寺
宮」幾乎從未在這段時空，針對當時情勢發言。由奧羽列藩所組
成的公議府成立，同時在「輪王寺宮」抵達仙台時，以仙台藩爲
首的諸藩要員，請求親王留宿白石城經過的描寫，可見一斑。
「二十三日（按：慶應4年6月），仙台的朽木五左衛門……木滑
要人六人謁見殿下，請求讓殿下速赴仙台，將白石城充當旅舍。
白石城爲當時奧羽列藩的策源地，稱公議府。覺王院答云：「赴
仙台的時日，只要列藩舉行和議請求，殿下定然遵從」。[40]這與鳥
羽・伏見戰爭爆發的慶應4（1868）年一月至松平容保等被送往東
京的同年十月爲止以會津藩爲中心，記錄其每日動向的史料《会
津藩戊辰戰爭日誌》，形成強烈的對照。此史料記錄慶應4（1868）
6月16日「輪王寺宮」承諾就任奧羽越列藩同盟盟主，而在同年6
月23日列藩同盟在白石城的軍議所改稱公議府，擁盟主「輪王寺
宮」，仙台藩主伊達慶邦與米澤藩主上山齊憲就任總督，確認體
制的同時，與新政府敵對態勢也告明朗。同時，奉「輪王寺宮」
爲東武皇帝，年號改元大政。[41]對照森鷗外對「輪王寺宮」流亡東

39　黑斜體字爲作者所加。森鷗外，《能久親王事蹟》，頁536。

40　同註39，頁541。

41　菊地明編，《会津藩戊辰戰爭日誌（上）》（東京：新人物往来社，2001），頁330、340。

北的描寫，顯見森鷗外對於此謀反歷史採取極度壓抑的筆調，特別是對照北白川宮登陸台灣之後一路征戰，直到於台南逝去為止的描寫，可顯見二者之間的反差。也可說森鷗外對「輪王寺宮」這段幕末謀反的歷史，採用明治維新之後的「勝者」主流史觀，將「輪王寺宮」的擁幕、與東北列藩結盟乃至被擁立為「新帝」的決策轉嫁給「輪王寺宮」親信、執事僧覺王院義觀。[42]

森鷗外對於台灣征戰的具體描寫，當然與森鷗外親身經歷此戰役不無關係。不僅森鷗外在台灣征討戰役隨近衛師團登陸台灣，其自身也留下登陸台灣記錄的《徂征日記》。也正因為如此，當時隨北白川宮征台部屬的請求下，森鷗外花費數年撰寫親王傳記《能久親王事蹟》。然而，森鷗外在自身的《徂征日記》當中，對日軍在台的戰鬥情況幾乎沒有著墨，但卻在《能久親王事蹟》中詳述近衛師團在台的征戰經過。森鷗外的北白川宮傳記描寫視點主要仍在彰顯北白川宮台灣征戰的英雄事蹟，強調其台灣征戰的功績，當然也為了強調其成為鎮台神祇的正當性，因此盡量淡化乃至試圖抹去北白川宮曾對明治天皇謀反的歷史記憶。隱晦曖昧地處理其「叛國謀反」的前半生，強調突顯其「悲劇英雄」事蹟的後半生，其實正符合明治維新已降，新政府對這段歷史的史觀立場。村上祐紀則指出，北白川宮幕末的敗者歷史正是其具向心力形象所在的原因，不僅因為是北白川宮乃日本近代具皇族身分軍人的英雄，同時也是從敗者得以轉變成為英雄者。也因此，這樣的悲劇生涯具有凝聚藩閥、舊幕派二者向心力的機能。森鷗外在執筆傳記時，應該有意識地投射以上觀點於北白川宮

42　參照註25。

生涯的描寫。[43]而這也能詮釋爲何森鷗外對於「暗」的前半生以隱
晦筆調呈現，一方面則巨細靡遺地突顯在台灣這一樣的「瘴癘之
地」奮戰之後斃命的「悲劇英雄（＝明）」的後半生。

四、台灣神社建構系譜 ——
北白川宮與出雲系神話之開拓三神

　　北白川宮病逝於台灣之後，該年已經出現建設奉祀其神社的
提議。然而當時的台灣總督府要遲至帝國議會兩院決議一年半
之後，第三任台灣總督乃木希典於1897年9月1日於總督府內設
置「故北白川殿下神殿建設調查委員」，才開始有具體的建設計
畫。[44]而神社的建設一直要至1900年5月28日才開始，同年9月18
日內務省告示第八一號，告示台灣神社的創立以及將此神社列格
爲官幣大社。1901年10月27日舉行鎮座式，於隔日能久親王逝
世六周年，舉行第一次例行祭典。[45]

　　由台灣神社奉祀的神體以及與其他神社之間的關聯性來看，
可看出台灣神社的鎮守意義以及台灣新領土於帝國中的定位與意
義。首先台灣神社除了奉祀北白川宮之外，還與大國主神、少彥
名命以及大國魂神三神並祀。菅浩二指出，當代人逝後進入官幣
大社格式的神社接受奉祀並不尋常。當時內務省對於北白川宮
應被奉祀於官幣大社的理由，除了強調北白川宮與日本武尊的類

43　村上祐紀，〈「皇族」を書く——『能久親王事蹟』論〉，《鷗外研究》88号（2011.1），頁
　　52-53。

44　菅浩二，《日本統治下の海外神社》（東京：弘文堂，2004），頁249。

45　同註44，頁249。

似性，對於官幣大社奉祀當代者，也舉出日本武尊爲先例，主張北白川宮入祀官幣大社的正當性。[46]日本武尊於《古事記》與《日本書紀》中皆有記載，爲記紀傳說中的開國英雄。特別在《古事紀》中，敘述其受命於父親景行天皇四處征討，在西征熊襲歸來不久後，再度被下命前往征討東方的蝦夷。受命的日本武尊於途中前往伊勢的神宮，與在此侍神的叔母倭比賣命相會。日本武尊向叔母說道：「父王是想我早死吧？爲何派我前往征伐西方不服膺者，讓他們歸順後，緊接著，爲何不給我軍隊，又派我到東方十二道平定不服從王威的惡人呢？想來，天皇果然還是想我早死吧。」[47]此一節描寫的「對天皇的出動命令感到憤怒，但卻無法抗命，也無法抗議，只能邁向戰場的崇高悲壯」，這與北白川宮1895年奉命征台的情境可說是重疊的。而日本內務省強調其與日本武尊之間的類似性，也可說明北白川宮於征台之役中所扮演的，正如同「日本武尊」這樣悲劇英雄的角色。

此外，奉祀北白川宮台灣神社與之後日本殖民朝鮮半島之後所建構的朝鮮神宮最大的差異在於：朝鮮神宮供奉的神祇，是天照大神，也是日本天皇的皇祖神。台灣神社所供奉者的大國主神、少彥名命以及大國魂神，被譽爲開拓三神，屬於出雲系神話的神祇。這與當時北海道神社供奉的神祇相同，基本上，北海道與台灣同爲帝國新領地，供奉開拓三神應符合常理，但先行研究指出當時內務省選擇此三神與北白川宮鎮守台灣神社的理由是不明的。[48]然而如果回歸日本紀記神話當中大和王朝的建國起源

46　菅浩二，《日本統治下の海外神社》，頁250-251。

47　上田正昭，《日本武尊》（東京：吉川弘文館，1960），頁121。

48　同註46，頁251。

傳說，便可知大國主神將國家讓渡給大和王朝，另外在葦天原建國，而這便是出雲國以及出雲大社的起源。而名彥少命則是輔佐大國魂神的藥理之神，同屬於出雲系神祇。雖然大國主神因爲讓國傳說而被認爲乃是輔佐大和王朝建國的神祇，但據《古事記》記載，垂仁天皇的皇子本牟智和氣御成人之後因爲無法開口說話，之後天皇夢見神諭，才知當時大國主神的讓國條件，是必須爲大國主神建構與天皇一樣規模的宮殿，但天皇卻未履行承諾，因此大國主神才作祟皇子。直到天皇派遣皇子到訪出雲參拜，爲大國主神建造宮殿，這才痊癒。也因此這神祇也被視爲有反天皇的性格。[49]

　　台灣神社完成後，於台灣發行的北白川宮傳記如雨後春筍般，大量發行。而這與台灣官方的推波助瀾有密切的關係。1903年7月能久親王銅像建設委員兼發起人的男爵長谷川好道，發函給當時台灣總督兒玉源太郎，說明從建設台灣神社的經費中撥出一部分，用於「兒童的精神教育」。以此費用便用來所印刷北白川宮銅像照片以及傳記《征台略記》，希望能代爲寄贈至「各師範學校以及高等小學校」。同年7月21日，總督府陸軍幕僚隨即行文民政部，指示將北白川宮銅像以及傳記分發至島內各級學校。[50]由此可知，北白川宮的「開台英雄」形象，便是結合了教育體制與官方宣傳，逐漸於台灣滲透與流傳。

49　瀧音能之，〈新解釈 ヤマト政 にとっての「出雲神話」を読み解く〉，《歴史読本》58巻6号（2013.6），頁28-63。以及參照村井康彥，〈出雲族説 国譲りの舞台、葦原中国が邪馬台国だった？〉，《歴史読本》59巻7号（2014.7），頁90-95。

50　《臺灣史料稿本》C00158-C00159號公文。

五、殖民地台灣媒體中的「北白川宮」形象 ──
明治「敗者」史觀再現與1911年的大逆事件

北白川宮於1895年10月28日於台南逝世後，在台灣密不發喪，遺體火速運回日本後，才正式發表親王於台灣征戰途中逝去的消息。1895年11月5日於東京舉行國葬，同月6日於上野以及日光之二輪王寺舉行法會，11日葬豐島岡。[51] 喪禮記錄中最引人矚目者，乃台灣教育會所編撰的《北白川宮能久親王事蹟》中「葬儀彙報」的福島縣會議長致弔詞的報導。「據說福島縣會議長目黑重眞據縣會決議，因能久親王薨去，九日上京，奉呈如左弔詞，同時參列昨日葬儀。」[52] 明治維新之後實行廢藩置縣，明治維新的敗者「會津藩」，改制成爲福島縣。北白川宮喪禮中，日本全國唯獨福島縣派出縣代表上京弔唁，並出席喪禮。對照明治維新政爭的敗者歷史，可知幕末時期北白川宮與東北諸藩淵源。也因此福島縣縣長出席北白川宮喪禮的特殊意義，亦可見一斑。

1895年11月西村時彥（號天囚）於日本大阪朝日新聞連載《北白川之月影》（1895.11.6-16），之後又在該報發表「於台灣奉祀親王之議」，[53] 主張在台灣建造神社，奉祀北白川宮，此篇報導亦是最早建設台灣神社者。隔年1896年貴族院議會便有以國費建設台灣神社建議案的提議，德川家達（即德川幕府後裔）率先表

51　吉野利喜馬，《北白川宮御征臺始末》，引自佐藤元英監修，《皇族軍人傳記集成 第3卷 北白川宮能久親王》，頁94-95。

52　台灣教育会，《北白川宮能久親王御事蹟》，引自佐藤元英監修，《皇族軍人傳記集成 第3卷 北白川宮能久親王》，頁289。

53　西村天囚，〈能久親王を臺湾に奉祀する議〉，《大阪朝日新聞》（1895〔明治28〕年11月7日）。

示贊同。決議過程中唯一反對者，爲侯爵醍醐忠順。醍醐忠順雖
未明述反對理由，但1868（慶應4）年幕末，其將嫡子忠敬送往東
北任奧羽鎮撫總督府副總督，征討奧羽越列藩，也因此對於曾任
敵軍盟主的北白川宮，情感上仍存有間隙。對於醍醐忠順的反對
立場，子爵曾我祐準則發表贊成建議案的演說。實際上，曾我與
薩長派閥對立，因而辭去軍職，對北白川宮抱有好感。[54]由以上台
灣神社建設建議案的決議始末，我們依然可窺見幕末政爭，「薩
摩」與「東北」對立的心結依舊存在。而台灣神社具體建設要直
到第四任台灣總督兒玉源太郎以及民政長官後藤新平任內，才算
塵埃落定。日本領台初期，兵馬倥傯，還無法具體落實建設。台
灣神社在被譽爲殖民期台灣建設推手的後藤新平任內完成雖合情
合理，但此處值得關注的是：後藤新平也出自「敗者」東北諸藩
之一，乃東北岩手水澤武士出身。「幼時體驗嚴酷的戊辰戰爭，
一家人從威風凜然的武士階級敗落至貧苦佃農，他的青春與日本
的『近代』自此開始」。[55]對照出身東北的後藤新平在其任內完成
台灣神社的建設，日本領台初期，台灣總督樺山資紀與副總督的
高島等薩長勢力的主政時期，台灣神社建設案一再延宕，可說是
於殖民地台灣再現明治維新政爭的政治力學構圖。

　　北白川宮相關傳記在殖民地台灣時期所發行的種類，可說
是凌駕內地。這不僅與北白川宮於德川幕府時期捲入佐幕的東
北諸藩與倒幕的薩長勢力之間的戊辰戰爭，同時也與北白川宮在

54　菅浩二，〈「台湾の総鎮守」御祭神としての能久親王と開拓三神──官幣大社台湾神
　　社についての基礎的研究〉，《明治聖徳記念学会紀要》復刊第36号（2002.12），頁104-
　　106。

55　山岡淳一郎，《後藤新平　日本の羅針盤となった男》（東京：草思社，2007），頁10。

1895年攻略台灣時，在戰場的一線征戰，之後感染瘧疾，最後死於台灣的歷史背景有極密切的關係。除了透過教育體制的推波助瀾，殖民地台灣媒體中的北白川宮形象又是如何被建構呢？我們可從《臺灣日日新報》連載的講談《北白河宮殿下》（1911.4.3-1912.1.24）一窺究竟。

《北白河宮殿下》作者為講談師松林伯知（1856-1932），1911年4月2日，即在新聞連載開始的前一天，已經事先於《臺灣日日新報》預告：「松林伯知特地為本社連載與本島關係匪淺的台灣神社御神靈北白川宮殿下的一生，聊酬諸君的眷顧。殿下仍名為輪王寺宮的世代時經歷砲火槍戰，經歷一部慘澹的幕末史。任近衛師團長，以金枝玉葉之身，置身於瘴霧仍深的本島中之蕃風蕃雨，遂成就平定全島之勳業」。[56]松林伯知（1856-1932）本名為柘植正一郎，為明治時期活躍的講談師，別號貓遊軒，明治10年代左右曾於銀座的銀座亭開講。同時期山名克巳於銀座開設的代言社麗澤館（按：即今日的法律事務所），聘請甫自英國留學返國的法學士星亨擔任法律顧問。[57]星亨於明治15年進入自由黨，曾為自由黨總理板垣退助的重要輔佐者，是自由民權運動中的核心分子，同時也可說是催生日本近代政黨政治成立的重要功臣。[58]自由民權時期的自由黨擅長利用政治講談作為宣傳自由民權運動的手段，由此可知，松林伯知與星亨等自由民權派成員有密切關係。其所屬松林派擅長即席講談，或稱時事講談，擅長將時事

56　松林伯知，〈新講談預告〉，《臺灣日日新報》（1911.4.2）。

57　篠田鑛造，《銀座百話》（東京，岡倉書房，1937），引自紀田順一郎編，《近代世相風俗誌集7》（東京：クレス出版，2006），頁48。

58　參考「Japan Knowledge」，〈星亨〉項目：http://japanknowledge.com/lib/display/?lid=1001000212424。（2015.12.7確認）

改編為講談題材，也因此博得人氣。其代表作品眾多，但其為
《臺灣日日新報》所撰的《北白河宮殿下》至今為止，並不為人所
知，松林伯知現存的講談作品中，也未見此作品。根據〈新講談
預告〉的內容推斷，此部講談極有可能是松林以這位死於台灣征
戰的悲劇英雄為題材，特別為殖民地台灣《臺灣日日新報》所撰
寫。

　　此講談共連載一百三十二回（1911.4.3-1912.1.24），其中描寫
北白川宮出生，之後進入江戶輪王寺宮寺（按：即上野增上寺），
成為輪王寺宮，經歷鳥羽伏見戰爭，之後官軍進攻上野。為保衛
輪王寺宮而進駐上野輪王宮寺，被視為佐幕勢力的彰義隊敗戰
後，輪王寺宮輾轉逃亡，最後逃至東北。此講談對於西軍進攻上
野前夕有極長的鋪陳，對於輪王寺宮身處德川幕府以及薩長為主
的西軍之間，乃至被汙名化為賊軍，乃至明治維新之後，襲名為
能久親王北白川宮的曲折經過，有鉅細靡遺的描寫。此講談連載
期間，講者松林伯知曾經因病而中斷近三個月。[59]此作品形式雖為
講談，但內容即是北白川宮傳記。松林柏知的講談的特色，向來
以反映當代的政治時勢著稱，此《北白川宮殿下》具有同樣的特
色，因此也可讓我們可進一步觀察這篇在台灣流通的北白川宮傳
記所反映的史觀以及時事觀點。

　　傳記對於北白川宮出生前的描寫，突顯其乃日本武尊的形
象，正強化其被入祀台灣神社的理由。第十二回（1911.4.15），
描寫北白川宮生母堀口女房於懷胎時，夢中出現惡鬼，此時「遠
處彼方有個披散著黑髮，姿態高貴，騎著神馬，手持寶劍者，出

59　松林伯知於1911年5月20日第四十七席（回）刊載完後便因病休講，直至同年8月17日
　　並欲知後才又復刊。

現在惡鬼面前」。之後北白川宮出生，堀口女房發現其與夢中人神似。之後見到日本武尊手持草薙劍對抗烈火的彩繪，認為其與夢中人實在神似，也因此認定北白川宮為日本武尊轉世，是為祥兆。[60]回顧之前史實的敘述，首先主張於台灣奉祀能久親王的西村時彥在其〈於台灣奉祀能久親王之議〉[61]中，已將北白川宮比喻為景行天皇皇子的日本武尊，將其列入為國犧牲的皇族行列。之後內務省對總督府台灣神社神體照會書的回覆，同樣強調北白川宮與日本武尊的類似性，以強化其入祀台灣神社的正當性。[62]在此處，我們可發現日本武尊形象被強化的論述如何再次被複製。

此傳記另一引人注目的描寫，則是南北朝隱喻的反復呈現。四十九回（1911.8.19）中描寫西軍即將進入江戶，而為保護輪王寺宮（按：即北白川宮）的彰義隊則陸續於上野寬永寺集結。憂慮輪王寺宮安危，前來問候的曇覺大僧正（即覺王院），見到輪王寺宮桌上的詩作，便問起原委。輪王寺宮答道：「昨夜在庭前賞月，眺望春色，返來見到床間掛軸，原來是吉野風景，突然便想起了南北朝。（中略）題芳野山圖（按：芳野日語讀音與吉野同，即指後醍醐帝所在的南朝吉野）香雲香雪壓山樓 檻外清流澹不流 欲問當年興敗事 落花枝上鳥聲愁」。[63]而當西軍攻破上野，輪王寺宮與執事僧竹林院一行喬裝潛逃，正派人前往與榎本武揚交涉，是否搭乘其停泊於品川的回陽艦，離開江戶。但不知結果，還不知何去何從時，隨行的執事僧竹林坊不覺流下淚來，吟

60　松林伯知，《北白河宮殿下》第十二回（1911.4.15）。

61　西村（時彥）天囚，〈能久親王を臺湾に奉祀する議〉，《北白川宮の月影》（大阪：大阪朝日新聞会社，1898）。

62　菅浩二，《日本統治下の海外神社》，頁250-251。

63　同註60。

出：「自出笠置之山，天下無隱身之處。同時感嘆：「後醍醐帝其
古事正在眼前」。[64]此指日本南北朝出現二位天皇的政爭歷史。後
醍醐帝（1288-1339）因企圖對抗鎌倉政府，之後舉兵失敗，遭到
流放。之後在楠木正成以及足利高氏（尊氏）的協助下，完成討
幕，建立建武新政。但武士對新政不滿，尊氏另外擁立光明天
皇，是爲北朝。之後後醍醐帝逃至吉野，建立南朝，與北朝以及
尊氏對立。後逝於吉野。

　　此傳記的連載始於1911年4月，直至1912年1月底爲止。如
果對照1911年當時的時代背景，便能理解「南北朝」記號爲何在
此反復出現。幸德秋水與菅野須賀子等人於1910年5月因持有爆
裂彈被發覺，6月各自被逮捕，同時以企圖謀殺天皇罪名的「大
逆罪」罪名被起訴。1911年1月二十四名被判處死刑，於同年1月
底包括幸德秋水與菅野須賀子等十名被處以絞刑。[65]據瀧川政次郎
指出，1910年大逆事件的起因，與南北朝正閏說有密切關係，同
時也引發了1911年南北朝正閏說論爭的戰火。據傳幸德秋水在審
判法庭時，法官對其企圖謀殺天皇一事怒斥：「你可知道你這可
是人天不容的大逆行爲嗎？」，對此，幸德秋水毅然決然地放言
道：「現今天皇難道不是從南朝天皇處掠取三種神器的篡奪者的
子孫嗎？」。[66]但由於大逆事件的審判爲不公開，據說秋水以上發
言的風聲外洩後，大阪的代議士藤澤元造在議會質詢小松原文部
大臣，追究其必須爲發生如此不當思想負起責任。此外，撰寫國

64　松林伯知，《北白河宮殿下》第一百二回（1911.12.18）。參照「Japan Knowledge」，〈後醍
　　醐帝〉，《日本人名大辭典》項目：http://japanknowledge.com/lib/display/?lid=30010zz290900。
　　（2015.12.7確認）

65　清水卯之助，《菅野須賀子の生涯》（大阪：和泉書院，2002），頁307-308。

66　瀧川政次郎，《日本歷史解禁》（東京：創元社，1951），頁114-115。

定教科書的喜田眞吉博士，因爲主張南北朝均爲正統天子的內容
而被追究，並因此遭到罷黜。基本上在日本戰前，「南朝正統說」
乃爲主流，但明治天皇一支，乃北朝系統。

　　也因此大逆事件緣故，日本於1911年2月至7月之間掀起「南
北朝正閏說」論爭，而此事件被視爲「戰前具代表性的學問鎮壓
事件，同時也是強制皇國史觀於國民，確立天皇制意識形態的
事件」。[67]而松林伯知《北白河宮殿下》中反覆地以南北朝意象來
隱喻北白川宮的境遇，特別是以吉野朝廷的後醍醐帝來比喻北
白川宮，可知松林伯知將明治維新的政爭，比喻爲南北朝的政
爭，同時借當時時事的大逆事件，暗示東北朝廷所擁護的北白川
宮，才是正祚。而1911年10月28日的《臺灣日日新報》報導了一
則記事：〈北白川宮仙台滯留期間事〉。[68]此篇文章首先點出慶應4
年（1868）西軍進攻上野，擊破彰義隊之後，北白川宮便滯留仙
台以及當地的仙岳院。世上風聞其乃受奧羽諸藩強行夾持而到東
北，但卻是與事實大異其趣。這篇報導指出「避難當時以及仙岳
院的相關事蹟，透過木村匡的介紹，自仙台山本育太郎處得到更
詳細的記事與仙岳院的照片，介紹如左」。此篇報導除了說明北
白川宮當時仍身爲日光御門主，因此「移座」至千台東照宮的分
院－仙台仙岳院，更詳述其在西軍攻破上野輪王宮寺後，自後山
潛逃至三河島。之後因西軍嚴密搜索，便喬裝成醫生學徒往診時
的裝扮。在仙台藩的接應下，於7月2日抵達仙台仙岳院。之後
北白川宮的動向，與其之後曾爲「東北朝廷」立爲「新帝」的傳

67　參考「Japan Knowledge」，〈南北朝正閏論〉項目：http://japanknowledge.com/lib/
　　display/?lid=30010zz366090。（2015.12.7確認）
68　撰者不詳，〈北白川宮仙台御 在中の御事〉，《臺灣日日新報》（1911.10.28）。

聞有極關鍵的關係。7月10日下達令旨予仙台藩藩主伊達慶邦父子，其部分內容如下：「日光宮御令旨　嗟呼薩賊、久懷兇惡、漸恣殘暴、已至客冬、違先帝遺訓、而黜攝關幕府（中略）速殄凶逆之魁、以上達幼主憂惱、下濟百姓塗炭矣（中略）輪王寺大王（按：即北白川宮）鈞命執達如件」。[69]奧羽同盟諸藩以奧羽越公議府名義向全國公布此令旨，並將此令旨譯爲歐文送達各國領事。[70]7月12日北白川宮在隨侍僧大圓覺院與清竹林院的隨同下，離開岳仙院，坐鎮白石城，奧羽列藩一致決議奉其爲總督，同時發出布告文〈日光宮御動座布告文〉。此布告文與前述令旨相同地，對薩摩藩以「薩賊」稱之。其中詳敘薩摩藩罪狀，對於薩摩陷「日光宮（按：即輪王寺宮）」於禍，以及入罪德川慶喜的不白之冤，同時從輪王寺宮如何進京爲德川慶喜請命，但卻未能爲其免罪。之後薩摩攻破上野輪王宮寺，北白川宮只好遠赴東北，「將平定凶賊，清明朝廷之務託付諸侯」。[71]此布告文最後敘述如下：「如非皇國之民，誰能不知皇胤之尊。薩賊凶暴奸詐已如此，即便天日落地，海水乾涸，都誓言將此大續歸奉東叡山。恐天下士民不詳其事實者，未辨御宮深意，附會南北兩朝故事，作誣罔之說，故記述大略，布告遠近也」。[72]由以上令旨可知，北白川宮欲借東北諸藩勢力，對抗以薩摩爲首的西軍，而對征討的罪名除了欺瞞幼主外，尚有陷北白川宮於禍以及入罪德川慶喜。但從布告檄文的最後可知，當時民眾對於北白川宮對抗西軍的戰

69　撰者不詳，〈北白川宮仙台御 在中の御事〉，《臺灣日日新報》（1911.10.28）。
70　當時在日各國公使風聞：日本出現了兩位皇帝，便是因爲東北諸藩將上述令旨昭告天下的緣故。
71　同註69。
72　同註69。

爭，視作如日本中世南北朝的分裂，故風聞塵囂甚上，才需特別
澄清說明。瀧川政次郎也指出：「據此，可察知奧羽士民間擁立
御宮爲天皇，仿南北朝故事，企圖對抗朝廷的氣運極爲高張」。[73]

此篇報導結尾的日期爲10月7日，但直到10月28日才在日刊
的《臺灣日日新報》刊行，可說是具有雙重意義。首先是1911年
該年乃大逆事件決審，處決幸德秋水等一干嫌犯。另，此時也因
上述的幸德秋水的審問紀錄外洩，而引發了南北朝正閏說的紛
爭。最後，此篇文章的刊行時間正好是北白川宮的忌日。根據官
方紀錄，北白川宮病逝台灣日期爲1895年10月28日。但這則報
導除了突顯北白川宮在幕末東西軍對抗，儼然成爲東北新帝的歷
史事實之外，也更進一步證明南北朝政爭已經成爲之後反照幕末
時，東軍與西軍之間各立其主，二分天下的歷史鏡像。

六、結語

末延芳晴在《森鷗外と日清・日露戦争》指出，「親王曾一
時對朝廷謀反，僭稱『東武天皇』」，[74]同時認爲森鷗外對於此傳記
的撰寫，特別是對於親王的死因應該是故意疏漏了「對於親王不
利乃至應該隱藏的事實」，「對於神格化軍神親王的一生，加以
相當程度潤色的可能性極高」，認爲是「鷗外顧慮軍部與日本政
府，再加上明治天皇，故意虛構」。[75]而中村文雄於《森鷗外と明
治国家》指出，森鷗外在甲午戰爭之後原本期待能即刻歸國，但

---

73 瀧川政次郎，《日本歷史解禁》，頁141。
74 末延芳晴，《森鷗外と日清・日露戦争》（東京：平凡社，2002），頁101。
75 同註74，頁100-101。

卻被當時野戰衛生官石黑忠悳下令，即刻轉戰台灣。對照《徂征日記》，森鷗外對台灣征戰幾乎未直接著墨。而森鷗外在台灣的職位以及歸屬責任的不明確，中村指出是起因自與石黑忠悳之間失和的關係。[76]這些因素都成爲今後探討森鷗外《能久親王事蹟》的書寫視點與史觀的進一步線索。[77]

　　森鷗外《能久親王事蹟》出版約百年之後，吉村昭最後的歷史小說，以「輪王寺宮」爲主人公的《彰義隊》，不僅強烈地意識到森鷗外的北白川宮經典傳記《能久親王事蹟》，對「輪王寺宮」

76　中村文雄，《森鷗外と明治国家》（東京：三一書房，1992），頁121-122。

77　論文集審查階段的審查人對於森鷗外（森林太郎）1895年滯台期間的見解，歸納爲以下幾點：1.樺山總督委任森林太郎爲衛生事務總長2.就任之後森林太郎對流行病束手無策，令疫病全面爆繁，乃其本身的責任3.與森堅稱腳氣病是由細菌引起的一樣，是源於其精英分子的傲慢氣質。由於審查人對於森林太郎的滯台以及對日軍征台時期疫病流行責任歸屬觀點，與史實以及目前森林太郎的腳氣病紛爭相關研究的論點有極大出入，特於此回應。基本上深深困擾日本近代軍隊者，乃腳氣病的蔓延與流行。1895年的台灣征戰當中，腳氣病在軍隊大肆流行，同時與風土病的瘧疾、霍亂相乘，讓兵員損失慘重。長久以來，防疫不力的責任一直歸咎於森林太郎身上。2008年山下政三的《鷗外森林太郎と脚気紛爭》長達二十章、472頁的決定性論著，已經推翻了一直以來森林太郎征台期間須對腳氣病以及疫病爆發負責的看法。首先，森林太郎在台灣職稱有三個階段，最後也是正式官職的職稱是1895年8月2日被授命爲的台灣總督府陸軍軍醫部長，但其同時066身兼第二軍兵站軍醫部長。這與當時身任第一軍兵站軍醫部長小池正直，同時身任遼東半島的占領地總督部軍醫部長的位階相同。二者人事均由陸軍中樞發布，而非台灣總督樺山資紀一人所能置喙。此外，堅稱腳氣病爲細菌所引起者，乃是森林太郎長官石黑忠悳，而非森林太郎。石黑於明治11年發表的《脚氣論》中，早已明言腳氣爲傳染病，即使之後台灣征討期間腳氣病猖獗，依舊堅持己見。日本海軍當時已經發現軍隊主食的改良──即採用麥飯代替白米，能有效抑止腳氣病發作，但石黑忠悳不爲所動。因爲堅決反對台灣軍主食改採麥飯，而導致台灣征討時腳氣病與疫病相乘而造成兵員死傷慘重。森林太郎反對征台軍隊的主食改採麥飯的態度，不過是遵從長官石黑忠悳的命令罷了。此外，陸軍主食的決定是在明治6年1月與徵兵令同時由當時的陸軍卿‧山縣有朋決定，換言之陸軍主食在明治陸軍創設當時，即由陸軍高層決定，而非能輕易改動。山下政三指出，將台灣軍中腳氣病與疫病流行的責任歸屬於森林太郎是於理不合。同時也指出，日俄戰爭之後，森林太郎爲了究明腳氣病發生原因，創立了「臨時腳氣病調查會」，確認了「腳的原因乃缺乏維他命B」，解明了長久以來困擾軍隊的問題，是森林太郎對軍事醫學貢獻的最大功績。詳見山下政三，《鷗外森林太郎と脚気紛爭》（東京：日本評論社，2008）。另，中村文雄指出石黑與森林太郎不合，以及森鷗外對於台灣征戰甚少著墨的疑點，與台灣征戰防疫的紛爭之間關係，這些疑點當有待後續研究解明。

以及幕末歷史的描摹則以「敗者」史觀出發。小說中的「輪王寺
宮」對於薩摩、長州二藩敵對情感的描寫也更直接、強烈。其中
描寫「輪王寺宮」就任東北盟主之後，對於「夾強大武力收服朝
廷，連江戶城都落入其手的薩摩二藩開始抱持強烈的敵意」。[78]從
「敗者」的史觀出發，我們能觀察到明治維新之後當薩摩二藩掌
權，「征台戰役」成爲受明治（薩長）政府權力重心排擠的「左遷
者」者爲主的戰役。「征台戰役」當時，從第一任台灣總督樺山資
紀等薩摩二藩出身將領所主事的台灣總督府，對北白川宮在征台
戰役不合常理的軍事調度，似乎可推測出合理的解答。再加上森
鷗外參與台灣之役的不尋常過程等徵候看來，征台戰役成爲明治
（薩長）政府權力核心肅清包括明治維新敗者等「邊緣化」集團之
「布局」的意圖也似乎呼之欲出。另，從松林伯知的《北白川宮殿
下》這本講談形式的傳記中反復出現的南北朝記號，便可清楚其
中企圖呈現北白川宮於明治維新中的「敗者」形象。

　　《臺灣日日新報》1911年10月28日〈北白川宮仙台御滯在中の
御事〉的報導，與明治森鷗外1908年所出版的《能久親王事蹟》
更是呈現強烈對比。森鷗外對於北白川宮被東北諸藩擁立爲新帝
以及之後被命禁閉自省的描寫，幾乎都以曖昧的筆調帶過。從北
白川宮決定前往東北時的描寫：「東叡山道場遭逢兵難，已失棲
身之處。近日諮詢左右，皆道江戶危險，縱使倚靠大總督府，
應也難期安全。因此暫時避亂奧州，待*皇軍*平定國內之日」，[79]
呈現了森鷗外對北白川宮政治立場的觀點。對照臺灣日日新報報
導中的布告文以及檄文，可知森鷗外的此篇傳記的歷史觀點與東

78　吉村昭，《彰義隊》（東京：新潮社，2010），頁325-326。
79　黑斜體字爲作者所加。森鷗外，《能久親王事蹟》，頁536。

北「敗者」史觀，相去甚遠。從松林伯知的《北白河宮殿下》到
〈北白川宮仙台滯留期間事〉，可知當時台灣主流的日語報紙媒
體，基本上立足於東北「敗者」史觀來建構北白川宮形象。而東
北「敗者」史觀如何成爲在台日人文學觀建構的基礎視點，將有
待下一階段的研究，持續探討。

雙城漫遊：
郁達夫小說中20年代的東京與上海

郝譽翔
國立臺北教育大學語文與創作學系教授

一、雙城記：徘徊在東京與上海的「零餘者」

　　在20世紀中國現代小說史上，郁達夫堪稱是都市文學書寫的先驅者，他不僅早在1920年代前半葉，亦即中文現代小說發展之初，便將他行旅寓居的兩座東亞主要大城：東京和上海，轉化成為小說場景；也以早熟之姿，展露出他對於城市現代性敏銳而豐富的感受。然而，論及郁達夫的出身背景，他其實並非城市人。1896年，他出生在浙江富陽一個他自謂「破敗的鄉紳家庭」之中，而根據他的回憶，童年「所經驗到最初的感覺，便是飢餓，對於飢餓的恐怖，到現在還在緊逼著我。」[1]

　　1896年，郁達夫出生之年，亦即甲午戰爭的次年，戰敗後的遺民意識，彷彿與生俱來的幽靈緊緊追隨。郁達夫說道：「敗戰後的國民，尤其是初出生的國民，當然是畸形的，是有恐怖

1　郁達夫，〈悲劇的出生〉，《郁達夫文集》第3卷（廣州：花城出版社，1983），頁252-257。

症的，是神經質的。」[2]故他也一再以「遺民」自居，在小說〈懷鄉病者〉中，他描寫故鄉是錢塘江上一座小小縣城，江邊兩岸「是東漢逸民垂釣的地方」，而「在煙月中間浮蕩的是宋季遺民痛哭的台榭。」[3]頹敗破落喪亡的故鄉，成了他筆下的「蟑螂之窟」，故1909年他十四歲，便離開富陽到杭州讀中學，兩年後，又從上海楊樹浦的碼頭出發，到日本長崎，然後輾轉經過神戶，大阪，京都到東京讀書。當1913年郁達夫抵達東京時，正是日本經歷了明治時期（1868-1912）汲取西方文明，銳意求新求變的階段，東京儼然蛻變成為一座亞洲重要的現代化大城，人口已逼近三百萬，規模遠大於彼時的上海。[4]郁達夫可謂躬逢其盛，在東京求學的歲月之中，他不僅吸收日本也同時吸收了西方現代文學思潮，如浪漫主義或社會主義等等，而奠定下他日後的文藝基礎，也展現了中國知識分子「身在東京，目光卻始終關注西方」[5]的奇特處境。故與其說學習日本，不如說中國知識分子對於現代的接受，經常是曲折地經由日本轉借而來，尤其通過東京去學習歐美文化。郁達夫的名作〈沈淪〉，便屢被學者指出，受到日本作家佐藤春夫《田園的憂鬱》影響至深，兩者甚為近似，而他個人的文風，也承繼了日本第一次大戰前後反理知主義思潮，乃至日本自然主

2　郁達夫，〈悲劇的出生〉，《郁達夫文集》第3卷（廣州：花城出版社，1983），頁252-257。

3　郁達夫，〈懷鄉病者〉，《郁達夫小說全編》（杭州：浙江文藝出版社，1990），頁140。

4　蘇良智，〈東亞雙雄：上海，東京的現代化比較〉，收入孫遜編，《全球化進程中的上海與東京》（上海：三聯書店，2007），頁6。

5　橫山宏章著，蔡亮譯，〈對陳獨秀而言的上海與東京〉，收入孫遜編，《全球化進程中的上海與東京》，頁49。

義的私小說潮流。[6]然而，也正如同普實克所言，日本作家如田山花袋，國木田獨步等人的作品確和郁達夫有相通之處，但日本和中國在20世紀初期，所風行的主觀色彩強烈，自由表現個人情感和紀錄個人經驗的文學，可能就是受歐洲浪漫主義的影響。[7]這從郁達夫作品中經常援引的，並非日本作家，而是西方如尼采，拜倫，華滋華斯等，而他最崇拜且以爲與一己最爲近似的，是俄國作家屠格涅夫，便可見一般。

城市不但是東西思潮交會之所，也往往吸引各方人馬，前來此相遇邂逅，交相激盪出新的火花。故在東京，郁達夫除了接觸到日本乃至西方的現代思潮，形塑出個人獨特的文風，也結識了郭沫若，成仿吾和張資平等留學生，在1921年，他們一起在東京郁達夫的寓所第二改盛館成立創造社，立意與以北京爲據點的文學研究會相互爭雄，另立一番創作的新天地。[8]從此，創造社在中國青年間一時風靡，影響力甚至勝過文學研究會，而東京也因此曲折地在中國現代文學史上，扮演了至關重要的角色。

1922年，郁達夫結束留學日本近乎十年之久的生涯，回到中國上海，直到1931年之間爲止，他曾經數次應聘到武昌，廣州，安徽等地教書，但最後卻都因爲不適應當地的環境，或人事鬥爭等因素，而轉身返回上海。換言之，假如郁達夫人生中第一個文學的十年（1913-1922）是以東京爲主，那麼第二個十年（1922-

---

6　小田岳夫著，李平、閻振宇譯，〈郁達夫傳：他的詩和愛及日本〉；及稻葉昭二著，蔣寅譯，〈郁達夫：他的青春和詩〉，收入《郁達夫傳記兩種》（杭州：浙江文藝出版社，1984），頁34、249。伊藤虎丸，《《沈淪》論》，收入陳子善編，《郁達夫研究資料》（香港：三聯書店，1986），頁617。

7　普實克，〈論郁達夫〉，收入陳子善編，《郁達夫研究資料》，頁650-682。

8　夏志清著，劉紹銘譯，《中國現代小說史》（台北：傳記文學出版社，1991），頁122。

1931）則是大半在上海度過。上海，成爲郁達夫文學生命第二個
十年重要的根據地，而他最具代表性的作品，也大多是發表和出
版於此時此地。故若論1920年代上海都市書寫的最佳代言人，恐
怕非郁達夫莫屬。

　　1930年，中國左翼作家聯盟在上海成立，魯迅和郁達夫皆爲
發起人之一，但不久以後，郁達夫便主動退出。此時的上海已是
恐怖活動四起，郁達夫在日記中吐露他苦悶的心情：「租界上殺
氣橫溢，我蟄居室內，不敢出門一步」。[9]1931年，左聯作家與創
造社成員李初梨被捕，郁達夫積極奔走營救，不果，終於在政治
壓力下，他不得不倉皇離滬，避走杭州，而從此寫作和生活皆一
時轉入消沈。

　　故細數郁達夫文學創作的精華歲月，可以說是是由兩座20世
紀的東亞大城：東京與上海串連而成。這兩座城市因其現代化開
放之魅力，匯聚了來自世界各方所能搜羅到最新奇之物，以及引
領時代的前衛思潮，也同樣吸引了來自各地的異鄉人。東京是孕
育中國現代知識分子（如陳獨秀，魯迅等人）的搖籃，也是革命
家（如孫中山，康有爲等人）的避風港。而上海也不遑多讓，因
爲租界的獨立存在，所以招徠了世界各地的商賈，投機客，流亡
者。而郁達夫離開故鄉，離開了家中的母親和妻小，選擇在東京
和上海這兩座大城中輾轉流離，而成爲他筆下自稱的「無家可歸
之人」或是「零餘者」，而如此獨特的身分位置，更不禁要讓人聯
想起了郁達夫自認受其影響最深的屠格涅夫，也同樣是在19世紀
的歐洲幾大城市：莫斯科，聖彼得堡，巴黎，柏林之中流浪，而

9　郭文友，《郁達夫年譜長編》（成都：四川人民出版社，1996），頁966。

成爲一個不斷在行旅漂流之中的「零餘者」。[10]

　　郁達夫顯然以羅亭式的「零餘者」，作爲生活的榜樣，這也使得他不但成爲五四世代之中最早碰觸城市課題的作家，也因此，對於彼時一批和他有類似處境，同樣遠離家鄉，流寓城市邊緣的青年們，產生了極大的影響。譬如20年代之初的沈從文，離開故鄉湘西，隻身一人浪遊北京，便自認深受郁達夫的啓發。沈從文曾經指出：「二〇年代初期正是『文學研究會』的莊嚴人生文學，被『創造社』的浪漫頹廢作品所壓倒，而在青年人心中「『郁達夫式的悲哀』成爲一個時髦的感覺」，[11]也因此，他以爲是郁達夫，而不是魯迅，對於日後的中國創作者影響尤其巨大，因爲若和魯迅相比，魯迅的憂鬱是來自於中國農村故鄉，但郁達夫的憂鬱卻是眞正貼近青年人的內心。[12]

　　這樣青年人的內心，無非就是離鄉遠行，寄居城市的異鄉人。而如此城市經驗，也成爲五四這一輩青年與上一代傳統文人分道揚鑣之處。傳統文人乃是終身以宗族關係紐帶強固的小鎮爲根據地，[13]但五四青年割斷了親族／故鄉的樞紐，也使得個人彷彿

10　郁達夫，〈屠格涅夫的《羅亭》問世以前〉，《郁達夫文集》第6卷（香港：三聯書店，1986），頁176-185。全文皆偏重記述屠格涅夫飄零的半生，及在幾大城市輾轉生活的經歷。

11　沈從文，〈論中國創作小說〉，《沈從文文集》第16卷（太原：北岳文藝，2002），頁195-222；沈從文，〈記胡也頻〉，《沈從文全集》第13卷（太原：北岳文藝，2002），頁3-48，二文中皆提及《語絲》的影響最大。

12　沈從文，〈郁達夫、張資平及其影響〉，《沈從文文集》第16卷，頁187-194。他並從郁達夫和張資平二人，去討論五四運動以後文學風潮的演變。

13　近來學者已注意到生活空間對於知識分子的影響，如：山口久和，〈近代的預兆與挫折──清代中期一個知識分子的思想和行動〉，收入高瑞泉、山口久和編，《城市知識分子的二重世界──中國現代性的歷史視域》（上海：上海古籍出版社，2005），頁1-28。便從章學誠的生活形態去推究出乾嘉知識分子的典型，而指：「在前近代的乾嘉時期中國社會支配性意識型態中，最接近近代性（modernity）的是章學誠，卻尚且帶著前近代的渣滓。」

從社會體制的環節脫落而下，成為一個個孤零零的存在，但卻也因此得以從禮教綑綁之中解脫，個性獲得了自由發揚的空間。郁達夫便是如此「發現個人」的先行者，並以之付諸小說的書寫。他以為，小說皆應帶有自傳的意味，「這自傳意味是什麼？它就是文學上最有價值的特性的表露：個性。」[14]

崩壞的家族，故鄉乃至社會國家，竟也因此釋放了個人的自由。郁達夫日後回顧，便指出：「五四運動的一大成就就是個人主義的發現，從前人為『道』，為君主，為父母而生存，直到現在大家才決定要為自己而生存。」[15]從此，一個個離鄉飄零，無家（甚至無國）可以依附，而孤獨寄居大城市底層的個人，遂浮出在中國現代小說史上，成為新一代青年的典型。他們離鄉到大城市謀出路，在郁達夫惶惶不知所以的「零餘者」悲歡中，彷彿照見了自己飄零的命運。那些小說的主人翁儼然都是作者自己的化身，一再焦慮地穿梭各地，泯除了城與城，乃至國與國的疆界，卻又總是不能安適其位，而成了郁達夫所自稱的「永遠的旅人」──或是用沈從文所言的「浪人」[16]的宿命。

也因此，本文以下將討論東京和上海這兩座城市，如何啟蒙一個來自浙江富陽小鎮的青年？而郁達夫在上海與東京如何經歷了不同的現代經驗，以致形成了他小說的風格，甚至影響了20年代中國現代小說的發展與變化？郁達夫甚至創造社從早期浪漫主義風格，到1923年後突然轉為左翼革命，這其中劇烈轉變的感性

14 郁達夫，〈南遊記〉，《郁達夫文集》第6卷，頁38。

15 同註14。

16 1925年5月3日《晨報副刊》，林宰平以「唯剛」為筆名，發表〈大學與學生〉一文，批評北京大學生風氣墮落頹靡，「多數只是困在飲食男女上。」而沈從文不服，以「致唯剛先生」一文回應，同樣發表在《晨報副刊》上，文中便以「浪人」自居。

模式，又與這兩座城市有何關連？現代城市給予郁達夫的是何種特殊的，有別於故鄉的空間體驗？而他又是如何藉由蒙太奇意識流遊走其中，充滿了對於「線／限」（la linea）的挑釁，甚至賦予空間多重的意義？[17]皆是本文所關懷的重點。

二、東京：城市「懷鄉病」

在中國現代文學史上，東京這座城市實扮演關鍵性角色，不僅許多重要思潮是經由東京輾轉傳入中國，而五四作家群中更多有留學東京的經驗，如魯迅和郁達夫便是知名的代表。但郁達夫不同於魯迅的是，魯迅筆下鮮少觸及東京，彷彿更心心念念的是自己的故鄉紹興，而郁達夫卻截然不同。在他創作之初，亦即1921和1922這兩年間他所發表的七篇小說：〈銀灰色的死〉，〈胃病〉，〈南遷〉，〈懷鄉病者〉，〈空虛〉，〈血淚〉等，皆是以東京作為背景，唯獨描寫N市（乃是以名古屋讀中學經驗為背景）的〈沈淪〉例外。這幾篇具有濃厚自傳性質的小說，不僅再現了郁達夫個人異鄉求學的生涯，也勾勒出20世紀初一個中國青年與現代城市的遇合。

再就鄭伯奇編選，所收作品以創造社作家為主的《中國新文學大系小說三集》而言，1920年代初聚集在東京的作家們便有郁達夫，張資平，田漢，成仿吾等人，他們也多成為創造社的最初成員。鄭伯奇特別指出，這些青年作家並不是一般人對於創造社的成見所云，是一群「為藝術而藝術」的，象牙塔中的「藝術

17　索雅（Edward W. Soja），王志弘等譯，《第三空間》（台北：桂冠圖書，2004），頁173。

之神」，恰恰相反，他們具有強大「對於時代和社會的熱烈的關心」，而「象牙之塔一點沒有給他們準備著。他們依然是在社會的桎梏之下呻吟著的『時代兒』」。[18]但有別於國內作家的是，由於長年留學海外的經驗，使得他們有了不同的視野，對於祖國往往產生幻滅而不能認同。郁達夫便經常在小說中感歎，對於中國的現況感到格格不入，無法理解接受，故留學生的位置反倒使得他們成為了祖國的邊緣人，而在異鄉，也彷彿才更能找到安身立命之處。

　　張定璜〈路上〉一篇中便感歎：「東京是他真正的故鄉」，[19]郁達夫〈沈淪〉亦流露出眷戀東京的懷鄉之病（Nostaligia），甚至將東京類比為自己的故鄉富陽，而他所勾勒一生最理想的居處，也是在東京郊外，坐電車可達，雜樹叢生依傍清溪的地方。[20]凡此種種，皆可看出這些異鄉遊子對於東京這座城市既陌生，卻又親愛的矛盾且曖昧的感受。他們以「異鄉人」之姿，遊走在東京都中，所滋生的美學感性，遂成為早期創造社風格的由來。然而東京究竟帶給郁達夫什麼樣的現代性感受？頗堪玩味的是，從他1921-22年書寫東京的七篇小說看來，卻鮮少出現我們對於城市的刻板印象，例如：摩天大樓，百貨公司，時尚物件，或是充滿霓虹光電的街道。恰恰相反的是，郁達夫悠游其中且一再描摹的，卻是公園和植物園，綠樹，離城市不遠搭電車便可以抵達的

18　鄭伯奇，〈導言〉，《中國新文學大系小說三集》（台北：業強出版社，1990），頁8-9。

19　張定璜，〈路上〉，收入鄭伯奇編，《中國新文學大系：小說三集》，頁319。

20　郁達夫，〈茫茫夜〉，《郁達夫小說全編》，頁117。小說中質夫在上海邂逅遲生，激起了同性之愛，夢想兩人未來共同的生活：「日本的郊外雜樹叢生的地方，離東京不遠，坐高架電車不過四五十分中可達的地方，我願和你兩個人去租一間草舍兒來住，草舍的前後，要有青青的草地，草地的周圍，要有一條小小的清溪。」

郊區，以及有溫柔的日本女侍相伴的咖啡館或小酒館，才是遊子最樂意徜徉的所在。尤其咖啡館中的女侍，其開放的兩性態度，大不同於那些飽受傳統禮教束縛的中國婦女，令郭沫若從福岡來到東京時，也嚮往不已，指名必要造訪。[21]

　　於是個人情慾的解放和豐富的自然意象，反倒使得郁達夫筆下的東京，在國族自尊心的哀嘆之餘，竟意外地洋溢著一股牧歌氣息。正如小田岳夫指出，郁達夫在日本生活並不只有痛苦，更有甜美歡樂的一面，「大正時代純熟文化的濃郁空氣，國泰民安的和平景象，婀娜多姿的自然風光，含情脈脈的窈窕淑女」，[22]皆使得東京從市區中心到周圍郊野，皆洋溢著迷人的魅力，激發異鄉遊子美妙的遐想。〈沈淪〉雖寫名古屋，但情調與東京卻頗一致，郁達夫更熱衷於對大自然表露出浪漫主義式的歌詠，手捧著Wordsworth的詩集，愛美生的《自然論》（*Emerson's On nature*），沙羅的《逍遙遊》（*Thoreau's Excurison*），發出慨嘆：「這裡就是你的避難所，世間的一般庸人都在那裡妒忌你，輕笑你，愚弄你，只有這大自然，這終古常新的蒼空皎日，這晚夏的微風，這初秋的清氣，還是你的朋友，還是你的慈母，還是你的情人，你也不必再到世上去與那些輕薄的男女共處去，你就在這大自然的懷裡，這純樸的鄉間終老了吧。」

　　蔡振念研究郁達夫與西方頹廢美學之間關係，便指出：郁達

21　郭沫若，〈創造十年〉，收入《革命春秋：沫若自傳》（上海：新文藝出版社，1953），頁107。寫道：「銀座『咖啡店情調』這是多麼誘人的一個名詞唷！我聽說那兒有交響曲般的混成酒，有混成酒般的交響曲，有年輕侍女的紅唇，那紅唇尚有眼不可見的吸盤在等待著你。」

22　小田岳夫著，李平、閻振宇譯，〈郁達夫傳：他的詩和愛及日本〉，收入《郁達夫傳記兩種》，頁40。

夫在日留學期間，透過閱讀西方文學作品，將現代主義浪漫主義等美學挪移到自己的作品之中，以此「預借」方式豐富中文小說的現代性。[23]於是自然彷彿成了母親意象（mother figure），從此進入五四小說的視野中，也成爲詩人逃離現實人間，好尋求避難的去處。正如段義孚所指：「自然／文化的二分法已經過時」，在郁達夫筆下的東京實揉和了自然與文化二者，換言之，城市中處處充滿了公園，郊區或花園等，而這一類介於現代城市和大自然這兩個極端中的「中間景觀」，便爲人們營造出可以「逃向自然」的錯覺，所以「逃進『自然』本身，其實也是逃進文化世界當中，這是一個由『鄉村』，『景觀』，『荒野』之類蘊意豐富的詞語所建構出來的世界。」[24]

不僅郁達夫喜愛書寫東京的公園，尤其是鄰近東京大學的上野公園和植物園，如張資平〈木馬〉一篇，也同樣以上野公園爲場景。他們在公園中無事漫遊，也與朋友相聚，如上野公園精養軒，便是文友相會，思潮激盪的最佳場所。而郁達夫所偏愛的居處，也是東京城市中的曠野之處，如〈空虛〉中描述自己住在東中野，一間被「荒田蔓草」所環繞的小屋，而「一幅夏夜的野景橫在星光微明的天蓋下」，[25]在城市中竟過著修道院似的孤寂生活，偶而不耐寂寞，才搭郊外電車，往最熱鬧的市街有樂町去，直逛到新橋，才又再搭郊外電車返家。而如此自然與現代文明並存的生活，成了郁達夫東京生活中最理想的空間。

---

23 蔡振念，〈預借的現代性：論郁達夫對西方頹廢美學的挪用〉，《中正大學中文學術年刊》第13期（2009.6），頁1-22。

24 段義孚著，周尚意、張春梅譯，《逃避主義》（台北：立緒文化，2006），頁23，119。

25 郁達夫，〈空虛〉，《郁達夫小說全編》，頁163。

　　也正因為電車等交通網絡的發達，使得城市人可以散居郊區，既能擁有田園樂趣，又能享受都市資訊和商業的便捷。廉價與遍布的電車系統，使得任何階層的人，皆有餘裕在都市中自由流動，也因此電車站和火車站成為郁達夫旅居東京時，不可或缺的必要場景，而豐富的公共空間，如書店（丸善書店），咖啡館，商店街，也成了漫遊者和零餘者的駐足歇息之處。就在城市漫遊的過程中，郁達夫往往穿插大量意識流蒙太奇片段，來回擺盪於故鄉／昔日的回憶和東京／此時此刻之間，既宣洩異鄉遊子孤寂的內心，但又不禁瀰漫出一股奇異的自由安適之感。1922年作於東京酒館的〈懷鄉病者〉，主人翁從東京寓所走出，歷經植物園，中國酒館等等，邂逅一位同為異鄉人來自上海的女子，在小說末尾，竟是出奇的放鬆自在，彷彿天地間只餘下了自己一人：「在沈濁的夜氣中間走了幾步，他就把她忘記了，茱館他也忘記了，今天的散步，他也忘記了，他連自家的身體都忘記了。他一個人只在黑暗中向前的慢慢走去，時間與空間的觀念，世界上一切的還在，在他的腦裡是完全消失了。」[26]

　　縱觀郁達夫所活動，乃至所書寫的東京，大抵從環繞東京大學一帶的本鄉三丁目，到上野公園，而市區核心熱鬧處則為有樂町，新橋，到東京中央站一帶。他雖身為異鄉遊子，支那人，但東京帝國大學的學生身分，卻也給予他從經濟到身分上某種程度的保障，而有了從容優游，吟哦浪漫主義的餘裕。綠化的市容以及便捷的交通網絡，更使得他在享有都市文明的同時，仍保有自然的感性與野性。而二十四小時不打烊的火車站，以及東奔西

26　郁達夫，〈懷鄉病者〉，《郁達夫小說全編》，頁144。

走的電車，更承載了一個永遠的旅人的腳步。故弔詭的是，並非城市摩登的一面，反倒是城市中文明與自然野性的巧妙並存，爲一位從中國傳統道德藩籬之下解放出來的異鄉青年，提供了想像力，創造力和情慾逃向的去處。

郁達夫所紀錄的1920年代之初的東京，雖在1923年（大正12年）關東大地震後大半化爲廢墟，但重建後的電車網絡的重要性與日俱增，使得城市更得以向外展延。[27]此時郁達夫已經回到中國上海，置身在亞洲的另一座大城，而他體驗到的將是截然不同的現代經驗，那種在東京城市仍能與市井喧囂保持適度隔絕，逃向自然的安全距離感，已經消失不見了，取而代之，卻是更爲壓縮窘迫的空間，以及強烈的焦躁，絕望與憤懣。

三、上海：不均的異質空間

1922年郁達夫獲東京帝國大學經濟學士學位，回到中國，住上海哈同路民厚里的泰東書局，主持創造社的工作。他以〈血淚〉一篇小說，描述他搭輪船回國，先是昏倒在上海黃浦江畔的碼頭，錢被扒得一乾二淨，繼之謀職又處處碰壁，中國社會靠的是頭銜和人脈關係，留學的文憑竟一無用處，最後他只有落得露宿街頭的窘境。而〈血淚〉篇名，正在嘲諷當時文學研究會所主張的「有血有淚」的人生文學，因此在小說末了，他也依樣畫葫蘆，寫了一篇「血淚」的小說來換取稿費。

以郁達夫等留日學生爲主的創造社，和以北京的文人學者爲

27　邱雅芳，〈島都・魔都・帝都──1930年代台灣作家漫步東亞的都市地景〉，收入陳芳明主編，《殖民地與都市》（台北：政大出版社，2014），頁61。

主的文學研究會，兩者涇渭分明，在〈血淚〉這篇小說中清楚可見。但與其說兩者是文學主張的不同——創造社主張的是浪漫主義，文學研究會則奉行寫實主義，卻還不如說，兩者的對峙，乃是爭奪文壇權力話語的結果。而前者尤其視後者（尤其是學者教授們）為主流體制，故刻意選在上海另立社團，欲在北京的學院主流之外，另闢戰場。而上海這座城市的特色遂於此浮現：自從晚清以來，上海便宛如是國中之國，給予人一種置身但同時也置外於中國的奇特自由，故凡不見容於主流體制的夢想家或革命者，大多避居在此，以之為避風港，甚至以此挑戰中心，尋求突圍的可能，譬如20世紀初的章太炎，便避居公共租界著書辦報，宣揚他新中國的理想。1922年創造社也選擇在上海展開文學事業，但與清末不同的是，租界在20年代後的快速膨脹，以及現代化的發展，使得青年文人與城市產生了更多的互動，並以此轉化成思想與創作的養分，而滋長出有別於以北京為主的，文學研究會的風格。

在1922年小說〈血淚〉中，黃浦江碼頭是郁達夫踏入上海的第一步。而彼時的外灘景致正在蛻變，處在舊／新變化的關鍵時刻，一排多以英國新古典或希臘風格建造的，富麗堂皇的大樓，不是才剛剛完工，就是正在興建當中。就在那一年建成的有怡和大樓和格林郵船大樓，次年則有匯豐銀行和字林大樓，至於雄偉的海關大樓則要稍晚，直到在1927年才落成。外灘的面貌正處於翻天覆地的變化，也象徵英殖民帝國主義結合資本主義，正在上海強勢崛起，欲以壯觀巍峨的建築，強化並且彰顯其權力／知識

互為交織的結構，以占領城市的天際線。[28]然而，相較於30年代後人們對於這一排外灘的西式建築，多已習見，並且視為上海現代性的標記，而發出讚歎與頂禮膜拜，但20年代初的郁達夫，則顯然更感受到這座城市空間權力的不均與傾斜，而更願意將視野往前移了數尺，聚焦在宏偉建築的前景：「獰猛的人力車夫」上。郁達夫筆下20年代之初的外灘，竟非紙醉金迷的十里洋場，反倒是由碼頭苦力，人力車夫，扒手和騙子所組合而成的圖景，那是「將亡未亡的中國，將滅未滅的人類，茫茫的長夜，耿耿的秋星，都是傷心的種子。」[29]而主人翁昏倒在亂烘烘的碼頭上，起身時，才乍然驚覺，原來自己早已一無所有。

細探郁達夫的上海書寫，卻總不出租界（尤其是公共租界）的範疇，他漫遊的腳步，似乎從未踏入原來的老上海，亦即老城廂城隍廟一帶。故置身上海，竟宛如仍在異國一般，異鄉人的身分未改，甚至更加鮮明易辨。也因此，郁達夫終日在租界之中惶惶遊走，其被隔離以及被辨識為「他者」的焦慮，竟不亞於身在東京之時，甚至遠過之。譬如公園，城市專屬的公共空間，也是郁達夫在東京時經常漫遊的去處，但轉移至上海之時，他卻被隔絕在外。租界公園皆屬於西洋人所建，採西式風格，規定「華人非西裝或日本裝者，不得入內」。[30]故〈血淚〉描寫他到外白渡橋下的外灘公園，只能以旁觀者之姿，看西洋小孩玩耍，或是〈蔦蘿行〉中他只能揀選在半夜無人之際，到位在呂班路和辣斐德路上

28　Joanne P. Sharp著，司徒懿譯，《後殖民地理學》（台北：國家教育研究院，2012），頁76-93。

29　郁達夫，〈茫茫夜〉，《郁達夫小說全編》，頁115。

30　王敏、魏兵兵、江文君、邵建合著，《近代上海城市公共空間（1843-1949）》（上海：上海世紀出版，2011），頁48。

的法國公園，呆坐在草地上痛哭。原先東京時期經常出現在郁達夫筆下的大自然意象，以及「逃向自然」的安適之感，於此消失無蹤，而取而代之的，是一股無處可逃，退縮到城市邊緣的焦慮無依。

城市的公共空間既被擠縮，零餘之人無處可以喘息，甚至連搭電車閒晃也不能。1923年〈落日〉一篇寫Y住在貧民窟「一間同鼠穴似的屋頂房間」，白日無事，只能搭電車四處閒晃，看「如流水似的往後退去的兩旁的街市」，然而Y卻感到查賣票者「老對他放奇異的眼光」，於是電車也不能搭了，只能靠自己雙腳徒步漫遊，他自稱這是「徒步旅行」，然而當口袋中錢已用磬之時，就連白日也不得再上街了，只能趁夜裡「大家睡靜的時候，方敢上馬路去」。[31]

故在上海這座城市中，誰才是真正的主人？誠如魏斐德（Fredic E. Wakeman Jr.）研究上海時指出：有關上海市在20年代，30年代是否已自生出強而有力的市民文化？其證據仍是十分薄弱，而那些帶著強烈認同的市民文化，往往形成的方式是由國民黨當局由上而下刻意創造出來的，例如1934年的新生活運動，但卻卻終歸失敗。[32]這或許說明了上海更像一塊無主之地，破碎的馬賽克拼圖，而上海城市尤其在20年代，也仍是一座未有城市規劃，其擴張，往往是因幾度戰亂所引發難民潮的結果，烏合之眾從中國其它鄉鎮大量湧入租界，故商業地皮趁機炒作，而呈現「局部有序，全局無序」的亂象。也因此，上海人不能如同其它

31　郁達夫，〈落日〉，《郁達夫小說全編》，頁260-1。

32　魏斐德，〈給娛樂發執照：中國國民黨對上海的管制〉，收入葉文心等合著，《上海百年風華》（台北：躍昇文化，2001），頁255。

西方現代大城市居民一般，逐步告別喧囂的鬧市中心，到邊緣和市郊去建立新的住宅區，反倒是各個階層皆無例外地投入租界生存空間的競爭，而大部分貧民的棚戶里弄簇擠在租界的邊緣，形成天堂與地獄並存的矛盾圖景。[33]

　　1923年〈春風沈醉的晚上〉，郁達夫描述他在上海尋覓蝸居的艱困，他先是住在租界西邊靜安寺路南「一間同鳥籠似的永遠也沒有太陽晒的自由的監房裡」，住客不是兇惡的裁縫，就是可憐的文士，故被他稱爲是一條「yellow Grub Street」：黃種人蜎蟲之街，然而租金節節上漲，逼迫他不得不搬家，遂遠遷到租界東北的楊樹浦一帶，住在「外白渡橋北岸的鄧脫路中間，日新里對面的貧民窟」，而他形容周圍的環境是工廠環繞，入夜以後聽聞的是「俄國的漂泊少女賣唱的歌聲」，而「天上照滿了灰白的薄雲，同腐爛的屍體似的沈沈的蓋在那裡。」

　　然而在這篇小說中，郁達夫卻展現他在上海書寫中難得的溫情。他貧民窟的鄰室住的是一位來自蘇州鄉下的女子，在菸廠當女工，父親才剛因工殤死去，可憐的孤女引起了「我」無限的憐憫。於是從貧民窟的女工，流浪漢，以及漂泊異鄉的難民身上，郁達夫彷彿終於尋得可以認同的對象，而不再是與城市格格不入的邊緣人，或是一個「生則於世無補，死亦於人無損的零餘者。」[34]

　　郁達夫當是第一個書寫楊樹浦的作家。楊樹浦林立的絲場和

33　張濟順，〈上海里弄：論街道基層的生態演變〉一文討論上海五方雜處有別於歐美現代都市的特色，以及近代里弄結構的成型過程，收入葉文心等合著，《上海百年風華》，頁291-332。

34　郁達夫，〈蔦蘿行〉，《郁達夫小說全編》，頁216。

菸廠煙囪，也正是郭沫若對於上海的第一印象。此一工廠區緊鄰
黃浦江，位於租界的東北邊緣，迄今仍是上海幽暗的邊陲地帶，
和郁達夫經常漫遊的外灘碼頭，形成了一條生產線，也象徵帝國
主義對於這座城市最初的野心與占領。故從「滬西歹土」，[35] 到楊
樹浦的貧民窟，郁達夫在上海租界邊緣輾轉流離，並從邊緣的位
置，漫遊入城市最繁華的所在，一個由大馬路（南京路），二馬
路（九江路），三馬路（漢口路），四馬路（福州路）和愛脫亞路
（本是區分法租界和公共租界的洋涇濱，後改成長濱路，又改為
愛多亞路，）等橫縱交織而成的城市核心，但矛盾的是，這繁華
的方寸之地，上海現代性的象徵地標，卻也是他最感疏離，不得
其門而入，處處見斥的所在。

　　換言之，郁達夫的認同乃在城市邊陲，而非摩登上海，
也以此勾勒出這座城市強烈的反差對比，以及城市的異質性
（heterogeneity），不僅讓不同的人群緊靠相依，也讓人群得以遇
見他人，混雜在一起。[36] 故當 1922 年郁達夫進入上海，或者應該
反過來說，上海這座城市進入郁達夫的小說視野之後，他那原先
以東京作為土壤的，逃向大自然母親懷抱的浪漫歌詠，便逐漸消
失不見了。在上海，他不再有悠游的公共空間，以及徜徉自然的
角落，取而代之的，乃是貧民窟，不得而入的公園，扒手，盜
匪，尖銳的階級對立，被主流體制排斥的焦慮，以及被排擠到城
市邊緣，貧無立錐之地的哀嘆憤懑。如此看來，創造社在1923年

35　魏斐德，《上海歹土：戰時恐怖活動與城市犯罪1937-1941》（北京：人民出版社，2011）
　　指出，滬西處於公共租界，法租界和政府之間的無主三不管地帶，乃是上海歹土犯罪的
　　核心。

36　Steve Pile，〈城市的異質性〉，收入 Steve Pile 等著，王志弘譯，《無法統馭的城市？秩序
　　／失序》（台北：群學出版社，2009），頁 9-64 的討論。

從浪漫主義轉向左翼，其實是在東京與上海這兩座城市中完成過渡和轉移的。1923年，郁達夫寫了〈文學上的階級鬥爭〉一文，表示對於馬克思的支持，一改先前在東京，或是1922年初甫回中國北京時，[37]對於社會主義的懷疑，這一次，他選擇毫不保留地揮舞左派大旗。

　　普實克曾指出，郁達夫作品中的敘述「包含著一條特別的經驗支流。這條敘述支流不時被感情的爆發所打斷」，充滿了「個人經驗戲劇化」和不穩定。[38]換言之，個人經驗，尤其是城市經驗對於郁達夫的小說，乃起了關鍵性的作用。而「家」的意涵，也隨著他在東京和上海這兩座城市遷徙的過程中，產生了微妙的變化。〈茫茫夜〉中在東京郊外電車可達之處，闢建私密居家，以「家屋庇護著日夢」[39]的溫馨想望，轉移到上海時，已然不見，與城市相互對照，不斷反覆出現的是自己的故鄉富陽，暴戾嘮叨的老母，淚眼婆娑的妻，啼哭飢餓而神經質的孩子，沒有家的溫暖撫慰，只剩「一層冷漠的情懷和一種沈悶的氛圍氣，重重的壓上他的心來」。[40]而這迫使他不得不選擇出走，返身逃回上海，但在徘徊城市邊緣之際，卻又往往情不自己地，走向北四川路外的滬杭車站，渴望跳上一列回鄉的火車。

37　郁達夫，〈南遷〉描寫自己在東京電車上，看到車廂內擁擠憔悴的勞動者，為之不平，嘲笑自己是被「日本的社會主義感染」，1922年〈血淚〉也嘲諷北京S公寓中的大學生流行「共產主義」，對此頗不以為然，具可見他在1923年以前並非不知社會主義，而是對此保持懷疑。《郁達夫小說全編》，頁69、164。

38　普實克，〈論郁達夫〉，收入陳子善編，《郁達夫研究資料》，頁659。

39　巴舍拉對於「家屋」的描述：「家屋庇護著日夢，家屋保護著做夢者，家屋允許我們安詳入夢」。加思東・巴舍拉著，龔卓軍、王靜慧譯，《空間詩學》（台北：張老師文化，2003），頁68。

40　郁達夫，〈煙影〉，《郁達夫小說全編》，頁362。

　　零餘者，由此成了一個陷落在城市與故鄉夾縫之中的，兩
處皆無可歸依之人，也成了郁達夫向妻子坦白懺悔的：「在社
會上雖是一個懦弱的受難者的我，在家庭內卻是一個兇惡的暴
君，在社會上受的虐待，欺凌，侮辱，我都要一一回家來向你發
洩的。」[41]精神上的無「家」可歸，造就了注定要在城市邊陲流離
的，永遠的波西米亞，一如當他佇立在上海市外黃浦江邊，注視
開往富陽的輪船，心中喃喃念的卻是Housman的詩："Come your
home a hero, or come not home at all"。[42]而在1923年〈青煙〉中，
他甚至以流寓租界的異鄉人身分，藉由一支沙沙的筆，想像自己
回到故鄉，然而家已破亡，族人流散各地，即使相見也不相識，
最後他虛構主角沈入錢塘江而死，彷彿要以此將故鄉永遠地埋
葬。

　　然而，城市可以成為無家可歸之人的新故鄉嗎？1927年的
〈迷羊〉一篇頗堪玩味的作品，隱含郁達夫對於上海這座城市既
依賴，卻又懷疑的矛盾之情。〈迷羊〉描述自己從A城拐帶了女
戲子月英，兩人於是展開一趟逃亡之旅，從蕪湖，南京，直到上
海，住在四馬路上的旅館，盡日在大馬路閒逛購物，他不僅為
月英買了生平第一雙高跟鞋，黑絨法國女帽，還去丹桂第一台看
戲，並登上愛多亞路的「X世界」，應是1917年開張的「大世界」
知名的屋頂花園去看上海夜景，看到「S」和「W公司」，應是
1917年成立的先施百貨和1918年的永安百貨燈火燦爛的尖頂。
這是郁達夫對於上海租界現代性的繁華面描述最多的作品。然而
浪漫的愛情，卻終究在這座城市中化為虛幻泡影，月英逃逸無

41　郁達夫，〈蔦蘿行〉，《郁達夫小說全編》，頁223。
42　同註41，頁217。

蹤，最後他獨自一人在大馬路和四川路最熱鬧的交叉口上漫遊，尋找月英的身影。美麗的傳統戲曲女伶，套上高跟鞋和法國女帽後，消失於五光十色的租界消失，彷彿暗示這場繁華也不過是夢幻，是短暫的墮落沈淪，甚至虛假一如愛情的誓言。

最後，我要比較的是1921年的〈胃病〉和1923年〈落日〉這兩篇小說，都是主人翁亦即郁達夫的化身，與朋友登上建築物的頂端，俯瞰整座城市，只是前者是在東京的俄國教堂尼哥拉依堂鐘樓，而後者則是在上海的「W公司」（亦即上海四大百貨之一永安百貨 The Wing On Co.）。摩天高樓的建立，使得觀看城市出現了一種新的可能：俯瞰，而郁達夫顯然偏愛此種視角，故往往與友人登高，眺望城市芸芸眾生。〈胃病〉中描寫靖國神社的華表，「街上電車同小動物一樣，不聲不響的在那裡行走，對面聖堂頂上的十字架，金光燦爛，光耀得很。」而若是天氣晴朗，還可看到東京灣海上的點點帆檣。[43]如此景致讓主人翁起了和女看護一同跳下，殉情而死的浪漫衝動。

然而，鏡頭轉至兩年後描寫上海的〈落日〉，住在貧民窟「一間同鼠穴似的屋頂房間」他，典當了夏衣後，得了些錢，帶著與有近乎同志情愫的C，一起登上W公司屋頂，而樓下是喧鬧的遊樂場和劇院，但「這一層屋頂上只瀰漫著一片寂靜。天風落處，吹起了一陣細碎的灰塵。屋頂嚇得市塵的雜噪聲，被風搬到這樣的高處，也帶起幽咽的色調來。在杳無人影的屋頂上盤旋。太陽的餘暉，也完全消失了，灰暗的空氣裡，只有幾排電燈在那裡照耀空處，這正是白天與暗夜交界的時候。」[44]在天與地，宇宙與人

43　郁達夫，〈胃病〉，《郁達夫小說全編》，頁62。

44　郁達夫，〈落日〉，《郁達夫小說全編》，頁267。

群，寂靜與喧鬧，暗夜與白天，黑暗與光明的交界之間，郁達夫展現了東京時期所無的，游移不定的光影，若有似無的聲響，內斂曖昧的感性，他彷彿被夾「白天與暗夜交界」的20年代的上海，一個令人驚詫卻又啞口無言的魔術時刻裡。

板蕩之際的現代抒情：
試論鄭愁予早期的愛情詩

劉正忠

國立臺灣大學中國文學系副教授

一、他寫過愛情詩嗎？

鄭愁予，本名鄭文韜，河北人，自稱「遠祖遷自閩台，爲明末有清一代世襲軍事家庭」。1933年生於濟南，童年隨軍人父親南北遷徙。就讀於北平崇德中學期間，廣泛接觸新文學書刊，並開始發表詩作。後隨家人遷台，先後畢業於新竹中學、中興大學法商學院，在基隆港務局任職，並曾擔任青年寫作協會總幹事。1967年應邀赴美國愛荷華大學國際寫作班研究，1972年在愛荷華大學獲創作藝術碩士，並留校在中文系任教。後轉往耶魯大學，在東亞語文學系擔任資深講席，並曾出任聯合文學社長。2004年獲耶魯生榮休教授銜，並聘爲駐校詩人。近年則陸續擔任香港大學榮譽教授、清華大學榮譽講座教授，目前常任金門大學講座教授。

愁予早年即爲現代派健將，1950年代已迭有佳製，風流蘊藉，膾炙人口，詩集流通之廣，當代罕見其匹。紀弦的現代派運

動，號稱匯聚了一百餘位詩人，「幾乎三分詩壇有其二」。[1]惟究其實，這些加盟者大都是年輕的大學生、中學生、下級軍官及士兵，寫作尚在起步，能自樹立者極少。因此，少數幾個創作力滂沛而風格鮮明的成員，實為確保運動能夠成功的重要關鍵。除了紀弦本人之外，方思、楊喚、林亨泰、鄭愁予、林泠等人，就先後發揮了這樣的作用。其中鄭愁予融合了現代與抒情兩個面向，兼具探索新境的藝術性與感染大眾的通俗性，地位最為凸顯，深受紀弦看重。

愁予之所以能夠閃耀於時，聲名廣被，固然是因為他才情洋溢、風格流麗，但總與他擅寫愛情題材有關。按愛情詩是抒情詩中一種重要的品類，在古今中外的詩壇中，常是最受歡迎的。無論依照新詩學界或一般讀者的認知，鄭愁予的情詩實是一絕，應該不會有人懷疑，他是以此類型而知名於世的。不過，在後期的演說、訪談與自述中，愁予總是強調這些作品別有寓意，不能全為「愛情詩」所框限。他甚至寫過一篇文稿，題做〈我寫過愛情詩嗎？〉。這一提問簡直無風起浪，晴天霹靂。特別是在多年來著迷於愁予情詩的讀者聽來，恐怕如墜入五里霧中。

這就彰顯了一些環繞著情詩而展開的種種課題，值得思索與探討。首先，詩人創作意識與詩篇語言結構之間，可能存在著主客分裂的狀態。鄭愁予在這篇文稿裡，指出：

> 我把愛情詩大致分為三個類別：第一類就是「我」對「你」的形式，有一個場景，事件，和互相領會的祕密；第二類是以愛情事件為主題或構想的詩作，是給天下有情人都能感動或能派上用場的愛情詩篇；第三類就是唱

1　余光中，〈第十七誕辰〉，《焚鶴人》（台北：純文學出版社，1972），頁187。

著愛情的調子卻另有寓意，而多半是政治上的或是對時局的忌諱，也有做個人信仰的暗託的。[2]

　　這應該是愁予的經驗之談，頗為精準而到位，充分掌握到愛情詩的內在元素與外在指涉。他以「愛情詩」一辭來取代通常所謂「情詩」，也有縮小範疇、直指核心的作用。

　　事實上，愁予所說的三種類型經常同時存在於一首詩裡，只是在不同的詩篇裡，各有偏重而已。情詩既然具有示愛的意圖，基本上也就屬於實際的或虛擬的「傳訊」行為。俄國形式主義大師雅克布遜（Roman Jakobson）在〈語言學與詩學〉（1960）這篇著名講辭中，曾經歸結出語言交通過程的狀況與要素：

場合
context

發訊人　　　　訊息　　　　受訊人
addresser　　message　　addressee

接觸
contact

訊契
code

圖1　傳訊行為中的六要素[3]

上面這六種要素，不僅見於日常的語言的溝通，同樣為文學

2　鄭愁予，〈我寫過愛情詩嗎？〉（作者打字稿，未出版），頁5。按此稿為愁予親自撰寫的演講稿（共26頁，其中文字敘述占5頁多，其餘為附詩），部分內容與歷來訪談文字接近，但因係第一手陳述，論點更為明晰。詩人於2011年在國立清華大學講學時，曾用為講義。

3　圖表引自高辛勇，《形名學與敘事理論》（台北：聯經出版事業公司，1987），頁76。

所必備。各項要點，將在下面各節中分別探討，這裡僅先拿來印
證前引鄭愁予的說法。他所稱第一類，具有「我——你」結構，
其實也就涉及了「發訊人——收訊人」的問題，兩端分別蘊藏
了多樣而有趣的變化空間。第二類的「愛情事件」，通常也就是
「你——我」之間離合迎拒的種種歷程，涉及抒情與敘事的交融
問題，既有共同模式，也有個別經驗可說。至於第三類所謂「另
有寓意」，特別是指向「政治」與「時局」的而難以言直者，也就
扣觸到西方所謂「託意文學」（allegory）的重要模式，以及漢語
文學中的「香草——美人」傳統。而此一層次，也正是愛情詩最
耐咀嚼而極具探索空間的關鍵所在。

鄭愁予「寫過愛情詩嗎」？答案當然是肯定的。但詩人「多
此一問」，顯然認定此一「類型詩」具有再審視、再思維的空間。
本文即順此思路追索下去，一方面希望能夠說明鄭愁予何以成為
此中聖手，並思考其表裡各層的相關問題，一方面也嘗試解析現
代愛情詩的諸要素，以建構出一套較為普遍可行的解讀方法。

二、愛情詩的「我——你」結構

何其芳的〈預言〉乃是1930年代的抒情名篇，具有極華美的
音韻結構以及跌宕的情思脈動，對於1950年代的年輕詩人影響頗
大。我們或可藉由這首詩，建立愛情詩中「我——你」結構的基
礎模式。詩分六段，每段六行，在此僅過錄其最後兩段：

> 一定要走嗎？請等我和你同行！
> 我的腳步知道每一條熟悉的路徑，

我可以不停地唱著忘倦的歌，
再給你，再給你手的溫存！
當夜的濃墨遮斷了我們，
你可以不轉眼地望著我的眼睛！

我激動的歌聲你竟不聽，
你的腳竟不為我的顫抖暫停！
像靜穆的微風飄過這黃昏裡，
消失了，消失了你驕傲的足音！
呵，你終於如預言中所說的無語而來，
無語而去了嗎，年輕的神？[4]

　　此詩中的發訊者「我」，大約住在森林中的小屋，而收訊者「你」就是一個移動的旅人，偶然來臨。在六個段落裡，「我」步步邀請「你」停留下來與我共同生活。而對方給的，顯然都是否定性的回應（詩裡其實沒有直接寫到，但我們可以從發訊者的言談中反推）。「我」乃步步退讓，最後只要求對方讓我同行。然而這種請求同樣歸於徒勞，收訊者終於「無語而來，無語而去」了。兩者的關係，或可圖示如下：

4　何其芳，〈預言〉（1931），《預言》（重慶：文化生活出版社，1945），頁3-6。

發　訊　人	受　訊　人
安居者	流浪者
在家裡	在路上
等待	追尋
面對時間	面對空間

圖2　〈預言〉的「我 —— 你」結構

在基本架構上，這樣的情節布置接近漢語傳統中的「閨怨詩」。但因移至現代情境，故更傾向於指涉自由戀愛的邂逅。發訊者熱情、主動而果敢，由期待到失落的歷程，也寫得頗爲活躍鮮明。至於收訊者的浪子形象則顯得更神祕而迷人，但也更爲堅決無回。

鄭愁予最著名的作品〈錯誤〉有著類似的結構，但主客情勢卻與〈預言〉倒反，發訊者轉爲「在路上 —— 追尋」的流浪者，而收訊者則變成「在家裡 —— 等待」的安居者。但愁予還做了一個有意思的設計：這個流浪者並不是眞正的「被思念的人」，而是其短暫的、錯誤的替代，偶然「中介」了兩端的關聯。「我」之所以誤闖進別人的思念結構，正因爲「我」與眞正被「妳」思念的「他」同性質（都是流浪在外的過客），以此推想，詩篇之外可能也存在著一個與妳同性質的，在等我的「她」。那麼，這篇作品就存在著交錯投射的多重關係。

在《夢土上》時期，愁予就已經能夠洗練地操作這類愛情題材，以及「我說你聽」的語式，同時常有各種活潑的變奏。底下試藉由對〈賦別〉的逐段細讀，來說明他的創意。詩的開頭寫道：

這次我離開你，是風，是雨，是夜晚；

你笑了笑，我擺一擺手

一條寂寞的路便展向兩頭了。

念此際你已回到濱河的家居，

想你在梳理長髮或是整理濕了的外衣，

而我風雨的歸程還正長；

山退得很遠，平蕪拓得更大，

哎，這世界，怕黑暗已真的成形了……[5]

　　這一首詩的豐富性，在於撐得起情詩各層面的解讀空間。這裡「我 —— 你」處於不同的態勢，你高而我低，你靜定而我情熱。何以見得？第二行的「你笑了笑，我擺一擺手」看似平常，卻自映襯出你的淡然和我的在乎。接下來以迅捷俐落的筆法，寫到兩人分手後的情境：當我還在路上，你已經「在家裡」（「梳理長髮或是整理濕了的外衣」），而我仍然「在路上」（「風雨的歸程還正長」），前者同樣暗示了你的靜定，而後者則指向我的無依（但在這裡，還沒充分寫盡）。我們拿此詩來跟「圖2」相互比較，可以發現愁予設計了「移動者痴情，家居者牽易」的情勢，乃是平地拔起的創格。

　　接下來，詩人繼續定向經營「我 —— 你」的心境對比：

你說，你真傻，多像那放風箏的孩子

本不該縛它又放它

風箏去了，留一線斷了的錯誤：

5　鄭愁予，〈賦別〉，《鄭愁予詩集 I 》（台北：洪範書店，1979），頁130。

書太厚了，本不該掀開扉頁的；
沙灘太長，本不該走出足印的；
雲出自岫谷，泉水滴自石隙，
一切都開始了，而海洋在何處？
「獨木橋」的初遇已成往事了，
如今又已是廣闊的草原了，
我已失去扶持你專寵的權利；
紅與白揉藍於晚天，錯得多美麗，
而我不錯入金果的園林，
卻誤入維特的墓地……[6]

　　在許多情詩裡，「你」的形象較為單薄，通常只是作為一個美好的受話者而存在。但在這首詩裡，詩人建構出一個性格鮮明的你。「發訊人」多情眷戀，「受訊人」瀟灑明快，益為彰顯。這個段落的前面五行，使用「引述」的方法，再現「你」的話語（因此也具有「代言」的性質）。這裡的話題焦距是：愛就注定了分手。其內容是做了一個大比喻，再由這個大比喻衍生出另外兩個小比喻。風箏之喻，展示了「縛」與「放」的矛盾性。書之厚，沙灘之長，都表徵了愛情難於久遠，這是經驗的法則。癡情者仍願「掀開扉頁」、「走出足印」，無怨無悔地追求，這是意志的展現。

　　「雲出自岫谷，泉水滴自石隙，」這句是說：你就像雲一樣，漫漫然「無心以出岫」；我則像持續滴落的泉水，懷抱著「滴水穿石」的意志。常言「百川終入海」，但面對這有始無終的愛情，說

6　鄭愁予，〈賦別〉，《鄭愁予詩集I》，頁130-131。

話者不禁問：「海洋在何處？」接下來，則使用空間對比，來描摹分手前後的情境：在命定的某個點（就像獨木橋），我們相遇；分離後，又重新回到了無邊無際的孤獨與自由（就像草原）。「紅（夕陽）與白（雲朵）揉藍（天空）於晚天」，是用景語來寫心情。繼續使用了那種「拈連」的修辭技巧（由「錯得」到「錯入」，再由「錯入」到「誤入」），順手帶入兩個愛情典故。「金果的園林」指以金蘋果換取愛情賞賜的希臘神話，「維特的墓地」自指難以釋懷的結果。

　　經營到這個地步，以「空白行」略作停頓，即進入第三段總結式的宣告：

> 這次我離開你，便不再想見你了，
> 念此際你已靜靜入睡。
> 留我們未完的一切，留給這世界，
> 這世界，我仍體切地踏著，
> 而已是你底夢境了……[7]

　　段落起始的「這次我離開你」，重覆了全詩的開頭，但接續句由「是風，是雨，是夜晚」一變而為「便不再想見你了」，其意是悲傷而堅決的。第二行有詞曲的「領字句」的奧妙，讀來略如：「念 —— 此際……」，有一種低回沉吟之感。發訊者揣想：「你已靜靜入睡」，能夠如此安詳，暗示了「你」對於這次分手並不在乎。相對之下，我卻是念念難忘的。你把愛視為過去，還諸世界，恍如「夢境」；它們（「未完的一切」與「這世界」）卻是我的

7　鄭愁予，〈賦別〉，《鄭愁予詩集 I》，頁131-132。

現在，我仍「體切地踏著」，不會輕易遺忘或否定。

　　這首詩改變了愛情詩的基本模式：受訊人是個女性（「梳理長髮」），但不像傳統上那麼柔弱、深情、執著，在這首詩裡處於權力關係之上風。而發訊人在路上行走追尋，卻不是棄愛而逐世，而更接近於所愛不得而自我放逐。由此看來，愛情詩中主客兩端的互動關係，實為我們理解其情思走向的重要起點。

三、「發訊人」的形象問題

　　愛情詩固然以情愛為核心，但如果不存著「能愛主體」（我）與「可愛客體」（你），情愛也就無由遂行，詩亦難以發生。因此，愛情詩要動人，常常須多著墨於主體的能愛性與客體的可愛性。當然，有時情勢相反，善加描摹則形成另一種動人的情景。有時兩情相愛，但阻於個性或誤會，或偶然事件之干擾、命定形勢之阻隔，則又有「意志與命運相對抗」的繁複歷程可說（如經營得好，愛情詩的「敘事性」或「情節式背景」）。因此，歸根究柢，愛情詩也是「人」之美（能愛與可愛皆是美）為核心的文類。

　　愛情在不同文類裡，各有表現重點。「小說」比較能夠兼顧你我兩端的態勢，有時藉由全知觀點，穿透愛情事件之表裡。「詩」則具有顯著的表情功能，話語掌握在發訊人「我」的這一端，述說「我的心情」的篇幅總是遠遠多於潛入對方心靈的比例，因此是具有一種「片面性」。愛情詩要寫得迷人，「我」的形象恐怕很重要，要是顯得庸俗可鄙則不易感染他人，取得同情的理解。

　　在閱讀「抒情詩」時，我們還須先稍稍分辨一下兩種層次的

主體：一是「詩人我」，一是詩中的「發訊人我」，前者相當於敘事理論所謂「眞實的作者」，後者相當於「蘊含的作者」（implied author）。[8]「詩人我」有一個整體性或趨向性，而不同詩篇裡的「發訊者我」則隨情境而產生種種變化。就好像一個本源性的「我」，可以像個稱職的演員般潛入各種角色的世界，化身許多殊相的「我」。韋勒克、華倫就曾指出：

> 一部小說、一首詩，或者一齣戲劇中的陳述，實際上都不是眞實的，不是合乎邏輯的。（……）即使在主觀的抒情詩當中，那詩人自稱的「我」，也是一個虛構的和戲劇性的「我」。[9]

不過，也有學者主張：抒情詩必然是「眞情的傾訴」，其情感經驗必可追溯回詩人自己。即或不落實到詩人的現實生命，這個情感經驗的眞實性、眞摯性和濃度，也是不可置疑的。[10]—— 我們認爲，韋勒克、華倫的主張還是比較接近眞實，但不能否認的是，在較狹義的傳統抒情詩裡，有一大部分還是講究詩人心志、性靈、思想、情感、生命經驗較爲如實的顯豁。而讀者在讀詩時也常憑乎直覺，未遑分辨清楚，甚至刻意混淆，把對詩人的總體想像投射到個別詩篇的發訊人。

特別是當個別詩篇收攏起來，讀者以「詩集」爲一大閱讀單位，詩人形象與情詩中的「我」就有相互滲透的作用。就算是抒

8　這是布茲（Wayne Booth）提出的概念，參見高辛勇，《形名學與敘事理論》（台北：聯經出版事業公司，1987），頁175。

9　韋勒克（René Wellek）、華倫（Austin Warren）著，王夢鷗、許國衡譯，《文學論——文學研究方法論》（台北：志文出版社，1976），頁36。

10　漢堡嘉（Käte Hamburger）的觀點，這裡轉述自鄭樹森的歸納。參見鄭樹森編，《現象學與文學批評》（台北：東大圖書公司，1984），頁11。

情是一種演出，詩人所選擇的戲路，可能也在相當程度上，曲折映射出其主觀意志與個體經驗。事實上，多年下來「鄭愁予」幾乎已成爲一個抒情品牌，其品牌形象如何呢？焦桐曾經精要地指出，愁予的獨步詩壇的魅力在於「流浪語境」、「異鄉性」。[11]事實上，這既是一種氛圍、情境，也是一種主體狀態。筆者以爲，這種形象的成功經營，固然與詩人再三強調的「性靈」有關，但也有歷史脈絡可說。

我們知道，每個詩人年輕時都有學習的範式，而早期所受的沾漑常常足以籠罩一生。楊牧曾經指出：

> 熟悉《手掌集》的人定會發現愁予和辛笛的血緣關係，五十年代之末期見證詩發展的斷裂，愁予是辛笛的延伸和擴大，超過了辛笛。（⋯⋯）愁予彷彿少陵，辛笛譬如庾信。愁予的成就是他繼承辛笛之將絕，爲1950年以後的中國新詩開創新局面。[12]

這一段話眞有綱舉目張的效果，要例證「辛笛－鄭愁予」的延續與斷裂，可談的面向很多，這裡姑且單表「流浪語境」或「浪子主體」一項。辛笛的〈流浪人語〉正是這方面的傑作，僅錄其開頭五行：

> 流浪二十年我回來了
> 挺起胸來走在大街上
> 我高興地與每一個公民分取陽光想和他們握手
> 可是待我在公園里靜靜地坐了下來

11　焦桐，〈建構山水的異鄉人——論鄭愁予《鄭愁予詩集》〉，收入陳義芝編，《臺灣文學經典研討會論文集》（台北：聯經出版事業公司，1999），頁286-295。

12　楊牧，〈鄭愁予傳奇〉，《傳統的與現代的》（台北：志文出版社，1974），頁160-161。

　　一整天眼前越看越是陌生[13]

　　漂泊無根者的獨白，內心與外境之寡合，配上參差有致的句法，精準地製造了一種令人迷惘的感覺。特別是開頭的那種宣告語式，愁予可說是深得其味。《夢土上》再三出現「流浪」語彙，自不待言了，但有時僅以愛情上面的「浪子」來看待這類詩篇，恐怕有所不足。在戰亂頻仍、流離失所的年代，這類詩篇其實更深地反映了集體失鄉的現代感受。1940年代的中國，正是「流亡者文學」的溫床，一代青年面臨精神徬徨、肉身無依的處境。[14]1950年代又有一批失鄉青年，由大陸流亡到臺灣，在另一種斷裂情境中成長。辛笛、鄭愁予這種，正可以滿足他們的抒情需求。而所謂浪子主體，除了浪漫取向之外，也就另有抒發鬱悶以及反映世局的意義。

　　1950年代的臺灣現代詩，特具一種想像的「異國情調」（exoticism）。那是時代禁錮氛圍下的一種反射，愁予的浪子情懷愈寫愈遠，後來其實已脫離年輕時的那個戰亂因素，而更偏向於主觀的浪漫追求。例如這首〈邊界酒店〉（1965）即是此一發展之極致：

　　　　秋天的疆土，分界在同一個夕陽下
　　　　接壤處，默立些黃菊花
　　　　而他打遠道來，清醒著喝酒
　　　　窗外是異國

13　辛笛，《手掌集》（上海：星群出版社，1948），頁82。

14　錢理群，〈「流亡者文學」的心理指歸──抗戰時期知識分子精神史的一個側面〉，收入王曉明主編，《批評空間的開創──二十世紀中國文學研究》（上海：東方出版中心，1998），頁239-266。

> 多想跨出去，一步即成鄉愁
> 那美麗的鄉愁，伸手可觸及
>
> 或者，就飲醉了也好
> （他是熱心的納稅人）
> 或者，將歌聲吐出
> 便不祇是立著像那雛菊
> 祇憑邊界立著[15]

　　他是個典型的旅人，在故土與異國之間，展露了「跨出去」的欲求。他在主動追尋「美麗的鄉愁」，則流浪也就是必然的取向了。這首詩當然不是愛情詩，卻可以說明愁予詩中一貫的情調。在整體性閱讀愁予詩集時，這種浪子印象便有力地注解了愛情詩裡「發訊人」的主體狀態與精神旨歸。

　　但愁予其實是個「代言」高手，他筆下的「我」非僅一端，常會進行各種「浪子意識的變奏」。像另一首著名的〈情婦〉（1957），就具有戲劇獨白的意味：

> 在一青石的小城，住著我的情婦
> 而我甚麼也不留給她
> 祇有一畦金線菊，和一個高高的窗口
> 或許，透一點長空的寂寥進來
> 或許……而金線菊是善等待的
> 我想，寂寥與等待，對婦人是好的。

---

15 鄭愁予，〈邊界酒店〉，《鄭愁予詩集 I 》，頁 241-242。

　　所以，我去，總穿一襲藍衫子
　　我要她感覺，那是季節，或
　　候鳥的來臨
　　因我不是常常回家的那種人[16]

　　這首詩出現了「青石的小城」、「窗口」、「寂寥與等待」、「婦人」等語彙，很容易令人想起愁予稍早的名篇〈錯誤〉（1954）。那首詩裡的「過客」兩字常被放大檢視，但其中明顯帶著一股同情；而在這首詩裡，「我」則居於權力關係的上端，採取冷酷及至作弄的語態，刻意流露了自己操控局面的快感。

　　假如採取兩詩合釋的策略，或把〈情婦〉讀成〈錯誤〉的發展，或另一種詮釋版本，那也是有些意思的。共通元素是在「青石 —— 小城 —— 窗口 —— 等待」的一位女性等待中，而兩首詩等於是採用了兩個不同角色來審視她。在〈錯誤〉中真正被等待的男性是什麼身分，因何離家，去了何方，都是不詳的。傳統上，讀者比較容易往「行旅征役」來想像其行蹤。如果〈情婦〉是一種出人意表的解答，則頗爲幽默，其實頗具自我解構的意趣。但由於詩的前段展現了很強的囚禁意象，說話者居然說：「我想，寂寥與等待，對婦人是好的。」後段則不無傲慢地宣稱：「我不是常常回家的那種人」，因此也常被批評爲沙文主義。[17]這裡邊涉及的問題是：戲劇情境是否等於詩人內在意識的流露？無論如

16　鄭愁予，〈情婦〉，《鄭愁予詩集 I》，頁165。

17　李元貞談到男性愛情詩，「常有囚禁女人、要求女人開放、譏諷女人情慾自主的敘事出現」，即以愁予的〈情婦〉爲極端例證，指陳：「詩中的『我』以『性政治』（男人操控女人）的方式，將男女之間的情慾關係敘事得清楚明白。」參見李元貞，〈從「性別敘事」的觀點論臺灣女詩人作品中「我」之敘事方式〉，《中外文學》第25卷第7期（1996.12），頁29-30。

何，這首詩其實應該算是「反情詩」，因為「發訊人 —— 受訊人」
的形象塑造都已經脫離了一般愛情詩的樣貌。

筆者認為，真正對鄭愁予整個美學系統與意識型態進行有力
批評者，應推香港學者游靜。她曾經寫了一篇與楊牧同題的短文
〈鄭愁予傳奇〉，指出：

> 兩位詩人的「現代」，是習慣指語言的自由和形式的更革，而抹煞在現代
> 主義課題中同樣重要的自我（與集體）意識的檢討與反思。鄭愁予的「浪
> 漫」和「豪放」實際上是建基在標榜男女定型的社會神話上。女人是五千
> 年如一日的寵物，守在小窗旁無聲地等待。而男人，不過是隨意掠過女性
> 身上的風，如遊子過客，在女性的崇拜、服侍與簇擁之間翩然而去（楚留
> 香的故事）。在他欲仙欲死、松火低歌、燒酒羊肉的高曠中，詩人對「智
> 性」的追尋，是「妻女和曇花，如何知道」的。男性是神，「攜著女奴們，
> 一步一個吻地走出來」。（……）女性的被物化與詩人的陽性中心主義就
> 此得到漂亮的包裝。美麗的語言，矯飾的豪情。[18]

此文是從女性主義觀點出發，就詩篇流露的意識與慾望進行
批評。但也涉及了發訊人與受訊人的失衡關係，這跟藝術機杼仍
然是有關的。詩人傾向於召喚「男性觀看／女性被看」的傳統模
式，一般讀者亦因習慣濡染而樂於傳誦。從愛情詩美學來講，這
也是危殆的七寶樓塔。因為發訊人這端被無限膨脹，愛情就會變
成有權者的施恩；而收訊人的心思、話語、樣貌未被充分描寫，
形象就會顯得單面。

---

18 游靜，〈鄭愁予傳奇〉，《裙拉褲甩》（新北：廢樓出版社，2011），頁118-119。依文末記
　 載，此文原寫於1988年3月。

　　當然，上面這種寫法雖是愁予詩的一種重要格式，卻不是他的全部。像前面提到的那首〈賦別〉，就展現了不同的「我－你」關係。愛情詩既是抒發，也是扮演，因此自我與面具的相互投射也是個問題：詩人完全不認同他詩裡的「假面」（persona），則有較強的反諷性；如有顯著的認同感，乃至疊合如一，則詠歎的性質就會變強。在〈情婦〉裡，詩人的態度可能兼涉兩種，因而格外有意思。至於其他較傳統的愛情詩篇，戲劇扮演的成分較少，確實流露出詩人的性格、意識型態與美學格局。

四、「受訊人」的存在空間

　　古今中外書寫思念的詩篇，雖然千變萬化，亦自有些共同的結構可說。有時偏向於描述「我所在的地方」，極力呈現「思念者」的匱乏與渴慕；有時偏向於描述「你所在的地方」，極力烘托「被思念者」的美好。詩講究含蓄，藉由客觀對應物去表現，反而要比直接詠歎你更耐咀嚼。「你」不只是你，充滿能量的你（情詩中的「我－你」關係常是失衡的，我想你，你就比我高貴強大）能夠逐層擴散，形成漣漪效應。這種多層次的「你」，可以圖示如下：

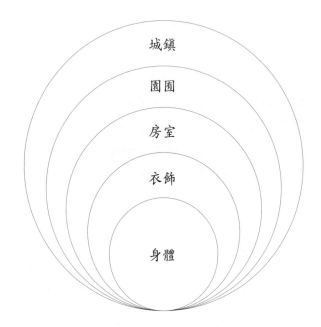

城鎮

園囿

房室

衣飾

身體

圖3 「受訊人」存在空間

　　舊詩經常由外而內，逐步扣觸你的存在，故多掩抑之致。這當然也是受到古代社會倫理之局限，因而也有施展不開之弊。[19]在百無禁忌的現代社會，詩人直扣身體的寫法，已不足為奇。然而「你」作為受話者，實為情詩之關捩。「發話者」固然是在說給你聽，但更主要的活動，還是在描繪你的形象、我的心思，並進而使兩者交融互滲。強大的「你」可以感染周邊，以更廣大的背景來凸顯其存在，自然要比僅僅由身體去認識更美好迷人。

　　朱光潛曾經指出：西方較重個人主義，又受到騎士風的影

19　相關探討，詳黃永武，〈中國情詩論〉，《讀書與賞詩》（台北：洪範書店，1987），頁17-47。

響，尊崇女性是一種榮光，故愛情詩善於「慕」；中國則受到倫理教化的壓抑，文人好寫君臣恩遇、朋友相知，重婚姻而輕戀愛，故愛情詩則長於「怨」。[20]因此，鄭愁予的愛情詩雖有相當程度的「中國性」（楊牧曾稱他為「最中國的中國詩人」），但也有所更新，特別是在個體性與思慕歷程的發揮上。例如〈小小的島〉（1953）就是一首語脈清朗，意象精巧的精品。上圖的「城鎮」元素在這首詩裡，已被具體設定為「你住的小小的島」。詩的第一段如下：

> 你住的小小的島我正思念
> 那兒屬於熱帶，屬於青青的國度
> 淺沙上，老是棲息著五色的魚羣
> 小鳥跳響在枝上，如琴鍵的起落[21]

詩人把這個島進一步設定在「熱帶」，很快切入一種「坐北思南」的結構，對方處在「春天」模式，因而週邊都是繁華向上的。（相對之下，在「坐南思北」的結構裡，對方常處於邊塞、大漠、雪地、荒原的「冬天」情境。）「青青」的色彩，自有一股和暖蓊鬱的氣息。如琴鍵般的「小鳥」，以及五色的「魚群」則共同構築出生機盎然的景象。在這個段落裡，詩行是整齊的，句法卻是參差的，形成高下跌宕的效果。

第二段、第三段則是針對這「小小的島」若干迷人的物象，進行更細緻的描寫：

20　朱光潛，〈談中西愛情詩〉，《朱光潛全集》第9卷（合肥：安徽教育出版社，1993），頁485。

21　鄭愁予，〈小小的島〉，《鄭愁予詩集I》，頁92。

> 那兒的山崖都愛凝望，披垂著長藤如髮
> 那兒的草地都善等待，鋪綴著野花如果盤
> 那兒浴你的陽光是藍的，海風是綠的
> 則你的健康是鬱鬱的，愛情是徐徐的
>
> 雲的幽默與隱隱的雷笑
> 林叢的舞樂與冷冷的流歌
> 你住的那小小的島我難描繪
> 難繪那兒的午寐有輕輕的地震[22]

　　這裡使用較為整齊的句式，渲染「你」周邊的事物，以在性質上屬於詠歎。排比句的速度較快，適合用在情緒較為強烈集中之處。其內容雖在描寫熱帶風景，卻與人物相互映射。「愛凝望」、「善等待」的，既是山崖、草地，也是在說你。第三行仍用「那兒」開頭，延續了前兩行的情勢，但又一轉為更明快的判斷句，使後面兩行自成新的排比句式。「則」這個助語，用得很有意思。具象風景為A，則抽象事物為B。由A推到B，十分迅捷而武斷，因而也就特別演示了思念中的狂迷。何況因為陽光根本不是藍的（在天空或大海的籠照下，才會變藍），海風根本不是綠的（吹過草地時，看起來才是綠的），這就有效地融合了周邊意象，而且形成一種任縱的氛圍。而健康之「鬱鬱」，愛情之「徐徐」，分別從草木、海風轉嫁而來，頗有「無理而妙」之趣。

　　後段的前兩行，寫得不過是晴天的雲、雨天的雷，以及森林、河流之聲，但詩人總是有叫活辭語的能耐。「幽默」實為現

22　鄭愁予，〈小小的島〉，《鄭愁予詩集Ⅰ》，頁92-93。

代新詞，humour之中譯，具有詼諧滑稽之意；但就兩字的漢語本義而言，卻能夠產生幽靜沉默的想像。愁予造出「雲的幽默」，即屬一種「新詞舊用」的手法。以「雷」為能笑，具有把大自然人格化的奇詭。以「冷冷的流歌」直接代替河流，明快簡潔。說這島「難以描繪」，偏偏細細地加以描繪，形成如歌的複沓。至於「午寐」中的「輕輕的地震」，非但不叫人感到害怕，反而像是令人期待的震顫。這裡的許多地理意象的鋪陳，恐怕還是身體意象的隱喻。

到了最後一段，終於可以想像「我」「你」遭遇的場面：

> 如果，我去了，將帶著我的笛杖
> 那時我是牧童而你是小羊
> 要不，我去了，我便化做螢火蟲
> 以我的一生為你點盞燈[23]

詩人使用「如果，我去了……　要不，我去了……」的句式，形成先自作主張再軟語商量的話語氛圍，先後帶出兩種「我－你」關係：前一種「我是牧童－你是小羊」，應該翻轉自王洛賓在青海編寫的民歌〈在那遙遠的地方〉（1939）：「我願作一隻小羊，跟在她身旁。我願她拿著細細的皮鞭，不斷輕輕打在我身上。」愁予的詩稍稍修掉了民歌的俚野生猛，但「我主導而你溫馴」的結構，還是在的。後一種「我是螢火－你是行人」，則又令人想起何其芳〈預言〉中所謂：「當夜遮斷了我們，／你可以不轉眼地看著我的眼睛！」[24]都屬於「你主導而我配合」的結構，

23　鄭愁予，〈小小的島〉，《鄭愁予詩集 I》，頁93。

24　何其芳，〈預言〉，《預言》（重慶：文化生活出版社，1945），頁5-6。

具有默默照拂對方之意。

根據上面的分析，〈小小的島〉確實是一首「我思念你」的傑作。但「你」的身分究竟如何呢？在詩人事後的自我闡說裡，似乎刻意把它接上「美人香草」的傳統，而導向政治託寓的層次。他宣稱：

> 我個人只有一年多的時間在軍中，寫的並非小兵型的詩，我不需借文字的多意功能去晦避，相反的我用明朗完整的意象做整體表現，使之天衣無縫，〈小小的島〉就是對一位在綠島受禁制的朋友的贈詩，詩中的「你」是一個共同理想的化身，〈天窗〉也是同類型的作品。[25]

詩人自然有權力闡釋自己的創作，但仍應受客觀的既成文字之限制。整首詩確實寫得十分明朗可親，又具整體性，堪稱雅俗共賞。但「你住的小小的島」全然是極美好的，令人生羨的，這是關政治犯的火燒島嗎？「我是牧童而你是小羊」的比喻，又豈是思念受難友之言。因此，愁予的自述只能說是指出了「創作動機」，這個動機可能並未很有效地通過藝術手段，落實為詩篇。或者說，詩人是想以「愛情」為來源域（source domain），映射出「政治」的目標域（target domain），但就完成的篇章看來，前半截的設定是極成功而具有價值的，但後半截的映射工作並沒有完成（或根本還沒開啟）。如果要把這首詩勉強解成政治託喻，就像把「關雎」說成「后妃之德」一樣，是有點煞風景的。

思念的「對象」（亦即詩的「受話人」）是誰，將會深刻影響思念的走向。古添洪曾經發展普爾斯（Charles Sanders Peirce）的

25　鄭愁予，〈我寫過愛情詩嗎？〉（作者打字稿），頁5。

理論，提出把「受話人」視爲一個「媒介」、一個「中介」、一個「影響」與「決定」的角色。設詩篇爲一話「論說」（discourse）空間，「說話人」（作爲主體）在這論說空間抒發其認知情意及「說服」的功能，其過程是透過受話人（作爲中介）來支配整個論說的實際形成。即便是說話人的「主體」，也並非抽象與單線的，也可視爲可被填入東西的空間。[26]此說充分彰顯受話端的重要性，我們甚至可以說，情詩中的「我 — 你」都是詩語創造的要點。

　　愁予的另一首名作〈如霧起時〉（1954），或許最能表明他展布「配套隱喻」，使「我 — 你」在篇章相互形塑的能力。詩分三小段，共十一行：

> 我從海上來，帶回航海的二十二顆星。
> 你問我航海的事兒，我仰天笑了……
> 如霧起時，
> 敲叮叮的耳環在濃密的髮叢找航路；
> 用最細最細的噓息，吹開睫毛引燈塔的光。
>
> 赤道是一痕潤紅的線，你笑時不見。
> 子午線是一串暗藍的珍珠，
> 當你思念時即爲時間的分隔而滴落。
>
> 我從海上來，你有海上的珍奇太多了……
> 迎人的編貝，嗔人的晚雲，

26　古添洪，〈從「受話人空間」與情詩諸小傳統以建構中西情詩詩類〉，《不廢中西萬古流──中西情詩詩類及影響研究》（台北：臺灣學生書局，2005），頁93-94。

　　和使我不敢輕易近航的珊瑚的礁區。[27]

　　熟讀愁予的人都知道，他善於運於海洋意象，喜歡把「我」設定為「船長」。此詩即是系列作品之一，但不必廢辭，開篇的宣告句「我從海上來」就有一種氣勢。所謂「二十二顆星」是指航海過程中進行「測星定位」所參照主要天體，彷彿都被他帶回來了。「航海」加上「事兒」，有一種視如蕞爾小事的驕傲。仰天一笑，又十分得意。接下疊合兩個層次的描寫，一是航海的地理意象，一是對方的臉部意象，於是讚頌我的航海之壯與讚頌你的臉部之美，居然如同一回事了。「赤道」指對方的上下嘴唇交接線（故「你笑時不見」），子午線則為淚痕，「編貝」為潔白的牙齒，「晚雲」為臉上的紅暈，這些譬喻都顯得輕盈巧妙。至於「我不敢輕易近航的珊瑚的礁區」，則指還不能十分把握對方的心思或脾氣，這其實是一種帶著悸動的探問。

　　這首詩並不是以「你所住」的這地方，而是以「我所來」的那地方來形容你。在設計上，顛覆了我們在「圖3」所描繪的基本模式，堪稱別出心裁。當然，詩裡還是有主體自我膨脹的意味，因而偏向於以自身認知系統去定位對方。但詩裡的喻象流轉、你我互動的歷程，仍然強烈彰顯出「受話人」在情詩中的地位。

五、結論

　　陳芳明曾經指出：「如果浪漫主義曾經在這座海島發生過，最早的根源可以追溯到鄭愁予，真與美與追求，生與死的耽溺，

27　鄭愁予，〈如霧起時〉，《鄭愁予詩集 I》，頁99-100。

愛與愁的流動，都深深植根在他的詩行。」[28]這裡拈出的幾個關鍵語彙，足以道盡愁予詩的特質與魅力。我們知道，鄭愁予是念念以身為「現代派」為榮的，絕少以「浪漫」標舉自身，紀弦亦視之為派中要角。即便如此，卻也不能遮蔽他詩中充滿浪漫元素的事實。—— 惟較廣泛的「浪漫精神」與較明確的「浪漫主義」，有時仍須加以分辨。

　　愁予對現代抒情詩的貢獻，在愛情詩裡最為明顯。1949年以前的漢語詩壇，雖然不乏抒情高手，但許多愛情詩名作幾乎都是使用「格律詩」寫成的。愁予傳誦最廣的〈錯誤〉一詩恰好押了韻，而且句式也算整齊對稱。因此，一般讀者有時會有「錯誤」的印象，以為愁予善寫、愛寫、常寫押韻的格律詩。其實，正好相反，愁予從來都是以「自由詩」取勝的，只要通覽《鄭愁予詩集 I》、《鄭愁予詩集 II》，就會發現他百分之九十以上的詩篇，在形式上都是參差變化的自由詩。

　　除了實踐現代派的主張，寫作「自由語的自由詩」之外。（依紀弦之說，使用不押韻的散文，叫「自由語」；段落與句式皆參差不齊，叫「自由詩」。）愁予對於20世紀現代抒情詩慣用的技術，是深有體會的。在後來的教學講義，他曾這樣教人寫詩：

> 西方文法的借用，如倒裝句；西方現代詩多年衍成的模式也可以借用，就是設置「場面」（setting）、人物（腳色 persona）、時間過程（time passage）、人物與時間在過程中戲劇性（dramatics）地演出。增加整首詩的可讀性和耐人尋味。[29]

28　陳芳明，〈星的語言〉，《美與殉美》（台北：聯經出版事業公司，2015），頁216。

29　鄭愁予，〈詩的感動力量是來自詩的原旨——性靈〉，《和平的衣缽》（新北：周大觀文教基金會，2011），頁298。

　　這些要點都可以在愁予1950、1960年代膾炙人口的詩篇裡得到印證，因此可視爲一種經驗之談。如果愁予只是多用古典語彙，常表浪漫情懷，恐怕無法成就那麼精美的愛情詩。主觀情思落實在意象、情節、人物，講究客觀對應，善用戲劇性，這些現代技巧應是他超出凡俗的關鍵。

　　然而「現代性」除了涉及技巧之外，更關乎精神意識與世界觀的新變發展。即以技巧而論，愁予雖早慧而圓熟，但仍侷促於一些基本方法，與同代富於實驗性的詩人相較，不免顯得保守。而在精神意識上，即便我們不採用游靜的女性主義觀點，也能夠指陳出愁予延襲舊式思維、缺乏現代感應之處。這就使他的抒情詩，或更狹義的愛情詩，不能更多樣地去試探各種繁複的事件與情感。他確實頗具靈敏的天姿與才情，後期則再加上強烈的文化意識，憑此自樹一幟，但突破無多。現代主義的精華，仍應在於通過變異的文體去實踐更銳利的批判性。我們一方面應當肯定愁予愛情詩的高明，一方面則可以對「愁予風」進行更多的反思。

外來美學,抑或在地現實?
台韓文學史對現代主義文學的評價問題

崔末順

國立政治大學台灣文學研究所副教授

一、為什麼談現代主義?

現代主義(Modernism)是個很難明確下定義的概念,它不僅本身具有廣泛又不確定的內容,具備多樣偏差的概念,即令被討論的重點在各個時期也不相同。不過一般都認為,現代主義是進入現代以後人們認知世界的一種方法。以美學方法或文藝思潮來談現代主義,也不簡單。作為文藝思潮的現代主義,通常被認為具有兩種不同傾向:其一是具有新古典主義傾向的英美系列,如主知主義(Intellectualism)、意象主義(Imagism);其二是具有新浪漫主義傾向一般叫做前衛(Avant-garde)的歐洲大陸系列,如超現實主義(Surrealism)、達達主義(Dadaism)、未來派(Futurism)、立體派(Cubism)、表現主義(Expressionism)等思潮。這兩種傾向係分別在不同的文化背景和知識環境下發展起

來，也同樣呈現在現代主義的世界化進程裡。[1]

不過，爲了方便進行討論，我們或可如此定義現代主義：它出現在18世紀啓蒙主義（Enlightenment）之後，由於它對啓蒙企畫產生懷疑，又強烈批判現代化所帶來的現實矛盾，並試圖恢復個人自我，而用美學方式重新組織這些現代經驗。如果我們接受這樣的定義，可以說現代主義所導出來的核心問題，不外乎如何看待現代這個歷史階段，以及在美學上如何反映現代經驗等的問題。不過，到目前爲止，台灣現代主義文學的研究比較偏向前者，這是因爲台灣是在殖民地處境中進入後發性資本主義現代，把文學藝術視爲文化啓蒙甚至民族抵抗的一種媒介，而戰後文學又是在自我傳統被切斷的情境下邁開步伐，因而始終擔負著特定意識形態的載體角色。不過，在隨著文學本位的研究逐漸成熟，各時期文學整體樣貌的觀照受到重視，以及進入各類文學史的建構階段之際，如何看待現代主義運動及其文學的評價，已經是一不容忽視的重要課題。

另外，現代主義文學研究，在不同時代知識和文化背景的影響之下，常會以新的方式和視角切入，可說仍是現在進行式。從早期單純的文藝思潮或者說在接受立場上的理解，以至目前與後現代主義（Postmodernism）的關聯，與現代性（Modernity）之間的討論等現代主義的相關研究，提供了我們相當豐富的學術議題以資討論。例如，自從20年代台灣現代文學建立以來，各時期不同的文學史，在是否反映殖民地現實、對西方文學的模仿和追隨程度，與民族傳統之間的乖離等問題上，時而受到質疑，時而得

1　有關現代主義的這種分類，並非援引西方的分類，而是由日本、韓國等接受方來進行區分的。

到肯定，現代主義傾向的文學不僅得到各種不同的評價，甚至還
成為引發文學論爭的焦點。因此，透過各時期有關現代主義的討
論和評價，我們可以考察出不同時期、不同史家的現代認知以及
他的文學看法。由於文學史的撰寫，能反映文學史家個人和他所
處時代的意識形態，因而也可以藉以追蹤各時期所把握的台灣文
學的歷史條件。

　　本文將透過觀察既有的各文學史專書如何討論及評價50、60
年代的現代主義文學，來針對上述的相關問題進行討論。同時為
了更加客觀地把握台灣文學研究的歷史條件，也將同時舉出與台
灣具有類似歷史經驗的韓國文學例子，作為比較和參照的對象。
在西方現代主義思潮的傳播時期和接受經驗上，兩國文學具有相
當程度的共同性，因此，把握韓國文學史如何詮釋自國的現代主
義，相信當有助於思考同時期台灣文學的現代主義相關問題。為
了順利進入議題的討論，有必要先勾勒出戰後台韓文學各時期的
主流傾向以及其焦點。在兩國眾多的文學史著作中，本文斟酌考
慮發行時期、看法差異和史家立場，分別選擇了六本和五本還在
通行的文學史，作為考察和討論的對象。

二、戰後台韓文學的概況

　　一般都認為戰後台灣文學的展開，與其時代的歷史脈絡有著
相當密切的關係。因此，無論是戰後初期文學、反共文學，或者
現代主義文學、鄉土文學，各個不同時期成為文壇主流的文學傾
向，在當時或是之後，其文學和社會關係蓋都會以論爭的方式
拿來檢驗。戰後初期創作的小說，在量的上面並不算多，但是面

對急遽的歷史轉變呈現的社會狀態，如光復前夜的風景、殖民期遺留下來的問題、兩岸人民的交流和接觸、戰後初期的社會混亂等，文學創作都提出了相應的看法。不僅如此，殖民壓抑一解除，文壇馬上就出現建設台灣新文學的聲音，從《新生報・橋》副刊上以建設台灣新文學方向而引發的論爭來看，其討論的主要內容即是「現實主義人民文學」、「人道主義文學」、「開放個性，尊重感情」等建設性的文學議題。

接著，50、60年代的台灣文壇，以「橫的移植」為口號，詩壇開始朝向西方現代主義文藝思潮傾斜，小說也同樣受到現代主義影響，充斥著尋找個人成長和存在意識的作品。此時台灣文壇的現代主義，雖然因其帶有對抗政治壓迫，以及確保文學本身的獨自性而受到肯定，不過在這些現代主義文學所生產出來的過剩蒼白當中，卻可發現「全盤西化」下的過激現代化以及它所帶來的負面影響。

到了70年代，台灣文壇開始出現指向回歸傳統和現實層面的聲音：這時可以看見兩種情形，一是在極端追求現代的詩壇，經過現代詩論爭而進行反省之後，出現了中國民族風格；另一是在一連串對外的國家認同危機中，定出回歸鄉土和關懷現實的主張。例如，黃春明小說中所追求鄉土社會的共同體意識，以及陳映真小說對西方經濟侵略所進行的批判，都在思考著現代化的屬性和本質問題。面對西方資本主義的經濟策略，他們呼訴文學應該清楚反映此一趨勢的得失。此外，80年代的台灣文學從政治小說朝向本土小說發展，散發出台灣民眾面對現實處境的堅強生命力。當然，戰後台灣文學的發展經過，還需要更詳細的分析和考察，不過大體上來說，從反共文學到政治文學的四十年發展過程

中，文學是否能夠呈現民族傳統和反映民眾現實，一直是頗受注目的重要議題。

　　再來看看韓國文學的情況：1945年韓國光復，韓國人民有如在睡夢中突然甦醒，民族力量一時之間難以彰顯，此時在殖民地統治下被抑壓的矛盾與衝突，又紛紛湧現開來，以致造成極度的混亂狀態。不僅如此，以主宰戰後世界為目的而活動的美蘇兩大強權，始終或隱或顯地在背後互相較勁，因此，韓半島乃進入了南和北、左和右的極端分邊狀態，民族力量也跟著急速地喪失。

　　光復後的韓國文壇，為了鋪墊文學活動的社會基礎，開始進行文壇整備作業。這個作業以肅清殖民文化和要求文人自我反省為目標，但是在推動的過程中，卻掉進了文學理念的對立與衝突當中，致使文壇分裂成彼此對立、旗幟顯明的左右陣營。左翼方面以掃蕩日本帝國主義殘渣、清除封建社會餘毒、反對國粹主義、建設進步的民族文學、促進朝鮮文學與國際文學的相互合作等五個綱領作為指導理念，而右翼團體則採取擁護文學本位精神的立場。在左右文壇對立和分裂之下，左翼文壇的民族文學變成了階級文學，而推崇階級理念的文人開始往北出走；右翼文壇的純文學主張，則因徹底的逃避意識形態，而無可避免地使得文學內容越變越形狹隘。

　　1950年6月爆發的韓戰是同族相殘的民族大悲劇。韓戰不僅暴露戰爭的殘酷本質，同時也加重了因理念形態的拉扯而引起的暴衝性質。再加上戰後民族的理念分歧更趨深化，對立和衝突越來越為嚴重，韓國社會在冷戰體制的進展過程中，民族分裂變成既定事實。在北韓，為了鞏固獨裁體制，將南北分裂的狀況視為危機，而南韓的情況也不遑多讓，「安保」一語成為超越民主和

自由，發揮無上威力的尚方寶劍。像這樣，韓戰促使南北分裂成
形，理念對立持續，民族的同質性遭到毀損，民族文學的理想也
受到破壞。因此，韓戰發生之後，在南韓，與南北分裂和理念對
立有直接關聯的社會主義思想問題，乃被排除於文學的題材範圍
之外，而作家也開始有意無意地逃避這個議題。雖然戰後的作家
們，能將戰後現實的荒蕪以及生活的痛苦，從作家個人的內部意
識裡，拉出來勾畫在文學作品裡，但卻無法從正面來剖析理念形
態的虛無，也無法擺脫精神上的萎縮狀態，而這種情況，在韓國
被稱作「民族分裂時代的分裂文學」。

　　綜觀50年代戰後文學，雖然呈現出多樣的傾向，但最重要的
特徵仍是對戰後黑暗狀況的批判與抗拒。不過，戰後文學所呈現
抵抗意識的本質，雖然具有它應該受到肯定的意義，但實際上卻
無法掩蓋其自我邏輯的跛腳性質。那是因為作家所呈現的精神的
指向本身，似乎並非取自於對自我認識和現實狀況的自覺。他們
眼裡的戰後現實，只是廢墟的黑暗，因此很難以多樣而具體的角
度來掌握具體的狀況。就因為如此，我們認為，戰後世代作家雖
然重視對廢墟現實的抵抗，但表現於外的姿態，大都傾向追隨西
歐的厭世主義或存在主義。如果說戰後作家是為了人的根本自由
和權利而堅決抵抗的話，其抵抗的對象不外乎漠然的既成世代或
社會倫理問題，這樣的抵抗意識如沒有獲得歷史的具體性，很有
可能又將陷進另一個觀念的幽谷裡。而且他們的作品，相當部分
離不開敗北感、虛無意識、無奈以及無意志的屬性，假如50年代
文學現象的特徵算是這些的話，那麼，或許該說這就是戰後文學
的局限所在吧。

　　戰後文學的這種性格，到了1960年初開始有了轉變的契機，

而這個轉變與4.19革命有著密切的關聯。1960年4月19日發生的
4.19革命，主要是由民衆抗議政府的選舉舞弊所引發；此抗議隨
後逐漸發展為反對獨裁政權的民主化運動，終而促使李承晚政權
垮臺，凸顯出民衆的群體力量。4.19革命帶給一直無法從戰爭被
害意識裡脫身的韓國社會，既是對自由與權利的自我覺醒，也帶
來對社會現實的批判性認識，同時也讓他們對民族歷史再度燃起
了希望。4.19革命同時也包含了對自由民主主義的巨大渴望，以
及對貪汙腐敗政權的果敢批判，這不僅表現在政治和社會層面，
也涵蓋了所有的領域，形成了一個精神史上重大的轉振點。在文
學方面，它提供了擺脫戰後文學萎縮和倦怠的機會，讓所有文人
能更具體清楚地認識現實狀況，他們開始自我覺醒，進行改變，
也認知到文學的世界必須更積極地發揮包容力量。首先被提出來
的是，文學能表現對歷史和現實信念的當為論調，開始高唱現實
指向的文學精神。[2]

　　到了60年代中期，韓國小說文壇出現了所謂的「新感性」作
家。這些作家以相當細膩的手法，描寫用個人感性捕捉到的現實
問題，而成為60年代小說的標識，其中金承鈺小說全方位檢討
現代人的內心世界，李清俊的小說主要用觀念來詮釋經驗事實，
而洪盛原則以銳利的眼光追蹤現代世界風俗的變化樣貌。70年代
可說是韓國社會走向急速工業化、產業化的初始時期，各種社會
變化蠢蠢欲動。經濟的急速成長、近代產業體制的建立、都市範
圍的擴大、大衆文化的擴散、社會結構的變化、生活方式的多樣

2　在文壇以純粹／參與文學論爭的形式來展開討論，有關此論爭，參考崔末順，〈消失的
　　民族傳統、遊離的民衆現實──冷戰下台韓兩國的文學風景〉，收入封德屏主編，《新
　　鄉・故土・眺望・回眸2013兩岸青年文學會議論文集》（台南：台灣文學館，2013），頁
　　53-77。

化以及物質價值觀的形成等等，都是在產業化過程中產生的社會新樣貌。當然，這些變化並非都能受到肯定，事實上從70年代開始的經濟成長背後，一直存在對國外資本和技術高度依賴的弱點，也暴露出韓國社會經濟根基的脆弱性質。加上「維新體制」[3]常以必須強力推動產業化及國防安全為藉口，加強鞏固其獨裁體制，以致如此強大的統治權力，擴大到社會的各個層面，引出了許多矛盾和對立現象。譬如像都市勞動階層為不合理的生活條件起而抗爭，農村受到疏離和地區間差距逐漸增大而帶來衝突，產業施設的增加和伴隨而來的公害問題等等，在在都構成了新的社會問題。更糟的是，當時的統治階層並沒有提出合理解決方案的能力，反而強化其一貫的嚴厲統制手段，致使惡劣的情況越加嚴重。

　　韓國在產業化過程中暴露出這些窘境，意味著現代化過程本身，是在相當不穩定的基礎上進行的，而這種特質自然影響到文學面。被稱作產業化時期文學的這個時期的文學，直接勾畫了韓國社會的變化以及矛盾衝突的樣貌。從60年代中期開始引發論爭的文學現實參與問題，到了這個時期，已經擺脫了參與、純粹的兩分法邏輯，而發展為多方面、多方向的論爭。民族文學論、現實主義論、商業主義論、農民文學論、民眾文學論、勞動文學論等等，這些批評活動的相繼展開，也直接影響到創作活動。這些圍繞著當代現實問題和文學指向的討論，其重點都在民族文學論上，呈現出濃厚的抵抗體制色彩。

3　「維新體制」是指1972年10月當時韓國大統領朴正熙公布所謂維新憲法所發生效力的期間。依此體制，大統領有權任命三分之一名額的國會議員和所有法官，同時擁有緊急措施權和國會解散權，並保障得以無限制連任大統領職位。「維新體制」既破壞了憲法體制與精神，同時也讓大統領完全掌握了行政、立法、司法的絕對權力。

　　民族文學論的出現，主要是在進入70年代之後，目睹到政
治和社會動盪不安、社會階層針鋒相對、文化精神萎靡不振，因
而在試圖克服這些困境的氛圍下所衍生而來。當時的韓國人，普
遍認為當代現實嚴重影響到民族的自主生存和絕大多數成員的
精神生活。隨著這種批判角度的抬頭，在文學方面也做出了追求
民族生活整體意義的一些努力。民族文學論在定出民族文學的理
念和方向的同時，也特別結合社會科學領域上所進行的相關主題
共同討論，透過季刊《創作與批評》、《文學和知性》、《世界的文
學》、《現象與認識》、《文藝中央》等雜誌，將討論出來的成果直
接傳達給每位讀者，由此以確保足夠的力量來對付政治文化的獨
斷性和封鎖性。因此到了70年代後期，民族文學論又進一步發展
為著重民眾意識且以民眾為主體的民眾論。

　　光復後的韓國文學，一般都會以現代主義和現實主義文學的
對立與和解來加以把握。例如，在韓國現代文學中成為中心話題
的民族文學和民眾文學，向被歸類為現實主義文學，而其他的文
學則被納為現代主義文學。雖然如此，韓國學界針對韓國現代主
義文學的範圍和系譜，卻還沒有導出共識。[4]主要原因在於作為社
團和制度的現代主義運動，缺乏其前衛性、集團性和運動性，只
不過是零散地、非連續性地存在於個別作家的創作之中。[5]相對於
此，戰後台灣文學中所謂的現代主義傾向，包括50年代中期由現

4　韓國文學中，廣義的現代主義文學首度出現在上世紀20年代。該時期傳入西方象徵主
　　義、達達主義、表現主義等文學思潮，其中要以象徵主義的影響最大；30年代又有主知
　　主義、意象主義、超現實主義、新感覺派等流派流入。金起林和李箱，以及九人會成員
　　是其中具有代表性的文人，他們透過文學形式的革新和語言的實驗，追求文學的現代
　　性。參考崔末順，〈三○年代韓國文壇對現代主義詩的受容〉，《臺灣文學學報》第15期
　　（2009.12），頁33-78。
5　徐俊攝，〈1960年之後的韓國現代主義詩的展開〉，《現代詩思想》（1990春），頁126。

代派、藍星、創世紀等詩社所引領的新詩運動，以及以《文學雜誌》、《現代文學》爲主幹的現代主義小說。無論是文學史或個別論文，大體對於帶有現代主義傾向的文學社團、作家和作品，一般都有一定的共同認知。而兩國從解放後到70年代的幾場文學論爭中，民族傳統的保有和民衆現實的刻畫一直都在文學發展中獲得重視，因此，與台灣的情況類似，20世紀韓國文學一直受到現實主義論述的強力支配，現代主義文學只能以現實主義的他者存在，自然影響了對它的評價。

三、兩國文學史對50、60年代現代主義文學的看法

　　文學史可說就是記述文學的歷史，但如考慮文學的本質，文學史所進行所謂文學的歷史性研究，其實並不是簡單的事實。文學本來就是一個歷史現象，又是社會的產物，但同時也具備超越歷史的屬性和個人特質。因此，文學史都要求能夠呈現此一文學本質。也就是說，對於個別作品的審美觀點以及就此作品的歷史觀點，在文學史中必須達到妥善的整合。另外，無論是個別作品的產生，或者文學史家的詮釋，都會受到當事者個人和所處時代的影響，可以說一部文學史能夠同時呈現史家個人和撰寫時代的意識形態。有鑑於此，本節將列舉台韓兩國的若干文學史著作，仔細考察其對現代主義文學所作的評價和詮釋，作爲各個時期不同史家理解台灣文學的歷史條件依據，以及將來重新思考現代主義／現實主義文學論的一個基礎。

（一）以幾部台灣文學史為例

1.葉石濤，《台灣文學史綱》（高雄：文學界雜誌社，1985）

　　一般認為本書呈現了濃厚的台灣意識和本土經驗，同時也是90年代以來所謂文學台獨的先驅，可見台灣的歷史經驗和生活情感，應是該書解釋文學現象和判斷作品的依據。這本書共分七章，除了前面兩章介紹傳統舊文學和日據時期的文學外，其餘五個章節，以每十年一章的方式，分別安排40年代到80年代的文學。其中探討現代主義文學的第六章，題目標為「無根與放逐」，[6]主要的討論對象是以白先勇為首，以及參與《現代文學》的作家和他們的作品。書中首先提到，這些從事現代主義文學的人，大部分都是來台第二代作家，由於年紀和經驗的不足，無法繼承30、40年代的大陸文學，又與台灣民眾的日常生活脫節，只好大量吸收歐美現代文學潮流，成為「沒有根的一代」。[7]他們無法描寫台灣現實，也不了解台灣三百多年的被殖民歷史，加上無法深入地透視大陸生活的歷史性轉換，因此，不得不以西方文學來填補所處的真空狀態。

　　書中引用當事人白先勇的說法，提出現代主義文學的形成原因，在於「出版檢查的陰影、與前時期文學遺產的脫離、與傳統文化之間的隔絕、精神上不安全的感受，因此他們無法正面評議當前社會政治的問題，轉向個人內心的探索。」[8]至於陳若曦、歐陽子、王禎和等台灣本土作家的現代主義文學傾向，葉石濤認為

6　葉石濤，《台灣文學史綱》（高雄：文學界雜誌社，1985），頁111。

7　同註6，頁114。

8　同註6，頁115。

他們在光復後的教育體制下，無法接受大陸過去文學的傳統，同時又不了解台灣三百年被異民族統治殖民的歷史，加上缺乏日據時期新文學運動的認知，因此與大陸來台作家無異，都陷在真空狀態，因此，60年代的台灣文學，整體來看呈現出的是無根和放逐的狀態。

該書對現代主義文學如此評價：「50、60這種無根和放逐的文學主題脫離了台灣民眾的歷史與現實，同時全盤西化的現代前衛文學傾向，也和台灣文學傳統格格不入。」[9]可見作者對50、60年代的現代主義文學評價並不高。此原因可從葉石濤所提到的「台灣文學有其悠久的文學傳統，始於明朝末年，從古文學到白話文學有其脈絡可尋的傳遞。只不過是40、50年代的時代風暴，使其不得不斷絕而已。60年代的中期肅清的白色恐怖已逐漸遠去，台灣社會漸漸脫離閉塞與自囚，恢復日據時代新文學的寫實精神，傳遞香火的需要也越來越迫切。」[10]的敘述中找出。也就是說，他認為該時期的現代主義文學，不僅沒有繼承台灣文學的傳統，反而偏離了台灣歷史、現實和台灣人的生活。這樣的評價，正與強調台灣文學的主體性，建構自主的台灣文學傳統的基本立場相吻合。

2.彭瑞金，《台灣新文學運動四十年》(台北：自立晚報社文化出版部，1991)

本書主要探討對象是從1945年到1985年的戰後四十年的台灣文學史。彭瑞金認為在了解台灣文學時，應要注意文學以外的非文學因素，尤其政治力、經濟力對文學的影響，一向都是直

9　葉石濤，《台灣文學史綱》，頁117。

10　同註9。

接而絕對的。有關現代主義文學的敘述，主要集中在第四章「埋頭深耕的年代（1960-1969）」[11]中，他分為詩和小說兩部分，各做了詳盡的敘述。針對現代詩，他肯定它是「反共八股文學的反叛者」，[12]強調其反抗精神和批判本質。不過對現代詩的整體內容和風格，他的評價卻為「只是逃避、害怕面對現實，以躲避災難的心情，躲進晦澀難懂的自圓其說中去」[13]的負面看法。

至於針對以《現代文學》為主的現代主義小說，他說道：「兼揉了反叛和逃避的雙重屬性，…… 只是《現代文學》找到了另一個更堂皇的口實 —— 師取西方文學長技而已，不再魯莽地用被人爭議的西化或移植口號。」[14]與評價現代詩一樣，肯定它的叛逆精神，但對其內容的逃避，仍然表示不滿。

另外，彭瑞金認為60年代西化派作家們移植西方現代主義，只是師取其形式表達技巧而已，因而這些作品終究無法與台灣的現實接軌。雖然他對現代主義小說，一定程度上肯定其回應現代化、都市化的物質基礎，但卻一如「插在花瓶裡的一朵鮮花，不曾在土地上生根，終究要枯萎的。」[15]可見彭瑞金是以與台灣現實遊離作為論述根據，無論詩或小說，他都提出了相當不以為然的看法。

不過，他又提到：「這些被歸類為現代主義文學一派的作家，基本的創作意識還是走寫實主義的路子，他們只是局限地取

11　彭瑞金，《台灣新文學運動四十年》（台北：自立晚報社文化出版社，1991），頁103。
12　同註11，頁84。
13　同註11，頁107。
14　同註11，頁108。
15　同註11，頁114。

材於自己偏好偏向的某個現實的角落而已，他們的作品在性格上並未忽略對現實人文或地理歷史環境的觀照，這也是他們同具反叛精神的理由。」[16]相較於葉石濤，給了更爲肯定的評價。這主要原因，他說：「雖然台灣現代主義文學引進的現代文學理論缺乏條理，但是強調應把人的生活重心放在自己身上，進而做到自我解放和探索。」[17]可見將矛頭對向反共文學的叛逆精神，以及寫實主義路線，是他正面看待現代主義文學的憑藉。整個來看，彭瑞金再三強調現代主義文學與台灣現實無法接軌，但相對於此，卻大大肯定台灣本土作家的現實主義作品或本土主義文學，由此可知，彭瑞金的批評標準，還是放在「台灣作家爲此時此地的台灣人創作台灣觀點的台灣文學」[18]的正當性和正確性上面。

3.陳芳明，《台灣新文學史》上下兩冊（台北：聯經出版事業公司，2011）

　　一般認爲，本書無論出版時期、史料的運用或論述的完整性，以及被討論的作家作品數量和分析的精密度，都是目前爲止最爲完整的一部台灣文學史。該書與前兩書不同，對於現代主義文學，給予截然不同的高度肯定評價。不僅如此，陳芳明在最近出版的《現代主義及其不滿》[19]中提到：「在2011年所完成的台灣新文學史，一言以蔽之，無非是要爲戰後現代主義運動進行辯護。前後動用五個篇章細緻描述，原因無他，在於強調現代主

---

16 彭瑞金，《台灣新文學運動四十年》，頁109。
17 同註16，頁110。
18 同註16，頁17。
19 陳芳明，《現代主義及其不滿》（台北：聯經出版事業公司，2013）。

義的貢獻勝於其他時期。」[20]他把評價現代主義文學的基準，放在「必須從藝術作品的內部結構與外在影響慎重考察」，[21]認為該時期的現代主義文學「就內在而言，暗潮洶湧的無意識世界暴露出來；不僅在現實觀察，進入到肉體和心靈的深入考察，情緒與情慾的議題也開始進入文學營造的範疇。並且，這些作品中負面書寫獲得重視，文學不再為傳統的道德背書，掙脫了禮教的枷鎖，作家可以放手去探索深不可測的心靈黑洞。全新的美學從此誕生。」[22]以文學外部來說，現代主義作家獲得國家文藝獎的肯定，1999年文學經典三十的選拔，所屬作家就占有三分之二的比例，足見現代主義文學的歷史評價已經翻轉了過來。再就文學史而言，現代主義文學不僅全盤地豐富了詩、散文、小說、評論等文學，甚至也朝向音樂、繪畫、戲劇、電影等各個面向拓展。以作家來看，它網羅了本省和外省、女性與男性，凝聚的美學觀念，也完全孕育自台灣土壤。更且，現代主義運動直至後殖民、後現代當道的現今，依然蓬勃發展。

　　本書也提到，將現實主義和現代主義拿來對立理解是一種錯誤，因為台灣現代主義者從來不是照搬西方理論。只是在那荒涼的時代，西方理論作為酵母或觸媒，往往會引起龐大的效應，因此「現代主義常常被指控為西方帝國主義的亞流，其實是非常不符合史實。除了最初理論上的些微點撥，現代主義稍後開展出來的題材與技巧，完全來自台灣社會。」[23]他舉出一般認為是鄉土作

20　陳芳明，《現代主義及其不滿》，頁7。

21　同註20。

22　同註20，頁8。

23　同註20，頁11。

家的葉石濤、鍾肇政、外省作家朱西甯、女性作家李昂的文學作品為例，說明現代主義是如何跨越族群、性別的界線，印證現代主義文學已獲得台灣特性的事實。

不僅如此，《台灣新文學史》中對50年代中期以後現代詩運動的敘述當中，特別肯定紀弦和林亨泰的結合，他說：「台灣作家從現代主義吸取豐富的資源，但在精神上與內容上，則注入了台灣的生活與感覺。」[24]同樣地，針對50年代《文學雜誌》上的創作和批評，他提出「合理化了現代主義在台灣文壇的介紹」[25]的看法，認為該時期的現代主義運動並非單純的橫的移植，也不是遊離於台灣現實的文學形態。

> 現代主義的開發與成長，是1950年代末期台灣文學的重要篇章。它的轉型、擴張與成熟，將在六○年代持續發生。這場文學運動，是點點滴滴累積起來的，也是多種文化源頭匯集在一起的。台灣文學既然是殖民地文學，接受的美學自然也就千頭萬緒。但是，外來的美學既然到達島上，也就必須受到台灣社會性格的改造。現代主義運動，便是一個鮮明的例證。[26]

顯而易見，陳芳明特別強調台灣文學的殖民地性格，主張要擺脫固守台灣本土性、自主性作為前提的既有本土主義立場，正面看待現代主義文學的外來影響，並高度肯定它紮根於台灣社會的過程及其結果。而他對現代主義文學的平反和高度評價，即是從《台灣新文學史》著書所訂定的台灣文學性格 —— 殖民地文學

---

24 陳芳明，《台灣新文學史（上）》（台北：聯經出版事業公司，2011），頁339。
25 同註24，頁344。
26 同註24，頁344。

屬性而來。

60年代現代主義文學會走向擴張和深化，陳芳明從封閉的
政治現實和帝國主義文化，以及台灣親美文化的相互激盪當中，
找出內外原因。就內部而言，由於反共政策和戒嚴體制的高壓統
治，促使文學與政治之間不得不保持疏離的關係，因而產生了
苦悶、焦慮、孤獨之情，浸滲到60年代的文學。就外在方面來
看，他認為受到冷戰，以及經濟上美援物資和跨國公司陸續抵達
台灣，工業重新復活的影響，導致台灣政治、經濟、軍事過度對
美依賴，也就無可避免地形塑了一面倒的親美文化。如此在特定
的、被支配的政經結構之下，知識分子的思考逐漸喪失「左」的
批判精神，而只剩下「右」的共謀思考。因此，在美國大量的文
化經銷之下，台灣作家只能被迫居於接受的地位，無法施展絲毫
抗拒的能力。最後他對現代主義文學在台灣傳播和接受的情況，
做出如下的判斷：

> 在接受西方現代主義的過程中，台灣作家的文學思考表現了一些特色。
> 第一、西方現代主義的釀造乃是來自經濟上的重大變革，而台灣作家只
> 接受現代主義則是由於政治環境的影響。西方現代主義文學所表現的荒
> 謬、扭曲、孤獨的美學無非是基於對工業革命後都會生活的反動與批判。
> 台灣現代主義作品所表現的流亡、放逐與幻滅，則是對反共政策與戒嚴體
> 制的抗拒。第二、台灣現代主義的追求，在很大程度上是為了尋找思想與
> 精神的出路。這種心靈解放，不像西方作家是以沉淪、頹廢來表達現代文
> 明的危機，而是為了封閉的政治體制表達深沉的抗議。因此，台灣作家所
> 寫的流亡，其實蘊藏著正面的、積極的生命意義。第三、台灣作家受到西
> 方現代主義影響之餘，並不全然是西方文學思考的下游。在內心世界的

> 描寫方面，台灣作家其實還是非常寫實的。他們的文學仍然反映了戰爭
> 離亂的苦難，鄉土歷史的崩塌，傳統人倫的傾斜；而現代主義的技巧，使
> 他們作品的色澤與氣氛更爲加深。[27]

　　可見他從政治反抗、精神出口、現實精神和台灣特性等層面
中，找出對現代主義文學積極辯護和正面性評價的根據，而這也
與他透過文學史的撰寫想要重新定義的台灣文學性格和內涵相吻
合。

4.白少帆等，《現代台灣文學史》（瀋陽：遼寧大學出版社，1987）

　　中國大陸的台灣文學史撰寫早在1980年代即已開始，[28]目前
在台灣流通的文學史也有數本。其中，白少帆等人所撰寫的《現
代台灣文學史》，在認定中國爲多民族構成的事實基礎上，對各
地區的歷史經驗，採取較爲開放的視角。這本書的構成，先是概
述特定時期的文學傾向之後，再集中探討主要作家和創作。現代
主義文學思潮和創作，分爲小說與詩兩大部分，安排在第十三章
介紹。該章首先提到台灣流行現代主義文學的原因，主要是「與
大陸母體文化的脫節和社會上的崇洋心理，使年輕一代作家轉向
西方，從現代主義文學中尋求出路，以及美援和1965年以後外資
輸入引發台灣統治當局全面倒向西方，隨著官方的文化國際主義
和社會上的崇洋媚外跟著流行，加上五四以來大陸的進步文學作
品禁行，與現實主義文學傳統決裂。失落感和逃避主義心理，使
作家們轉向內心探索；對文學政治化、庸俗化的反感，使作家們

27　陳芳明，《台灣新文學史（上）》，頁348。

28　胡曉眞整理，〈評大陸學者編撰之現代台灣文學史研討會紀要〉，《中國文哲研究通訊》
　　第3卷第4期（1993.12），頁27-50。

走上追求『純藝術』的道路。並且30年代大陸『現代派』文學的餘緒在台灣找到了復活的時機和生存的土壤。」[29]可見台灣現代主義文學的產生,除了外來影響之外,他還特別強調是因與中國文學傳統脫離所致。

對於現代派詩的基本特徵,該書提出幾點,包括表現自我、抽象地探討人的價值、反理性、強調表現潛意識、刻意於意象的經營,以及技巧、形式、語言的求新求變等。而對現代派小說的基本特徵,則有:著重開掘人的內心生活,呈現人性的負面,陷入理念化、抽象化的傾向,以及表現手法、藝術形式的刻意求新等特徵。另外,針對現代主義文學披露現實生活中的矛盾,表現出對統治當局的失望以及面對國家處境的鬱悶,則肯定其現實主義成分,同時也認為大部分的現代派作家都向傳統回歸,這使得對民族文學傳統的新認知,成為可能。可見該書肯定其文學藝術性方面的成就,同時也把現代主義文學配置在現實主義此中國文學傳統系譜的脈絡當中。

5. 古繼堂,《臺灣小說發展史》(台北:文史哲出版社,1992)

本書對台灣文學的基本看法,於序論中即明白指出:「台灣和中國文學屬於同一個文化結構,文化氣氛中形成。兩地區的文學是同一個民族的文化積澱,用同一種民族語言作載體,同一的歷史背景中所產生,都是五四運動的產兒,而且擔負著反帝反封建的同一使命。」[30]因而對現代主義文學的看法,也以此觀點為基準來進行評價。首先,該書將現代主義文學命名為無根一派,而其形成原因在於經濟的發展、政治的苦悶、西方哲學和文化思潮

---

29 白少帆等,《現代台灣文學史》(瀋陽:遼寧大學出版社,1987),頁304。

30 古繼堂,《臺灣小說發展史》(台北:文史哲出版社,1992),頁5。

如存在主義和佛洛伊德潛意識和泛性心理學的傳入，以及大陸文學作品遭到封鎖，導致中國傳統文學的傳播被阻斷等因素的影響所致。不過，西方現代主義思潮的傳播，對打破反共八股統治台灣文壇的局面，無疑是一種有力的衝擊，這給了台灣青年一道迎接新的思想的曙光，對台灣新文學的發展反是一種助力。[31]與其他文學史不同的是，現代主義文學的產生原因和結果，在此書做了倒反的解讀。對於現代派小說的思想成就，古繼堂從強韌的反叛性當中找出，[32]不過，他認為現代派小說嚴重向重藝術、輕思想傾斜，因而不贊同給予高度評價。

6.趙遐秋、呂正惠合著，《台灣新文學思潮史綱》（台北：人間出版社，2002）

　　本書為大陸學者和台灣學者的共同著作，論述起始即對文學台獨提出強烈的批判，並把台灣文學定位設定為地域文學史。在此基本立場上，本書提出文學史的撰寫原則，應以文學自身發展的特點為依據，來規定文學發展階段的歷史劃分，不過該書也採取歷史主義，重視文學和社會環境的相互關聯性，認為「世界上沒有什麼孤立的現象，每一種現象都和其他現象有連繫，只有從各種現象、事件、事物的相互連繫、相互作用中去觀察，才能夠瞭解這些現象、事件和事物。」[33]

　　該書首先提到，現代主義為外來的思潮，其傳播到台灣的理由，是「現代主義文學符合開發中社會知識分子的某種困境，因為這些國家的現代化過程非常不平衡。例如，現代化的生活產

31　古繼堂，《臺灣小說發展史》，頁233。

32　同註31，頁250。

33　趙遐秋、呂正惠合著，《台灣新文學思潮史綱》（台北：人間出版社，2002），頁15。

品總是比較容易為民眾所接受，而真正的民主與科學等跟現代化有關的意識形態則不容易培養。」[34]因此，受過比較完整現代化教育的知識分子，一旦他們的現代理念遠超過他們生活在其中的落後社會時，他們就會過度責備自己的社會，而成為社會的特異分子。反過來說，由於他們生活在理念中，唾棄周遭的現實，如此他們自然也會與民眾疏離，而成為社會中的浮游群落。也就是說，他們是社會中最有疏離感的人。在這裡，可以找出開發中國家知識分子和西方現代主義文學的會合點 —— 疏離感，他們的感覺雖有差異，例如西方現代主義作家的疏離感，來自他們對高度發達資本主義社會的唾棄，而開發中國家知識分子的疏離感，則來自他們對自己社會的厭惡；儘管如此，當然還是有類似的地方，這使得西方現代主義在開發中國家的流行不只是一種流行，而且還有實質性的意義。此外，該書還將台灣的情況拿來與拉丁美洲比較，認為台灣的政治情勢，把知識分子參與政治的空間壓縮到幾乎為零，使得知識分子完全喪失了政治現實感。由此，台灣的現代主義成為蒼白的、不知所云的、超現實的夢魘，如許多不入流的現代詩，以及呈現如《家變》的對自己社會的強烈厭惡與疏離。

　　對50、60年代台灣知識分子的疏離感原因，該書認為是高壓政治以及知識分子過分「超前」的西方理念所造成，此外還包括知識分子對自由戀愛的苦悶。他們將知識分子分成上、下層進行分析，認為上層知識分子接受現代化的程度較深，因而在社會上得到較高的認同，而下層知識分子，卻因落後性而輾轉淪落在都

34　趙遐秋、呂正惠合著，《台灣新文學思潮史綱》，頁275。

市邊緣。在文學的表現上，上下層知識分子也有所不同。對於上層的知識分子來說，他的疏離感來自對整個社會的厭惡，他們對都市和鄉村都感到厭惡。下層知識分子則多為半吊子的現代化青年，鄉鎮出身，普遍嫌棄都市。上層知識分子的代表為王文興和《家變》；下層知識分子的代表是七等生，他用怪誕、變形的方式，刻畫小人物的自卑和痛苦。另外，自由戀愛的不順遂也是造成50、60年代青年知識分子強烈感受到存在困境的原因，書中並以王文興、七等生、李昂等人的小說作為例子。

不過，該書又提到在西方現代主義的學習中，台灣知識分子並不是純粹的模仿，他們雖然以西方現代小說作為創作「養成教育」的範本，但在實際創作時，主要還是從自己的生活經驗出發，這使得台灣現代小說介於現代主義與傳統現實主義之間，具有「折衷」的色彩。「60年代著名的小說家中，除了七等生、歐陽子和王文興之外，很少有人是可以稱之為徹頭徹尾的現代主義小說家的。」[35]

該書有關現代主義文學的整體評價如下：台灣現代主義文學第一個該注意的是，它跟五四新文學傳統已然割離。表面上看，台灣現代主義文學跟五四傳統好像有若干相連之處，譬如，意圖摒棄中國古典傳統的傾向可謂一致。五四精神的具體表現，在於它的民族主義、愛國主義、平民主義、人道主義和現實主義。不過，國民黨的教育，卻因五四知識分子普遍都具左傾思想之故，而將五四塑造成全盤西化和反傳統的思潮。換句話說，由於代表民族主義和愛國主義的根本 —— 土地和人民、乃至參與五四

---

35 趙遐秋、呂正惠合著，《台灣新文學思潮史綱》，頁282。

運動的知識分子還留在大陸的關係，台灣現代主義的風格自然會背離五四精神。因此，台灣現代主義文學雖然做出了突破反共文藝八股的貢獻，以及具有試驗和開創現代文學技巧之功，但是卻也在文學與現實人生、文學與民族文化的態度上，產生了許多不良影響，這對戰後台灣文學的發展，基本上妨礙作用還更大一些。[36] 顯而易見，本書對台灣現代主義文學忽略民族性、強調世界性、忽視社會現實、強調個人內心的傾向，提出相當負面的批判。作者認為50、60年代現代主義文學運動，基本上全盤接受了資本主義國家的文化，而且還偏離了中國文學軌道。由此不難看出，本書明顯呈現將台灣文學收進中國文學史的意圖，也呼應了序文中所提到反對文學台獨的立場。

（二）以幾本韓國文學史為例

　　被認為是批評時代的70年代，韓國產生了相當多的文學史著作。這個時期一方面由於經濟成長迅速，但同時受到政治壓迫，在矛盾的社會氛圍之下，知識分子乃以文學為中心，試圖將文學和社會連結，找出能因應時代的人文知識系統。此外，整個60年代的文壇，都在討論文學的社會功能，因而落實到批評領域，開啟了文學評論的時代。

1. 金鉉、金允植共著，《韓國文學史》（首爾：民音社，1973）

　　本書出版於批評氛圍濃厚的70年代，在韓國學界受到相當高度的評價，並認為是最具權威的文學史著作。由於出書時間距50、60年代太近，針對現代主義文學的著墨不多，但是當中論

36　本段文字敘述係整理自：趙遐秋、呂正惠合著，《台灣新文學思潮史綱》，頁282-293。

述，卻十足影響到後代批評和文學史的撰寫視角。該書一開始即
提到韓國的民族解放與獨立自主，並非由自身的力量取得，而是
藉由外力所形成。因此，面對解放後的韓國現實，他們無法做出
抵抗，也不得不接受民族分裂的事實。而且，解放後厭惡共產主
義的現象蔓延，也妨礙了宏觀的歷史觀察。此外，韓戰結束後，
美國雖提供糧食援助，但伴隨而來的物質主義傾向，以及作為其
精神疾病的虛無主義，幾乎蔓延於整個社會。他們認為打破解放
後韓國社會這種病態現象的，就是4.19革命。革命過後，相信民
眾力量，批判南北韓分裂局面，以及希望社會改革的理想主義傾
向等思潮，開始注入到韓國社會。由於金鈜和金允植都是4.19世
代，因此他們的歷史意識也就直接反映在文學評價上面，例如，
他們把崔仁勳的小說，高度肯定為能帶來4.19可能性的一種文學
刻畫。該書以疏離的文學來定義他的小說，認為《廣場》（1960）
呈現出知識分子的號召力量。雖然小說人物無法適應現實，在頑
強的現實面前感到極度疏離，只能在觀念層次上找出希望，但他
們畢竟是以理性的方式理解社會現實，主張公平性的社會分配。
書中將這些小說人物命名為灰色分子，以突顯作家透過這樣的人
物想表達出現實矛盾以及自我反省的意志。因此，認為小說中探
究內心的目的，並不是要表達反社會的立場，而是對他人的責任
感所趨使。

　　該書對崔仁勳小說的形式和技巧，也給予高度的肯定，認
為他否定傳統的寫實手法，例如〈九雲夢〉（1962）、〈西遊記〉
（1966）等小說，刻畫夢幻世界和現實世界的交合；〈總督的聲
音〉、〈主席的聲音〉（1974）等小說，動用了非常長文的演說文章
和無法正常了解的插話，來進行敘事的實驗。而且這些技法，直

接對應到主角人物孤獨的精神路程，雖然某種程度上反映了作家現實體驗的局限，不過爲了呈現眞實而尋找各種敘事手段，也十足展現出作家敏銳的觸角。總的來看，該書對崔仁勳能夠把韓國特殊環境中產生的疏離主題，擴大到一般人的生存條件上面進行創作，給予了相當高的評價。

除崔仁勳以外，50年代作家當中還提到張龍鶴，認爲他重視人的解放，以及體悟到因意識形態紛爭引發戰爭的事實。他的〈約翰詩集〉（1955）、〈原型的傳說〉（1952）等小說都著重在對人的描繪，捕捉眞實的人，而且還揭發了包括自由、平等、和平、正義等所有觀念性話語和意識形態，都是虛構的、僞張的假象。

至於60年代的現代主義小說，該書舉出金承鈺、徐廷仁、朴泰洵、李清俊爲例，探討這些作家如何處理個人和個人對立、社會和個人對立的主題，並分析小說何以經常討論這些內容的原因。該書認爲美國式民主主義的教育，造成重視個人存在和個人決斷風潮蔓延，加上又與實用主義價值觀結合，因而深化了韓國社會的自我中心思考和個人主義。可見現代主義文學處理個人問題，主要與來自韓國社會的變化有關。另外，該書對60年代現代主義詩的探討眞實，以及重視語言運用，都加以肯定，認爲金春洙的無意義詩學，以及金洙暎的小市民的自我確認和抗議風格，都屬於新的嘗試，並肯定這些自我否定和不妥協精神，其實是想要重新認知現實的一種努力。總結這本文學史對50、60年代韓國現代主義文學的評價，可說是相當正面與肯定。其理由在於這些文學呈現了小市民的自我覺醒和抗議意識，而這些就是當代韓國社會的時代精神。

2. 權榮珉，《韓國現代文學史（1945-1990）》（首爾：民音社，1993）

　　該書以「批判和抵抗的精神」為標題，定義韓國戰爭之後的現代主義傾向文學。對於50年代的現代主義文學，首先舉出張龍鶴、金聲翰的小說，說明他們先是對既成世代的文學提出異議，同時在法國沙特和卡謬的存在意識影響下，追求自我存在意識、抵抗精神、參與（Engagement）及自由的意義。另外，孫昌涉的小說則呈現對現實的反抗意識，深入追求人的生活本質和存在意義，並集中探討觀念性主題，並對小說所創造的「否定的人間像」，加以肯定。

　　至於60年代小說中的現代主義傾向，該書提到崔仁勳、金承鈺和李清俊等作家，認為他們的共同特徵在於對小說美學的高度關注，以及重視創作技法和文體感覺。他們小說的內容主要是將個人的存在極大化，因此呈現出豐富的自我意識，並帶有很深的虛無感覺。不過，這樣的特徵和傾向，卻也與韓國的現實緊密結合。這可說是作家本身在戰爭的殘酷試鍊當中，從跨越生存和死亡的極限和分歧點上的經驗中產生。該書詮釋戰後世代作家，在創作中最感苦悶的，就是如何設定自我存在的座標，因為戰爭毀滅了一切的倫理，他們沒有能夠參考的基準，也沒有能夠信賴的指標，只好埋頭追求終極的存在樣式。可見無論50或60年代文學的抵抗意識和內心探究，都是在韓國的特殊土壤當中培育出來。

3. 金允植等，《韓國現代文學史》（首爾：現代文學，1994）

　　該書為各領域專家的共同著作，其中現代主義文學部分，

分成詩和小說進行敘述。[37]有關50年代現在主義詩，主要以《後半期》（1951）同仁為中心，認為他們直接繼承了1930年代現代主義的感覺和技法，同時也對保守、靜態的傳統抒情詩，正面提出批判。不過，本書也指出其局限性，認為部分創作呈現邏輯上的自我矛盾現象，而且50年代的現代主義運動，只不過在邏輯層次上進行，帶有濃厚的實驗性質。書中介紹的詩人有朴寅煥、金奎東等，認為他們主要刻畫生活虛無、生存不安、戰爭廢墟以及死亡陰影等的主題。用新的形式表達50年代的時代苦悶可以給予肯定，但他們的詩過度流於實驗性質和觀念屬性，詩中的苦惱也沒有與當代現實結合，以致他們的文學帶有濃厚的舶來品性質。

其次，針對60年代現代主義詩部分，該書首先非常肯定《現代詩》同仁的語言和形式實驗，而且詩的內容和詩觀也體現了韓國的特殊性，例如，他們由於體驗過戰爭的悲劇性，認知到歷史＝意識形態＝虛構的命題，因而徹底不討論歷史和現實，其結果他們所追求的詩的完美主義，走上內面意識的探究路線。可見該書強調無論是內容或語言和形式上的實驗，60年代現代主義詩都是跟韓國的社會現實有著直接的關係。

對於現代主義小說，書中首先提出這類小說的興起，來自對50年代純粹文學傾向的反省，他們受到4.19等新的社會認知和文壇動向的變化影響，本質上不同於前時期的文學。並以崔仁勳、金承鈺、李清俊、崔仁浩、徐廷仁等運用內省的、實驗性創作技法的現代主義傾向作家為例，說明各作家的文學特徵後，提出這些作家共同呈現對既有意識的叛逆、新世代的感性和存在的苦

37　該書的50年代現在主義詩和小說部分，係分別由金埈五和尹柄魯所撰寫。

悶，並以精神分析技法來分析壓抑個人生活的原因，用以診斷現代人的精神世界。針對60年代現代主義作家面對戰後的無力狀態所提出的否定意識，該書給予相當肯定的評價，唯缺點是對現實的感觸稍嫌不足，同時帶有小市民意識和過剩的觀念成分。

4. 民族文學史研究所，《民族文學史講座（下）》（首爾：創作與批評社，1995）

　　該書不同於前述幾本文學史，對現代主義文學的評價不高，例如分析張龍鶴、金聲翰等50年代小說，認為這些作家基本上陷入抽象的、普遍的世界，雖然他們拒絕傳統的小說文法，露骨地呈現作家的觀念和哲學斷想，但是並沒有特別成功。這些小說在內容方面最嚴重的問題是主體的消失，於此它們並不是真正的存在主義，反而虛無主義的成分更高。雖然韓國戰爭的體驗，可引導他們探究人和世界的普遍性，但卻未與具體的經驗結合，表現出相當大的局限性。

　　60年代的小說，該書提到金承鈺，認為他的成就包括：小說已達成感性的革命，具備卓越的語言感覺，將個人主義世界形象化，並反映了新興市民階層的虛無意識；不過書中也提到他的小說仍然停留在小市民的自我意識層次上。另外還分析崔仁勳的《廣場》，對作品能夠發現民族現實這一點相當肯定，但認為還是存在過分觀念導向的缺失。可見該書是把刻畫民族現實與否，以及現實主義的指向程度如何，作為評斷的基準。

5. 近代文學100年研究叢書編纂委員會，《以論文看文學史2》（首爾：昭明出版，2008）

　　該書的構成是由各個領域的論文匯集而成，因此沒有統一的標準，不過卻可以藉此窺見學界最近的看法。對於50年代的現代

主義小說，該書舉出孫昌涉和張龍鶴的作品，敘述他們的文學特徵包括：否定傳統，具虛無主義世界觀，揭露負面現實，而這些都可從毀滅一切價值的戰爭體驗中找出原因。該書認爲虛無主義內容，以及否定道德和理性的惡魔性，爲50年代現代主義小說的主要特徵。

　　該時期文壇接受存在主義思潮的原因，書中分析認爲也是戰爭悲劇和二元對立的現實所造成，因此朴寅煥、全鳳健、宋稶、金洙暎等人的詩中，處處散落著被疏離的人們肖像以及被孤立的內面世界，他們對外部世界感到幻滅，不過詩作中透過面對日常生活表現出來的自我意識，以及面對現實矛盾的批判性，該書給予充分的肯定。

　　另外，該書提到韓戰和民族分裂此50年代的時代巨變，才是現代主義文學成立的根本原因，認爲除了本身的殘酷和悲劇性外，韓國戰爭泯滅掉了殖民地時期的進步文學傳統和建立民族文學的各種努力，如此在缺乏傳統的現實裡，50年代的文壇新銳只好接受西方的存在主義哲學和現代主義文學，走入探究內心之路，最終無法與現實結合，只能吐露孤島般的個人苦惱而已。

　　相對於50年代，該書高度評價60年代的現代主義文學，認爲4.19和新世代的登場，證明了國民的意志能夠改變歷史方向，透過文學也可以抒發變革現實的意志。60年代文學帶來了自由的意義，也散溢出擺脫意識形態的可能性，同時還揭示著表達的自由。依此，本書高度肯定崔仁勳、金承鈺、李清俊等人的小說，認爲小說所呈現的不安情緒、無力感和恐懼、他者的視線，都是象徵暴力的現代經驗的一種隱喻，是暴露在現代暴力的無助個人所體驗的恐懼和不安的一種投射。而且這些文學傾向，是對4.19

到5.16的急速變化所做出的自覺意識反應，因此與當代現實相當
具有密切關係。

對60年代現代主義詩，該書同樣地加以肯定，認為金洙暎和
金春洙的詩作，以壓抑的超克作為重要的美學指向，追求解放、
自由和純粹的虛無，他們的語言和形式實驗，也被詮釋為試圖從
壓抑的語言體系中脫離出去的一種嘗試。

四、結語與未來課題

本文主要是針對目前在台灣出版及流通的幾本文學史著作，
他們如何記述及評價50、60年代的現代主義文學進行考察，以尋
找了解台灣文學的客觀條件。為達此一目的，文章也同時舉出韓
國學界對現代主義文學的評價問題作為參考。現代主義本是西方
產物，它從西方傳過來之後，一直都是被探討的重要文學議題。
圍繞著現代主義的接受樣態所引發的討論，目的就是要檢討一個
地區文學的在地性和外來性的關係。如台灣、韓國等抵抗的、民
族的、現實的濃厚指向面對資本主義現代的地區，現代主義文學
容易成為批判對象。如此，有關現代主義文學的討論，基本上是
考察這些地區如何看待現代經驗，以及如何達到文學現代性的過
程。本文只以既有文學史著作為對象進行考察，研究結果略做整
理如下：

第一、除了陳芳明，大部分的台灣文學史對現代主義文學，
大多持相當負面的看法。其根本理由為現代主義文學與台灣現實
和土地遊離的關係。無論在台灣或大陸出版的文學史，都相當一
致地持此看法。另外，有關現代主義的接受和發展原因，這些

文學史幾乎一致地認為：對內係高壓的政治氣氛之下所產生的苦悶、與政治社會疏離、作家們的經驗與現實遊離等；對外則是冷戰和反共體制之下來自美國單方面的文化影響所致。不過，對此所持的評價，從肯定到負面則看法不一，無論是兩岸的哪一方，如果是強調文學政治性的文學史，幾乎都偏向負面評價，而偏向文學藝術性和對之後文學影響的文學史，則大致上都加以肯定。尤其是重視與台灣現實之間的交涉，以及與台灣民眾之間的關係等強調台灣性的文學史，更是非常肯定現代主義文學作為從政治壓抑中找到出口的說法，可見對50年代的文壇和文學，基本上還是持相當負面的評價。

　　第二、相對於台灣文學史的負面評價，韓國文學史卻幾乎一致地肯定60年代的韓國現代主義文學。不過如此迥異的現象，恰好卻是由同一原因所造成。換句話說，韓國現代主義文學所共同呈現的虛無意識和人的存在問題，以及內心探究特徵，概都被詮釋為韓國戰爭的悲劇性體驗，以及戰後蔓延於社會的廢墟意識所造成。也就是說，這些文學傾向，被認為與韓國社會現實有著密切的關係。另外，對於4.19革命和新世代作家以及他們的文學，更給予高度的肯定，認為他們的文學擺脫了戰後的虛無和低迷氣氛，把60年代走上現代化中的個人和新感性，適切地表現了出來，讓韓國現代文學真正確保了個人性和現代性。可見，文學與當代現實之間的關係與否，以及文學有無獲得在地性，才是在兩國評價現代主義文學的基準。

　　第三、針對現代主義精神的本質，也就是否定既有世代的意識和傳統，追求語言技巧和個性實驗等美學創新，兩國文學史均表示一致的肯定。台灣的文學史幾乎一致地強調現代主義文學所

具有的反抗和叛逆精神，韓國的文學史也特別重視現代主義文學的傳統否定精神。有關文學技法和創作技巧的實驗和嘗試，兩國所有文學史都加以肯定，認為這些特質強化了現代文學的藝術性和文學性，以及帶給後代文學正面的影響。

第四、對於現代主義運動或文學，台灣比較呈現連續性的看法；韓國則分為50和60年代，分開看待其文學成就和在文學史上的地位。察看戰後兩國現代主義文學的發展，可知無論是詩或小說，在台灣從事這類文學的社群幾乎是固定的，現代派、藍星、創世紀等新詩的三大詩社也不間斷地運作，詩社成員們也參與幾次的論爭，持續進行創作和批評活動。現代主義小說的創作社群和園地也都固定，維持著同屬性結構的文壇。韓國則不然，50年代後的現代詩運動和60年代的純粹詩運動，分別由不同世代和同仁所推動，無論是創作理念或主流內容都不同。尤其是以4.19為分歧點，50年代的詩因模仿西方文學較被負面看待，而60年代詩則因提出對負面現實的抗議和表現新的感性，而得到比較肯定的評價。

第五、相較於60年代，兩國文學史對50年代現代主義詩的評價普遍都不高。主因為對西方文學思潮的單純模仿和盲目學習，導致詩既難解又晦澀。產生這種結果，是因現代主義詩帶有排除音樂性，依賴感覺和意象，用理性重新解讀外部世界的特質，讀者在吟詠或閱讀時不易理解，再者，它脫離詩的傳統，也是受到非議的一個原因。也就是說，初期讀者或論者很難接受缺乏詩的傳統 —— 具音律和抒情成分 —— 的現代主義詩的異質性。相對於此，小說文類即使是在技巧和語言上還在進行實驗，但本身具備了一定的情節，以及即使是鑽研於個人內心的變化，

但還不完全與當代現實社會之間的關係背離，因此比起現代主義詩來，受到的批判就沒那麼嚴重。

　　透過以上的討論和整理，可知台韓兩國對現代主義的評價，受到與當代和在地現實之間的交涉此現實主義論述的強力影響。這樣的結論，證明了強烈的現實指向性，也就是台韓兩國在殖民處境中為了趕上西方現代性做出努力和奮鬥的結果，同時也是兩國現代文學的歷史條件。與從西方傳播而來的現代文化和知識體系、審美認知接觸之後，台韓兩國在接受方式和轉化程度引發了論爭，從這論爭可知他們都非常重視自我處境的覺醒和追求社會的現代改革，因此很自然地會帶有現實指向的特色。此外，日本殖民主義支配的歷史條件，也決定了從現實條件出發和追求自我和民族認同的走向。因著這些外在條件，在文學上顯現出來的，相較於個人的內心活動和審美感受，它自然更重視生活的改善和集團的情緒。加上，文學被賦予文化啟發和鼓吹民族性的啟蒙角色，因此文學與現實的交涉確保了正當性，此濃厚的現實指向自然成為往後文學的檢驗標準。

　　眾所周知，現實主義和現代主義的對立理解，早在現代詩論爭或鄉土文學論爭時即已開始。在韓國，60年代末期也曾以現實主義運動的他者來認知現代主義，當然這與4.19世代的分化有著密切關係。這個時期開始，4.19世代分化為政治上堅持市民指向和民眾指向的陣營，而在文學和社會的關係上，則分成重視間接關係和直接關係的態度。前者集結成「文學和知性」集團，而後者則為「創作和批評」集團。至於對現代主義文學的非難，主要是由後者所發起。他們以現實主義來定義自己的文學方法，而將對方命名為現代主義。這些區分雖然不是很正確，但卻是往後很

長一段時間理解韓國文學的一個架構。台灣文學批評的情況也有些類似，雖然在展開過程和擔任階層的構成上有所不同，但是基本上可從兩者的對立框架中了解兩種文學傾向。

不過，現代主義文學並不是在60年代就已告結束。80年代韓國出現了被稱為解體詩的前衛運動，以及反對既有敘事習慣的小說，全面否定4.19以來所追求的以民族主義為內容的現代性；而90年代又出現了重視日常、個人、慾望、身體、女性的後現代主義傾向，且還成為重要的文學議題。台灣文學的情況也大同小異。這些傾向的抬頭，證明了在所謂資本主義全球化的情境中，文學再度展現其對現實和既有價值觀的否定和抵抗。

因此，參照目前的全球性資本主義的現實和文學環境，我認為有必要重新檢討50、60年代現代主義文學所面對的社會問題，如此將能更客觀地思考文學和社會的關係。不僅如此，現代主義文學的現實基礎為現代化和都市化的進展，以及相應於此出現的現代知識分子，而由他們所開啟的新的文化視野中，50、60年代文學呈現了既有世代和意識否定精神，以及探討個人內心的文學實驗，可說擔保了現實基礎和文學真實性。本文提出兩國文學史中的現代主義文學評價問題，主要是希望能作為將來解構現代主義／現實主義二元論，重新檢討文學史認知論的一個前提。

離心的電影跨域實踐：
以台語間諜片為例

王君琦

國立東華大學英美語文學系副教授

從1964年張英執導的《天字第一號》打響第一炮後，台語電影從1960年代中期至末期陸續出現了爲數不少的間諜片，包括因爲近期《阿嬤的夢中情人》（北村豐晴、蕭力修，2013）而爲人所熟知的《第七號女間諜》（金龍，1964）。在1960年代的後半期，間諜片成了家庭倫理愛情文藝片之外最鮮明的台語電影類型之一。台語電影間諜片類型的突然出現並非歷史的偶然，而是跟上了1950-1970年代全球銀幕的間諜片風潮。1962年推出第一部《第七號情報員》（*Dr. No,* Terence Young）的007系列在當時更是所向披靡，在全世界各地掀起一股007熱潮，擅長以挪用改編爲手法的台語電影當然也把握機會開始拍攝間諜題材。正是這個與國際電影高度互動的事實使得我們若以「國族電影」（national cinema）典範來分析台語電影難免會顯得有所不足。[1]但另一方面，若說台

1　Andrew Higson, "The Limiting Imagination of National Cinema," in Mette Hjort and Scott Mackenzie, eds., *Cinema and Nation*, New York: Routledge, 2000, pp. 63-74.

語電影間諜片類型是做為方言電影的台語電影在下游端接收好萊塢電影全球輸出的結果，除了會凸顯好萊塢文化輸出的全球霸權地位外，也會又再次將好萊塢視為電影語言、類型生產的標準。

　　當與電影有關的元素開始日漸頻繁在國境間流動時，傳統上用來探討非好萊塢電影的「國族電影」典範開始捉襟見肘，電影研究遂轉向跨國主義（transnationalism）的分析框架來處理電影多元而複雜的跨國交流。諸多跨國電影研究者指出，對於電影跨國性的分析不能只停留在描述流動的狀態本身，還必須處理越界接觸的兩個或兩個以上的國家彼此之間不一定對稱的權力關係，以及國家在跨國移動中不可忽視的關鍵性角色。[2]此外，跨國電影研究逐漸發展後，也出現了一股回顧與離心的趨勢，試圖將注意力從當代性、歐美性漸漸轉向在商業取向的全球化之前、包括了非歐美國家的跨文化電影交流。Bhaskar Sarkar在探討全球媒體時問到，「是否所有的跨國流動和經驗依舊只留心於與資本的、工業化的西方這向來被認為具有決定性的關係？」。[3]這個反詰式問題暗示著，跨國電影研究必須跳脫過去忽略拉美及亞洲、只關注自西方輻射而出的文化散播型態，也就是，不再預設所有的跨國流動和經驗必然源自資本主義的、工業化的西方，而應視在地電影的形塑過程為與國際影響和文化傳統之間持續的協商和表述。[4]在這個電影研究反思性轉向的基礎上，他更進一步呼籲對文化互動的理解應擺脫以好萊塢為中心、將其他文化工業視為其衛

2　Nataša Ďurovičová, "Preface," in Nataša Ďurovičová and Kathleen Newman, eds., *World Cinemas, Transnational Perspectives*, New York: Routledge, 2010, p. X.

3　Bhaskar Sarkar, "Tracking 'Global Media' in the Outposts of Globalization," in Nataša Ďurovičová and Kathleen Newman, eds., *World Cinemas, Transnational Perspectives*, p. 39.

4　同註3，頁38-39。

星生產的霸權模式。[5] David Desser在討論全球類型之一的黑色電影時就指出，唯有認知非好萊塢電影在全球類型變遷裡所扮演重要角色方能進一步發掘電影在「全球—在地」的交涉協商中所形塑的衍異。[6] Will Higbee和Song Hwee Lim在提出批判性跨國主義（critical transnationalism）時也強調必須顧及電影的生產與接收在全球、本土與國際、跨國等不同層次的特定歷史、文化、和意識型態脈絡，同時捨棄傳統「國族」相對於「跨國」此一二分且歐洲中心主義的詮釋方式。[7]

　　以「文化食人主義」為美學途徑將隨手可得的文化素材與電影形式大量吸納、挪用、改編的台語電影，[8] 本身即不再只是單向地學習、模仿好萊塢。也因此，儘管間諜片的出現與007系列高度相關，但以007系列為原型分析台語電影間諜片將無法解釋彼與007系列顯而易見的差異之處。跨國電影研究的批判性反思啓發了探討台語電影間諜片興起的幾個重要問題：一，具影響力的好萊塢間諜類型所代表的特定歷史及文化脈絡和意識型態脈絡為何？二，儘管好萊塢的全球影響力不容否認，但是否有非好萊塢電影的影響？三，台語電影如何改編國際類型以置於本地語境？四，在地化的挪用過程裡國族所扮演的角色為何？本文從西方文

5　Bhaskar Sarkar, "Tracking 'Global Media' in the Outposts of Globalization," in Nataša Ďurovičová and Kathleen Newman, eds., *World Cinemas, Transnational Perspectives*, p. 53.

6　David Desser, "Global Noir: Genre Film in the Age of Transnationalism," in Barry Keith Grant, ed., *Film Genre Reader III* , Austin: University of Texas Press, 1986. Rpt. 2007, pp. 525, 530.

7　Will Higbee and Song Hwee Lim, "Concepts of Transnational Cinema: Towards a Critical Transnationalism in Film Studies," *Transnational Cinema*, 1.1 (2010), p. 10.

8　Chunchi Wang, "Affinity and Difference between Japanese Cinema and *Taiyu pian* through a Comparative Study of Japanese and *Taiyu pian* Melodramas," *Wenshan Review of Literature and Culture*, 6.1 (Dec 2012), p. 76.

化語境的間諜類型出發，先探討在冷戰結構下60年代好萊塢007系列的政治文化意涵，再比較台語電影間諜片與007系列的異同，最後從本地語境提出造成差異的可能成因。本文的目的並非在於確立現象的成因以還原歷史，而是試圖呈現可能造成60年代台語電影間諜片跨（國）域現象的不同勢力，以複雜化電影的跨（國）域狀態，一方面撼搖典型以好萊塢為中心的跨（國）域分析模式，另一方面也論證獨樹一格的台語電影間諜片其形貌是與全球好萊塢、國族論述、區域政治三方交涉後的產物。

白話現代主義的全球化：間諜類型

間諜類型成為跨國類型的主要原因之一在於特務或間諜的故事既與現實政治緊密相連，又可同時兼容非寫實的驚奇元素。西方間諜類型最早可回溯至19世紀初期以工業革命時期科技與社會變遷為背景的間諜小說，這些小說也是後來間諜片類型電影的原型。在間諜小說裡，具有間諜身分的主人公經常做為帶有仇外情結的公民的銀幕代理人，他被賦予肩負國家安全的責任以對抗潛伏的外來威脅。間諜小說在19世紀末期崛起後，其演變歷程還有過另外兩次高峰期，分別是在兩次大戰之間和1960年代之後當大英帝國和工業出現危機之際。這兩個時期的間諜小說都強調國與國之間劍拔弩張的敵意，但1960年代的間諜小說則因為資本主義高度發達而出現更為明顯的階級意象。[9] Toby Miller 在討論間諜類型時以阿圖塞（Louis Althusser）的意識型態理論為分析框架

9　Toby Miller, *Spyscreen: Espionage on Film and TV from the 1930s to the 1960s*, Oxford: Oxford University Press. 2003. rpt. 2007, pp. 40-41.

指出，「間諜類型的電影與電視都站在支持國家、支持資本的立場——終究還是以意識型態國家機器（ideological state apparatus）再現強制性國家機器（repressive state apparatus）的老調重彈」。[10] 典型的間諜驚悚片最明顯的類型特色是具有特務身分的主人公具有道德上的曖昧性，其自我經常因為是非對錯乃是由律法及國家的代理機構所定義及衡量而處於內部分裂的狀態。身為間諜的主人公經常苦惱於與情報機關上司之間的衝突，這往往也象徵著他與國家之間的緊張關係。間諜類型的其他元素還包括懸疑、誤認、（假）身分、異地冒險、以性為前提及動機的愛情、幽默、和暴力。[11] 冷戰和現代化促成了好萊塢從 1950 年代開始出現間諜片類型，其中最為成功的莫過於1960年代在全世界廣受歡迎的007系列，這也使它足以做為好萊塢間諜類型電影的代表。007系列改編自英國通俗小說家 Ian Fleming 的系列作品，1962年的《第七號情報員》是第一部被搬上銀幕的電影改編作品。原著小說以1950年代末匈牙利十月事件後的國際冷戰緊張關係為背景，重複使用既有的間諜類型元素，主人公龐德是英國政府祕密情報局M16的間諜，以保護祖國和冷戰時期資本主義陣營為名被給予合法的殺人執照。他除了是西方資本主義世界戰勝共產世界的代表人物，也是英國在現實政治失去世界霸權之際，用以象徵舊日榮光的想像性人物。[12] 但後來問世的007系列電影卻出現了新的文化意義。其中，最顯而易見的是冷戰尖銳的意識型態鬥爭已

10　Toby Miller, *Spyscreen: Espionage on Film and TV from the 1930s to the 1960s*, p. 91.

11　同註10，頁44-46。

12　Tony Bennett and Janet Woollacott, "The Moments of Bond," in Christoph Lindner, ed., *The James Bond Phenomenon: A Critical Reader*, Manchester: Manchester University Press, 2003, pp. 18-19.

不再是主要的敘事背景，箇中原因，一方面是配合好萊塢將電影
去政治化的慣例，但另一方面資本主義發達的社會語境也使得國
家惡鬥的敘事動機被替換爲資本主義的金錢誘惑，反派勢力變成
以Blofeld爲首、利用東西兩大陣營的矛盾牟取龐大私利的國際
犯罪組織惡魔黨（SPECTRE）。此外，007系列電影不再試圖重返
古大英帝國的榮耀，而是因應英國在冷戰結構中的位置，強調英
國在美國主導的資本主義陣營裡所扮演重要的中介與支持角色，
手法包括建立起代表英國銀幕英雄的龐德與好萊塢電影男主人公
之間的共通特質，以暗示英美同盟。[13] 透過高科技的裝置、上流社
會的生活方式、開放的性態度，007系列凸顯出英國性的全球現
代性特質。[14] 龐德中介了想像中現代化的、未來的、耀眼的英國性
（Britishness），而現代性也讓傳統封建秩序不再具有決定性 ——
龐德不需要出身名門就可以有香車美人，他與龐德女郎的隨
「性」關係象徵了擺脫傳統家庭束縛的性的現代化。[15] 而007系列電
影的高規格製作 —— 尤其是精彩的場面調度，更是將英國的輝
煌過去以現代化更新的視覺表徵。[16] 冷戰意識形態在007系列電影
中流於表面，但007系列電影透過各種高科技的精密裝置、由地
景風光及龐德女郎所展示的異國情調、以及角色的人物刻畫讓間
諜片類型成爲現代化過程的證據，同時將現代化的意義轉化成全

13　James Chapman, *Licence to Thrill: A Cultural History of The James Bond Film*, New York: Columbia University Press, 2000, p. 78.

14　Tony Bennett and Janet Woollacott, "The Moments of Bond," in Christoph Lindner, ed., *The James Bond Phenomenon: A Critical Reader*, pp. 18-19.

15　同註13，頁23-24。

16　同註13，頁78-79。

球化，[17]換言之，也就是好萊塢透過電影的媒介形式「將現代性改寫為白話的全球化」。[18]

　　007系列電影正是Miriam Hansen所謂白話現代主義（vernacular modernism）的體現，她將白話現代主義定義為連結與中介現代化歷程與現代性經驗、並對其做出回應與反映的文藝實踐。[19]Hansen以「白話」一詞凸顯日常生活的使用語境，強調「生活的、地方的、物件的、規律的、和日常的美學物質性」如何可以「在不同的生活語境、或為了不同的生活語境而被運用、被傳輸的、被轉譯的、被創造性地挪用」，[20]而「現代主義」指的是以類型慣例和通俗母題說明現代性和現代化經驗的美學形式。[21]白話現代主義因此指的是訴諸現代性和現代化經驗的美學形式，這個特定的美學形式因為在主題和風格上關注日常生活，因此可以產生橫向的對話、挪用、和交換。儘管好萊塢並非第一個全球電影，[22]但好萊塢電影卻是第一個「中介了現代性與現代化的文化論爭，並將這些特殊的文化經驗符號化、多樣化、全球化」的全

17　Catherine Jean Gomes，林佳靜譯，〈克服現代性（帶來的轉變）——香港電影中的珍姐邦〉，收入羅貴祥、文潔華編，《雜嘜時代：文化身分、性別、日常生活實踐與香港電影1970s》（香港：牛津大學出版社，2005），頁66。

18　Arjun Appadurai, *Modernity at Large: Cultural Disseminations of Globalization*, Minneapolis: University of Minnesota Press, 1996, p. 10.

19　Miriam Hansen, "The Mass Production of the Senses: Classical Cinema as Vernacular Modernism," *Modernism / Modernity*, 6.2 (1999), p. 60.

20　Miriam Hansen, "Vernacular Modernism: Tracking Cinema on a Global Scale," in Nataša Ďurovičová and Kathleen Newman, eds., *World Cinemas, Transnational Perspectives*, p. 299.

21　同註20，頁294、302。

22　Marcus A. Doel, "Occult Hollywood: Unfolding the Americanisation of the World Cinema," in Peter J. Taylor and David Slater, eds., *The American Century: Consensus and Coercion in the Projection of American Power*, Massachusetts: Blackwell, 1999, p. 245.

球白話現代主義。[23]資本主義工業化的現代性和現代化帶來了社會的、科技的、經濟的、感知上的變化，而做為文化傳輸與文化霸權實踐的好萊塢以其魅力向全世界媒介、推廣這些變化。[24]Hansen白話現代主義的概念可以幫助我們思考跨國電影史當中同時期、但內容和程度均不一致的多種現代性和現代化經驗在彼此之間的交錯與匯流。透過比較好萊塢與非好萊塢電影如何以不同方式再現現代性和現代化，可以得知它們面對現代化進程和現代性經驗介入日常生活的不同反應。

除了冷戰色彩、自由主義陣營的自我美化、神勇帥勁的英雄人物之外，由特技構成的電影奇觀更是007電影系列之所以受人矚目的重要因素之一。「炫技」炫的是「西方物質文明與高科技的絕對優勢與優越」以及「後工業社會裡高檔、奢華的消費品」，[25]007電影系列正是好萊塢在日常生活語境中發揮視聽魅力向全球媒介、推銷西方現代性和現代化的最佳例證，也就是Hansen所謂全球白話現代主義的實踐，而台語電影間諜片正是與好萊塢的橫向互動的結果。但這互動是以「對話、挪用、交換」為內涵，是Hansen所說以「再創的、折衷的、改寫來鍛造美學語彙以回應更接近本地的社會衝突和政治壓力的方式」。[26]換言之，

23 Miriam Hansen, "The Mass Production of the Senses: Classical Cinema as Vernacular Modernism," p. 67.

24 Miriam Hansen, "Vernacular Modernism: Tracking Cinema on a Global Scale," in Nataša Ďurovičová and Kathleen Newman, eds., *World Cinemas, Transnational Perspectives*, pp. 294-295.

25 戴錦華，〈諜影重重——間諜片的文化初析〉，《電影藝術》2010年第1期（2010.1），收錄於「愛思想」網站：http://www.aisixiang.com/data/33508.html，刊登於2010年5月9日。（2015.2.15確認）

26 同註24，頁294、301。

輸入方與西方不同的現代性和現代化的軌跡會讓輸入的文化與文本產生形變。因此，007系列電影也成為許多他文化指向自身、建立文化場域認同的參照架構，甚至被進一步挪用以訴諸內部的文化意識形態鬥爭。

　　1960年代的台灣籠罩在冷戰氛圍之下，因此台語電影運用間諜片類型可謂時勢所趨。但是，正如前述論者所整理出007系列電影所媒介與傳遞的不單只是冷戰敵對雙方在意識型態上的壁壘分明，還有透過電影裝置製造的奇觀所表現出西方資本主義的現代化優勢與現代性經驗。如何在電影中展現此種具有吸引力的現代化優勢和現代性經驗這也就成了一路不停尋求自我現代化以進行自我提升的台語電影之所以借鏡007系列的重要因素之一。那麼，台語電影間諜片是如何與007系列互動？台語電影間諜片如何改寫007系列的政治訊息與現代性意象？台語電影間諜片所創造的現代化手法和現代性意象是否可以回應台灣當時的現代性和現代化軌跡？如果國家與間諜片類型密不可分，台語電影間諜片裡的政治訊息與現代性意象與國家的關聯性何在？與當時的地緣政治文化有無相關？台語電影間諜片不同於007系列電影所出現的衍異是否可以指向非好萊塢中心的跨（國）域分析模式？

台語電影間諜片的雙重脈絡化

　　以拍攝歌仔戲開始的台語電影一直以來都在嘗試著各種不同自我現代化的方法。做為殖民母國的日本在殖民期間啟動了全島的現代化計畫，在殖民主義的框架下引進現代性，而做為現代性

表徵的電影是殖民時期具有特權的新型娛樂形式，[27]相關的知識和資源也受到殖民者的管制，[28]電影在台灣的出現一直與殖民現代性息息相關，也因此，接受過日本訓練的電影從業人員成爲台語電影的中堅分子既是現實，卻也暗示了以已現代化的對象爲學習典範的發展路徑，這包括由都馬主導的首部台語電影《六才子西廂記》的導演邵羅輝和一炮而紅的歌仔戲電影《薛平貴與王寶釧》的導演和何基明，以及後來成立玉峯影業的林搏秋都有在日本學習電影拍攝的經驗。這個向日本取經的自我提升的方向一路主導著台語電影的發展，例如聘請如湯淺浪男、宮西四郎等日籍專電影從業人員來台拍攝台語片、邀請日籍電影導演如岩沢康德爲顧問、翻拍日本電影如松竹女性電影系列等等，都是具體可見的例子。對羽翼未豐又無國家支援的台語電影工業來說，師法已現代化的日本電影是力求自我提升的低風險選項之一，但即使是翻拍現代化電影工業的作品都並非只是單純的模仿、複製。Forrest and Koos 不認爲翻拍只是寄生性質，「翻拍片反映不同的歷史、經濟、社會、政治、美學狀態，翻拍的原因也會因爲時代不同而有不同的原因」。[29]如果將翻拍片視爲一種文化翻譯，則翻拍片與文學翻譯一樣，可以「將引用（cite）譯文／翻拍文本置於（site）不同的脈絡」加以分析，顯現文化與歷史的特殊性。[30]「引用／置於」（citing / siting）此一「雙重脈絡化」的分析角度，一方面透露原作在歷史、社會、文化脈絡的背景和意義，另一方面則涉及到

27 葉龍彥，《日治時期台灣電影史》（台北：玉山社，1998），頁57。

28 三澤眞美惠，《殖民地下的銀幕》（台北：前衛出版，2001），頁367-368。

29 Jennifer Forrest and Leonard R. Koos, "Reviewing Remakes: An Introduction," in *Dead Ringers: Remake in Theory and Practice*, New York: State University of New York, 2002, p. 3.

30 單德興，《翻譯與脈絡》（台北：書林出版有限公司，2009），頁75。

譯本／翻拍作品的時代脈絡與文化意義。[31]

　　改編與翻拍模式是台語電影的操作手法，而007系列電影的全球熱潮讓商業取向的台語電影嗅到了間諜片的票房潛力，但台語間諜片《天字第一號》並非直接翻拍某部007系列電影，而是接收、複製007系列電影最重要的「全球現代性」內涵，體現Hassen所謂「以現代性為內涵的白話的全球化」。各種展示現代化生活的線索在片中隨處可見，包括如酒店等的娛樂性質公共空間、留學英國的青年知識分子、裝飾風格（art deco）的室內擺設、西化打扮的摩登女性等。片中同樣也有對現代科技裝置的迷戀，只是將表現的物件從007系列的精密武器改成相機這個與電影同類型的視覺科技。在一場男主人公與女配角相偕出遊的外景戲裡，先是一個男主人公拿著照相機預備拍攝的中景鏡頭，但下一個鏡頭並非是被拍攝的女配角的反應鏡頭，而是照相機鏡頭的大特寫，緊接著的則是以帶有特效感的負片方式呈現女配角和四周風景。在敘事上，這個畫面暗示著男主人公假借替女配角拍照之名，行察看地形之實，但此一畫面的運用也以特殊的影像炫耀了相機及其衍生物如電影等視覺裝置的機械性以召喚現代性。而在這之後的間諜片則開始出現了各式各樣的機關裝置，包括迷你型的致命手槍、隱身水、可以顯影機密文件的墨鏡、紫光槍等等。

　　為了共享007系列電影所創造出的觀影人口，台語版《天字第一號》藉由在間諜敘事中鋪展對現代性的嚮往而引用007電影系列，但之所以選擇翻拍1945年拍攝、1962年在台灣發行的同名中國電影（屠光啟導演）為敘事主幹則必須透過「置於」來理

31　單德興，《翻譯與脈絡》，頁107。

解。為了要能夠如Hansen所說「更接近本地的社會衝突和政治
壓力」，台語電影間諜片改變了政治緊張局勢的時空而以中國版
《天字第一號》為模仿對象。屠光啓的《天字第一號》故事設定於
抗戰時期，女主人公秦婉霞假扮身分為中國漢奸劉默邨的第二任
妻子，但她的真實身分是國民政府抗日地下工作的頭號情治人員
「天字第一號」。秦晚霞真正的愛人是劉默邨的外甥應衛民，他和
假扮成管家的黃安也都是臥底的重慶地下工作者，但秦、劉、黃
三人皆不知彼此的真實身分。表面上，秦婉霞浮華貪婪，但就在
應衛民的真實身分即將曝光的緊要關頭，她出手相救，幫助他和
因為同情抗日運動與父親劉默邨反目的表妹劉小燕一同撤退到大
後方。最終秦婉霞雖除掉漢奸，但她最後也因傷重不治而身亡，
她的特務身分直到性命垂危之際才被揭曉。因為忠貞愛國，秦婉
霞願意隱藏自己對應衛民的愛意，自我犧牲與漢奸共眠，而在最
後完成任務之際，她生命的終結更徹底地洗滌了道德汙點，將愛
國主義徹底聖潔化。一方面1964年台語版的《天字第一號》保留
了原版本的抗日敘事，因此可被視為歷史題材，但另一方面，
「抗日」持續做為國民黨政府在戰後台灣的統治修辭卻使得這部
片亦可謂反映時事。在國共對立的結構下，「成功抗日」的論述
既強化蔣氏政權做為中國正統的代表性，又可以讓蔣氏政權透過
將台灣從日本殖民主義解放的自我定位鞏固在台統治的正當性；
此外，「抗日」所召喚出過溢的愛國情操，也可以擴延至對抗產
生新威脅勢力的中國共產黨。簡言之，在蔣氏政權統治的政治脈
絡下，1940年代在中國本土的抗日故事到了1960年代的台灣不
但不是歷史題材，還相當具有當代性，這恐怕也是1945年屠光啓
所導的中國版本會在將近二十年後仍在台有票房魅力的可能因素

之一。

　　戴錦華指出，1945年在上海大賣座的《天字第一號》可說是
中國冷戰電影類型的始祖，奠定了絕大部分中國間諜片類型的基
本元素：喬裝深入虎穴的孤獨英雄、敵友難辨的心理戰、周旋於
表面上一正一邪兩女人之間的感情戲、遭同伴誤解的忍辱負重、
（無預期）獲得同在敵營的戰友支援、成功破壞對方行動取得最
後勝利；在過程中，主人公屢屢化險為夷，即使混入敵營也絕對
不改其志，忠貞至上使命必達。在形式上，機鋒對白與神祕暗
語是重要的敘事策略；視覺上則以室內劇的場景調度為主，並摻
雜黑色電影的視覺風格。[32]若將於1945年於國統區所拍攝的《天字
第一號》與1949年之後所拍攝的中國間諜片對照，除了尚未進入
「反美蔣」的冷戰意識型態之外，最明顯的差異在於做為孤獨英
雄的「天字第一號」是一名如Mata Hari般充滿女性魅惑力的女性
情治人員。以女間諜為主人公的原因極有可能與中日戰爭期間諸
多流傳民間似假還真的奇聞軼事有關，包括知名的川島芳子、效
忠中國共產黨的關露、為國民黨效力、被認為是李安《色戒》中
王佳芝一角原型的鄭蘋如，和傳言曾接近戴笠刺殺蔣介石、但被
史家懷疑是否真有其人的日本女特務南造雲子。與這些女間諜有
關的故事多圍繞著她們的美貌與忠貞、如何色誘敵人、如何被誤
會為叛國賊而被同胞不齒等。中國電影史學家丁亞平指出在戰後
1945年到1949年間的這段時期，「把社會歷史和本土風格的娛樂

32　戴錦華，〈諜影重重──間諜片的文化初析〉。另外值得注意的是，這個風格極有可能受
　　到在二戰期間才發展出的日本間碟片的影響。吉村公三郎的《敵機空襲》（*On the Eve of*
　　War, 1943）是當時日本間諜片裡手部強調視覺風格的作品，使用極具張力的攝影機角度
　　和燈光。此後，山本弘之（Yamamoto Hiroyuki）也受到影響在所拍攝的間諜片中運用大
　　量的陰影。Peter High, *The Imperial Screen: Japanese Film Culture in the Fifteen Years' War,*
　　1931-1945, Madison: University of Wisconsin Press, 2003, p. 445。

性縫合起來」是在國統區的民營商業電影類型的手法，商業間諜
片如《天字第一號》顯然利用現實生活中女情治人員神祕又帶有
性意味的傳奇故事爲敘事基礎，接合可以爲不同政治意識型態服
務的大眾娛樂性間諜類型。

　　1945年《天字第一號》裡的女特務形象也是此後中國間諜片
類型不同於60年代好萊塢間諜片的重要特色之一。間諜類型的
電影和電視一直以來是陽剛導向的動作驚險懸疑類型的次類型，
因此間諜類型在1960-1970的高峰期多強調男性英雄主義，而女
性角色無論在片中是否有打鬥場景都相對柔弱、居於劣勢。在
間諜類型的原型中，女性角色可以被區分成四種主要類型：協
助者、性格天眞的被保護者、最終棄惡從善的壞女孩、蛇蠍美
人。[33]在西方影視通俗文化的脈絡裡，足以堪稱女版007探員的僅
有1960年代中期的美國影集 *Honey West* 和英國間諜電影 *Modesty
Blaise* 裡的同名女主角。但 West 之所以被比擬爲龐德並非在其機
智和驍勇而是時尚與科技的結合，而 Blaise 則被設定爲是龐德的
諧擬（parody），因此魅力滿點之餘卻過度暴力，原有的時尚元素
被誇大爲購衣癖。[34]這些女性角色一方面挪用原本男性專屬的龐德
特色，但傳統刻板的女性特質卻也被同時強調、甚至誇大以「平
衡」性別跨界可能招致的疑慮。而中國間諜片類型中的女特務形
象雖然是如瑪琳黛德麗（Marlene Dietrich）飾演、以 Mata Hari 爲
原型的 X27（*Dishonored*, Josef von Sternberg, 1931）這類的「蛇蠍
美人」，但戴錦華認爲當敘事環繞著男女兩性別特務之間的周旋

33　Tom Lisanti and Louis Paul, *Film Fatales: Women in Espionage Films and Televisions, 1962-
　　1973*, Jefferson: McFarland & Company, 2002, pp. 15-16.

34　Toby Miller, *Spyscreen: Espionage on Film and TV from the 1930s to the 1960s*, pp. 165-166.

場景時，就算男主人公依舊是敘事推進者，女特務卻是「視覺動力的給出者，[透過混合了]陰險的監控與淫蕩窺視的雙重觀看，將男主人公／正面英雄置於被看的位置之上[……]顛倒了以好萊塢爲代表的現代性別觀中的視覺權力關係」。[35]這個效果在《天字第一號》裡已可見端倪：

> 男主人公[應衛民]便始終籠罩在他人的目光／監視之下：深不可測的女主人[秦婉霞]、行蹤詭秘的男僕[黃安]、天眞而充滿妒意的小姐[劉小燕]共同構成了一張充滿威脅與欲望的目光／窺視的羅網；當我們無從判明那窺視的目光之歸屬于動機之時，它便成了無名的、無所不再的陰謀與威脅。[36]

　　1964年台語版的《天字第一號》除了以黑色電影元素（包括暗調採光（low-key lighting）、剪影效果、背光畫面等視覺風格）依循1945年的中國版本之外，劇情設定除了更動角色名字外亦大體上維持不變，尤其保留女間諜與男主人公虛與委蛇、你來我往的橋段，捨棄007系列電影弱化女性角色以凸顯龐德式男英雄的類型慣例。即使我們認定台語版的《天字第一號》只是複製1945年版本的做法，但自《天字第一號》之後的台語間諜片仍大部分維持著以女情治人員爲主的敘事安排，而沒有選擇007系列的龐德路線。如果女情治人員的敘事是如戴錦華所言翻轉了支配型的視覺性別權力關係，則走商業大眾路線的台語電影間諜片爲何會也延續著在性別再現上具有顛覆性的做法？

　　除了因爲《天字第一號》上映後賣座所造成的跟風效應之

35　戴錦華，〈諜影重重──間諜片的文化初析〉，《電影藝術》2010年第1期（2010.1）。
36　同註35。

外，台語電影間諜片中的女特務角色被刻意著墨的忠貞愛國形象
亦呼應了國民黨政府爲了國家民族始發展女權的路線。國民黨延
續著清末民初以來、強調婦女解放以救中國的女權運動路線，[37]
於1924年在廣州的全國代表大會完成改組後，以「於法律上、教
育上、經濟上、社會上確認男女平等之原則，助進女權之發展」
的主張，加強對婦女的組織工作並積極推動婦女運動成立婦女
部。[38]第一任婦女部部長何香凝具體指出，女權發展的目的乃是
爲了要讓因傳統禮教束縛與社會隔絕的婦女能接受教育、吸收宣
傳，以「[……] 了解政治，參加國民革命」。[39]太平洋戰爭期間，
女權主義者立場傾向極端國家主義，積極加入各種抗日勢力，逾
越女性傳統規範的行爲也因此有了可以被正當化的理由。事實上
早在中國女權運動的第一個時期，反清起義的女志士就有了包括
製作炸彈、走私軍火、情報蒐集與傳遞，甚至主導刺殺小組和女
兵部隊等激進的革命之舉，[40]而同盟會第一位女性黨員、亦是爲革
命犧牲的第一位女義士秋瑾也因爲民族國家大義使得她違背儒家
傳統婦德的舉止如拋夫棄子、學習武術，甚至喬裝成男子等，都
得以被諒解。即使到二戰結束，國民黨因內戰失利避走台灣，主
流的台灣婦女運動話語依然強調婦女自身能力的培養是爲了民族
國家的利益。[41]

37　Louise Edwards, "Chinese Women's Campaigns for Suffrage: Nationalism, Confucianism and Political Agency," in Louise Edwards and Mina Roces, eds., *Women's Suffrages in Asia: Gender, Nationalism and Democracy*, New York: Routledge, 2002, p. 60

38　游鑑明，〈中國國民黨改組後的婦女運動〉，《歷史學報》第18期（1990.6），頁343。

39　同註38，頁343。

40　同註37，頁60。

41　林秋敏，〈台灣省新運婦女工作委員會與戰後初期婦女工作〉，《國史館學術集刊》第3期（2003.9），頁300。

　　自20世紀初以降一直到戰後台灣的國家主義性別政治語境提供了分析台語電影裡女特務形象的參照點：她們顛覆性別傳統的行為背後有著參與政治、社會、經濟場域為國家服務的目的。然而值得一提的是，台語版的《天字第一號》的結局卻與原版電影有著明顯的不同。在1945年的《天字第一號》裡，秦婉霞最後的為國捐軀是在替自己於過程中的不擇手段進行道德清洗，確立「出淤泥而不染」的訊息。但在1964年台語電影的版本中，女情治人員翠英在任務達成後卻是神采飛揚地以勝利者之姿離去。自1964年《天字第一號》之後以女情治人員為主人公的間諜片，幾乎都是如此正面的敘事模式與角色設定。《天字第一號》中出現女情治人員是歷時性地延續文化慣例，而與文化慣例的偏離則透露出共時性的跨地域交流之端倪。

台語女間諜形象的香港因素

　　在以女情治人員為主角的台語電影間諜片中，女主角繼續為國家奮戰，只是敵人從「日本鬼子」變成了「共匪」。她們依舊動作敏捷、機智果斷，繼續肆無忌憚地運用有違女性傳統道德規範的計謀，甚至可以如《天字第一號》裡的翠英一樣瀟灑動身，再也不需要為國捐軀以取得道德上的絕對清白。電影學者廖金鳳以巴赫汀的嘉年華概念進行徵候式閱讀（symptomatic reading）分析台語電影在60年代後半期出現的去寫實傾向是台語電影的文化認同——「如果台語片是透過前期的哀怨世界，抒發日據時期揮之不去的夢魘，後期則是以一個完全去政治化的狂歡世界，一方面宣誓自身愈挫愈勇的生存，一方面或許也指涉那電影中視之不見

的嚴苛社會態度」。[42]但是如前所述，無論是從間諜片類型本身還是從女情治人員做為主人公的角度來看，國家及其代理人都有敘事上的關鍵性及必要性。因此，片中的女情治人員無論如何顛覆傳統女性形象，都不能被單純地理解為是架空了國家意識型態的「去政治化」再現。既然如此，是否還有其他的因素促成了以007系列電影為靈感、以國統區中國間諜電影為原型的台語電影間諜片出現了自成一格的女情治人員角色？正如Sarkar和Hansen所言，類型的衍異乃源自本地、跨域、跨國、全球等各個不同層面之間可能的交互關係，因此除了007系列電影的全球影響及中國類型的慣例之外，台語電影在1960年代中期與香港電影緊密的跨域互動或可提供線索。

　　在國民黨為了拉攏香港影人加入自由中國陣營的戰略影響之下，香港右翼／自由影人與台灣互動密切，1956年「自由總會」的成立更確立了香港與台灣的電影交流。香港國語片、廈語片、粵語片在台灣一直都有相當的媒體曝光率，自1960年代起，香港製片公司除了在台灣就地招考人員外，亦開始至台灣取景，有些則乾脆長住台灣，[43]因此台灣觀眾對於香港電影及香港明星並不陌生，這也包括受到007系列電影推動的新香港動作武打片，以及在其中大展拳腳功夫的女明星。這類型香港電影被以美國B級片中的女間諜Jane Bond角色的音譯而被後世研究者稱為「珍姐邦系列」。打頭陣的是1960年改編自大眾連載小說《女賊黃鶯故事》的《女飛俠黃鶯》，第二階段則是以陳寶珠、雪妮、蕭芳芳等

42　廖金鳳，《消逝的影像——台語片的電影再現與文化認同》（台北：遠流出版公司，2001），頁162-163。

43　郭靜寧，《香港影片大全第六卷（1965-1969）》（香港：香港電影資料館，2007），頁xiii。

年輕女武打明星為賣點的黑玫瑰、木蘭花等系列，第三階段是邵氏主導的大規模製作如《金菩薩》、《鐵觀音》等，但劇情結構和角色設定幾乎與007系列電影公式無異。「珍姐邦系列」以武打過招與女飛賊形象等原來已廣受歡迎的本地文化素材為賣點，到中期再輔以007主題音樂、現代裝置機關、槍戰、現代風格室內擺設、前衛演員服裝等精心設計的場面調度來呼應007系列電影的視覺調性，由陳寶珠主演的《黑玫瑰》開啟珍姐邦系列中以007系列電影為模式、以女俠盜為主角的次類型，[44] 而「珍姐邦系列」裡結合了好萊塢007情報員、中國傳統女俠、香港本土曹探長形象的女性，代表著60年代處在轉型期的香港。彼時，老一輩仍寄情重視傳統倫理的想像中國，但新一代開始將西方的文化價值納入參照系統，[45] 而甫進入香港經濟景氣潮的女性就成為傳統文化與現代文化碰撞的具體顯影。相當比例的女性一方面以勞動者、消費者的雙重身分參與公領域，但另一方面，卻仍必須相當程度遵循傳統性別角色期待。[46] 何思穎認為，「[珍姐邦] 的這些角色是香港社會混合現代與傳統中國文化的寓言代表 [……] 珍姐邦影片以意識型態方式反映香港急遽顯露的現代性，[這些都] 表現在科技小玩意和女主角迷人的生活形態上」。[47] 雖然舞槍弄劍的女性角色在中國民間傳說和傳統戲曲的角色派別中早有跡可尋，但此角色的

---

44 Catherine Jean Gomes，林佳靜譯，〈克服現代性（帶來的轉變）──香港電影中的珍姐邦〉，收入羅貴祥、文潔華編《雜嘜時代：文化身分、性別、日常生活實踐與香港電影1970s》，頁69。

45 也斯，〈一九六〇年代的香港文化與香港小說〉，收入沈海燕、鄭政恆、黃淑嫻、宋子江編，《也斯的五〇年代：香港文學與文化論集》（香港：中華書局，2013），頁224、231。

46 何思穎，〈無間諜──香港電影對占士邦熱的回應〉，收入黃愛玲、李培德編，《冷戰與香港電影》（香港：香港電影資料館，2009），頁225。

47 同註44，頁71。

現代版卻是在珍姐邦系列電影中首次現身，尤其是第二階段黑玫瑰與木蘭花等角色，依照吳昊的說法可說是集「中國玉女、戰後青春文化、女性意識、和西方生活」於一身。[48]羅卡和Frank Bren則指出，陳寶珠、雪妮、和蕭芳芳跟著她們的前輩如林鳳等體現了「新女人」的形象，展現了華語電影中象徵天真無邪的「青春鳥」（young birds）角色典型。她們在1960年代大受歡迎的粵語武打片中獨挑大樑，創造了「有著過人機智，而且大多時候身手不凡的新生代女主人公」。[49]

　　在1960年代中期，以國語和台語配音的粵語片大量的輸入台灣，尤其當外國電影輸入配額減少時，在國民黨的文化戰略上被認定為國片的香港電影就有了更多的市場空間，[50]這也是第二階段的珍姐邦系列電影為台灣觀眾耳熟能詳之故。做為香港轉型期的重要文化表徵，第二階段的珍姐邦系列無論是黑玫瑰還是木蘭花皆慣常以雙旦的方式表現傳統與現代的共存共榮，女主人公較為年長，性格穩重、思慮周密，相較起來擔任助手的女配角，更顯年輕天真。在陳寶珠所飾演的黑玫瑰系列電影裡，[51]劫富濟貧的黑玫瑰美玲平日看來雖是打扮入時的都會女性，但仍可見其思路之敏捷，妹妹美如則是俏皮中帶著任性。兩人會以一身黑衣的蒙面裝束出任務，而她們無論是隨機應變的能力和或是拳腳功夫都明顯贏過其他男性角色。在《黑玫瑰與黑玫瑰》（楚原，1966）裡，

48　「奉旨打男人的女人：珍姐邦電影座談會」，香港：香港電影資料館，2008年1月26日。

49　Kar Law and Frank Bren, *Hong Kong Cinema: A Cross-cultural View*, Lanham: Scarecrow Press, 2004, p. 258.

50　戴獨行，〈台港兩家公司簽約合作拍片〉，《聯合報》，1965年6月23日，第8版。

51　此系列第一部電影《黑玫瑰》是楚原於1965年執導，在拍攝手法有眾多向007系列電影取經之處。劇中兩要角美玲與美如兩姐妹出身馬戲團家庭，幼年時受地方土豪欺凌，長大後化身黑玫瑰，以一身功夫劫富濟貧。

主要的男性角色無論是偵探張敏夫（謝賢飾）還是易容成張敏夫
的反派玉面虎，都遠不如黑玫瑰兩姊妹的機智矯健，前者不但被
奸人所俘虜，在決戰時刻也毫無主張，僅是等著黑玫瑰的指示；
後者則是紙老虎型的反派人物。在調性與007系列電影更為接近
的木蘭花系列裡，[52]身為偵探的女主人公木蘭花以陽剛性更明顯
的中性氣質表徵性別的現代化，妹妹則較為接近傳統「玉女」形
象。木蘭花與黑玫瑰一樣，在各種能力上都優於男性。例如在
《女黑俠木蘭花》（羅熾，1966）裡，木蘭花接受警方委託阻止精
妙武器死光錶落入敵人手中，過程中她與受雇於對手的男性神偷
鬥智也鬥力，最終木蘭花贏得勝利順利解除危機。

　　但評論家與學者也注意到，粵語動作片裡的女打仔無論多出
色，仍多保有孝順和溫柔的傳統女性特質。[53]研究功夫片類型的
Leon Hunt認為，包括孝順或被挾持等陰柔符徵是用來牽制女打
仔在形象上所具備的主動和陽剛特質。[54]因此，這些女打仔並非
徹底超越既定的女性角色設定：她們的任務是打擊犯罪、維持正
義，但她們卻從未真的挑戰父權中心的社會結構。[55]這一點在《黑
玫瑰與黑玫瑰》中可以得到驗證。儘管影片絕大部分是美玲與美
如兩姊妹與犯罪組織鬥智搏戰的精彩過程，但影片卻是以黑玫瑰

52　木蘭花系列改編字倪匡原著，但與007系列的相仿在視聽效果上有跡可尋。由雪妮飾演
　　的木蘭非女間諜，但她行俠仗義，與女助手合力對付國際犯罪組織，在過程中會與江
　　洋大盜（男主角）過招。

53　Kar Law and Frank Bren, *Hong Kong Cinema: A Cross-cultural view,* p. 258.

54　Leon Hunt, *Kung Fu Cult Masters: From Bruce Lee to Crouching Tiger*, London: Wallflower,
　　2003, p. 118.

55　Barbara Creed, "The Neomyth in Film: The Woman Warrior from Joan of Arc," in Silke Andris
　　and Ursula Frederick, eds., *Women Willing to Fight: The Fighting Woman in Film*, Newcastle:
　　Cambridge Scholars, 2007, p. 23.

與張敏夫的浪漫愛情收尾。在最後一場戲裡，黑玫瑰因為妹妹美如「張敏夫是姊夫」的一句玩笑話流露出戀愛中小女人的嬌羞表情，與整部戲裡的黑玫瑰形象大異其趣。而雪妮所主演的《女黑俠木蘭花》則是在結局時突然轉進家庭倫理通俗劇的模式：木蘭花的妹妹在射殺匪徒之後被告知死者是自己的親生父親，她瞬間崩潰，並對自己的不孝懊悔不已。一方面孝道與正義的衝突強化了戲劇張力，但另一方面象徵儒家傳統價值的孝順符號再次被放在女性角色身上。基於此，羅貴祥認為在功夫片和其他動作片的次類型中出現的女打仔其實是衍生自香港電影中陽剛性過剩的男打仔英雄。做為複製品或謂副產品的女打仔因為顯現了陽剛性在現實與再現之間的落差，因而透露出陽剛乃是被建構、而且需要被確認的。[56]換句話說，以女打仔為中心人物的粵語武打動作片僅是動作片類型為了持續的吸引觀眾所做的微調。

在台語電影間諜片中身為主人公的女情治人員與第二階段珍姐邦系列電影中的女打仔一樣，都是能獨當一面克敵致勝的非典型女性。如同黑玫瑰與木蘭花，台語間諜片的女情治人員，除了聰明機敏、身手不凡之外，更是正義的化身，所做所為都被賦予絕對的道德正當性，這一點與1945年中國電影《天字第一號》裡的女情治人員形象極為不同。《真假紅玫瑰》（梁哲夫，1966）模仿《黑玫瑰》運用了「玫瑰」與「蒙面人」的視覺母題，並且也在影片一開始就建立了紅玫瑰神出鬼沒、本領過人的印象。《真假紅玫瑰》的開場是日軍高層在軍事基地討論研發生化武器的機

---

56 Lo, Kwai-cheung, "Fighting Female Masculinity: Women Warriors and Their Foreignness in Hong Kong Action Cinema of the 1980s," in Laikwan Pang and Day Wong, eds., *Masculinities and Hong Kong Cinema,* Hong Kong: Hong Kong University Press, 2005, pp. 142-143.

構，會議進行到一半電力突然中斷，士兵在黑暗中被襲擊，當電力恢復後桌上出現一朵紅玫瑰示意為向日軍下戰帖，而她身為情治人員的身分在下一場幹部會議的戲裡被間接確立。《真假紅玫瑰》雖然和第一部台語間諜片《天字第一號》一樣以抗日為主題，但情節卻排除了同為情治人員的男女主人公之間的爾虞我詐與感情糾葛，除此之外，在片中智勇雙全、運籌帷幄的紅玫瑰的喬裝身分變得更多元，除了和陳寶珠所飾演的黑玫瑰一樣一身蒙面裝束的黑衣人外，尚包括盲眼的村姑（呼應女主角白蘭在家庭倫理文藝愛情類型裡的形象）、在陶藝廠工作的老婦、性感的酒女，即使有夥伴行動失敗被俘她也能化險為夷扭轉劣勢。在《真假紅玫瑰》的最後一場戲裡，紅玫瑰更在槍林彈雨中帶領眾人突破重圍，最後毫髮無傷地擊破日軍化工廠基地、狙殺漢奸，繼續下一次反日本帝國主義侵略的抗日行動。

　　但台語電影間諜片也和珍姐邦系列電影一樣，透過象徵女性傳統的符碼強調女性情治人員的陰柔特質，以弭平女性因為參與國家民族大業而被允許與男性平起平坐、甚至超越男性所引發的性別焦慮，其手法多是利用敘事情節當中情治人員需要喬裝的橋段來完成，一方面真實身分是情治人員的女主人公會以具纖弱柔順形象的假身分占據大部分的銀幕時間，同時黑衣人的裝束或隱身的方式也有助於模糊或避免視覺上的性別越界。以中日間諜戰為主要敘事線的《第七號女間諜》（金龍，1964）在標題上呼應007系列，但顯然此號情治人員為女性而非男性。她以神祕黑衣人的身分，成功地刺殺了數位高級將領、爆破日本軍火庫、殲滅了偽政府的漢奸而成為日本政府亟欲捉拿的目標。儘管黑衣人發動攻擊時神通廣大，但另一方面第七號女情報員所假扮的身分是

日本少將體弱多病的千金山口淑子，[57]一直要到最後成功擊潰日本特務機關和同志互相確認身分時，第七號女間諜員才以真實身分拿著槍顯露出無畏無懼的強勢態度。

《特務女間諜王》（吳文超，1965）也同樣將性別再現分開於敘事與視覺兩個層次並使其相悖來做為處理性別權力關係的折衷策略。在《特務女間諜王》裡的女主人公林娜是國民黨情治機關的要角，任務是消滅共黨特務組織。因為獲報組織內部有共黨分子潛入的反特務，因此林娜的身分只以廣播的方式現聲，而她本人則假扮成自己的私人助理小鳳與其他情報人員互動。和《第七號女間諜》的山口淑子一樣，令匪方聞之喪膽的林娜大多是以助理小鳳的假身分出現在銀幕上，因此在敘事的角色刻畫上她是足智多謀的領導者，但在視覺上卻是唯唯諾諾的服從者，直到片尾的駁火戰場景，林娜才以情治人員的身分出現加入打鬥的行列。

除了讓身為重要情治人員的女主人公在執行關鍵任務時儘可能模糊在視覺上性別的可辨識性之外，台語電影間諜片也利用女主人公喬裝的情境展示女性身體，例如在《真假紅玫瑰》裡女主人公千紅喬裝成酒女色誘漢奸、在《特務女間諜王》裡林娜／小鳳被反特務共黨分子威脅時被迫寬衣解帶等等。中國間諜片裡男女主人公周旋的戲碼可以造成視覺上性別權力關係的顛覆，但台語電影間諜片則不必然有此效果。雖然千紅與漢奸在酒家周旋的場景可以說是將男性置於女性的凝視之下，但千紅的女部下遭到日本軍方研究人員迷昏欲加以性侵的畫面卻回到了好萊塢模式的男性凝視，林娜／小鳳的例子也因為她喬裝的下屬身分而被置於

---

57 有趣的是，「山口淑子」也正是曾被認為是漢奸的日籍滿生女星李香蘭的日本本名。

飾演反特務者的男性凝視之下。台語電影間諜片和粵語動作片一樣，女性形象被進一步現代化，但兩者都沒有如007系列電影一樣透過性相的開放彰顯現代性。但這不意味著性相在台語電影間諜片中的缺席，相反地，國族主義的託辭提供了間諜片類型展現具有性含義的情節與畫面的動機與正當性。女性的性主動可以因爲色誘敵人的需求被合理化，也可以爲了證明敵對陣營的道德敗壞而成立，一如《特務女間諜王》當中的共產黨員杜娟被抓到與其他男人偷歡時的經典台詞：「共產主義就是共產，我愛跟誰睡就跟誰睡」。國族主義意識型態雖將女性性相的開放賦予了道德批判，但卻也提供了視覺上得以呈現的正當性。

結論

　　台語電影一路積極尋求自我現代化，尤其以混融、整合來自其他地理區域的流行文化作爲自我更新的重要策略之一。1960年代中期因爲007系列電影的風潮所出現的間諜片，亦是台語電影在當時家庭倫理愛情通俗劇類型之外所開拓出的新天地。1960年代007系列電影所掀起的熱潮毫無疑問地也影響了台灣，但是「改編自好萊塢」此種中心影響邊陲的文化傳輸模式並不能全然解釋台語電影間諜片的殊異風貌。本文以台語電影間諜片爲節點，試圖證明所謂的「挪用」既縱向地受到既有文化素材的影響，也涉及到地緣政治的橫向跨域互動，藉此形構並展開超越好萊塢中心主義的跨域電影網絡。對於台語電影而言，007系列電影證實了間諜敘事的市場價值，而戰後台灣國民黨政府推波助瀾的愛國主義正好與間諜片的意識型態不謀而合。台語電影間諜片

選擇了翻拍中國間諜片做爲將全球風潮在地化的一種文化協商模
式，並且取材香港粵語電影裡現代新女性形象做爲現代性的象徵
以呼應007系列電影所推崇的現代生活經驗。從這個路徑看來，
除了好萊塢的影響之外，台語電影間諜片顯然與以地緣、文化相
近的華語大衆電影生態緊密相連。

　　自1990年代末期以來，以研究中國、香港、台灣電影的學
者提出了「華語電影」的概念希望可以整合、取代過去因國族所
產生的地理疆界和政治分野而有的問題。魯曉鵬和葉月瑜指出，
華語電影（Chinese-language cinema）是指以華人所使用的語言爲
主，在香港、台灣、中國、和其他離散華人移民聚集地所拍攝或
與其他電影工業跨國合作的電影。[58]華語電影的概念從語言的共
通性著手做爲分類基準，試圖取代過去以中國爲中心的「文化中
國」或「離散華人」的路線，但Jeremy Taylor指出過度強調以民
族爲規模與基準的跨界，不一定可以用來解釋其他社會空間形式
的跨界型態。[59]Higbee和Lim也提醒，如此將中國和中國人符號去
中心化的企圖若是試圖強調跨越國家疆界的華文化統一性和連貫
性，則反而是在一個更大範圍的泛族裔或多民族框架下肯定其中
心。跨國華語電影的框架提供更大的場域可以思考區域的、國家
的、地方的差異如何以各種不同的方式彼此影響，前提是需要將
國族／跨國關係的問題意識置於討論核心。[60]若以台語間諜片的發

58　Sheldon H. Lu and Emilie Yueh-Yu Yeh, "Introduction,"in Sheldon H. Lu and Emilie Yueh-Yu Yeh, eds., *Chinese-Language Film: Historiography, Poetics, Politics*, Honolulu: University of Hawaii Press, 2005, p. 1.

59　Will Higbee and Song Hwee Lim. "Concepts of Transnational Cinema: Towards a Critical Transnationalism in Film Studies," pp. 4-6.

60　同註59，頁14。

展脈絡為例來看，台語電影、中國電影、香港電影之間的串連與交流並非立基於文化上的中國性，而是鑲嵌於全球脈動的政治與經濟脈絡的可參照性（此類型的台語電影與中國電影的共通點是「抗日」，台語電影與香港電影則是「現代性」），而從性別再現的角度切入又能夠清楚看到戰後台灣社會自身的政治語境如何對其他華語電影的挪用進行改寫。

　　非西方世界普遍被認為在向西方學習或模仿來尋求現代性的同時，並未放棄傳統特色或文化根源，在台語電影與國際電影互動力求自我現代化的嘗試中亦可看類似的軌跡，而積極與國際電影互動的原因也就在於試圖將電影本身現代化並且再現現代性經驗。透過台語間諜片類型，本文描繪出電影超越西方／現代與非西方／非現代二分雙軌的跨域路徑。台語電影在製作上是已經向現代化的007系列電影看齊，但卻重新脈絡化（re-contextualized）了令人神往的現代性和現代化表意。分析以強勢女特務為主人公的台語電影間諜片揭露了台語電影如何透過另類的現代性想像與好萊塢的全球勢力交涉，而這個另類現代性的想像構成，折射出了在跨國電影研究所主張的交流機制──去（好萊塢）帝國中心，以凸顯全球、跨國、本地、跨域等不同層面的合縱連橫彼此之間複雜的結盟與牽制。

愛錢來作伙：
1970年代女女關係[1]

紀大偉
國立政治大學台灣文學研究所助理教授

男女有別

　　1961年，《聯合報》就已經刊出女同性戀的社會新聞。〈同性戀不捨 毀容誤嫁期 少女涉嫌傷害起訴〉指出，鐘女「因在戲班演戲」認識黃女，「感情甚篤，演成同性戀」，從1956年相愛到1961年（長達五年），在羅東同居。後來鍾女得知黃女要出嫁，便憤而對黃女毀容。[2] 這則在標題寫明「同性戀」的報導提及兩個跟本文相關的訊息：一，戲班子是女同性戀得以結識的地方；這讓我聯想到1990年出版的凌煙小說《失聲畫眉》；二，這兩名女子同

1　這一章的第一個版本曾宣讀於2013年10月17日國立臺灣大學婦女研究室舉辦的「性別與台灣文學」專題工作坊；我感謝臺大婦女研究室諸位學者成員以及特約講評人陳佩甄在工作坊的建議。第二個版本曾宣讀於2013年12月20日在政大舉辦的「近代史觀與公共性」研討會；我感謝講評人楊翠的意見。這場研討會是國立政治大學邁向頂尖大學計畫「現代中國的形塑：文學與藝術的現代轉化與跨界研究」（主持人：陳芳明）的部分成果。我並且感謝《女學學誌》兩位匿名審查人深切斧正，以及執編甘濟維的持續協助。這篇文章收入頂大論文結集之前，匿名審查人給予寶貴意見，我也要表達謝意。

2　本報訊，〈同性戀不捨 毀容誤嫁期 少女涉嫌傷害起訴〉，《聯合報》，1961年6月3日，第3版。

居：台灣的女同性戀文學始終展現嚮往同居的傾向，但是這種傾向在男同性戀文學並不鮮明。

按照目前可見的文獻來看，在這篇報導出現之前，展現女同性戀主體效果的文本只有1940年代的楊千鶴小說以及1950年代末期的《聯合報》翻譯小說。在這篇報導出現之後，要到1960年代末期才有國內作家用中文寫成的女同志文學面世 —— 比國內作家用中文寫成的男同志文學晚了將近十年。

女同志文學遲到，可能跟台灣社經脈絡有關。在1970年代之前，大部分的女性仍然關在家中、被家長或丈夫監控，也就缺乏發展另類情慾的機會。但是台灣進入「經濟起飛」階段之後，女性可以理直氣壯離家。女人是1970年代的賺錢尖兵。例如，根據工作傷害受害人協會編寫的《拒絕被遺忘的聲音 ——RCA工殤口述史》，美國電視第一大廠RCA於1970年在台設廠，曾經吸引無數本地少女離開家庭、農田，投身工廠賺錢（後來才知道健康嚴重受損）逐夢。此書一方面將女工定位為工傷受害者，另一方面又展現她們的「能動性」：她們（早在1970年代就）敢罷工、敢爭權，絕非想像中的被動、傳統女性。

1970年代文學顯示當時女人不安於室。同時在1970年代大放異彩的小說家楊青矗和瓊瑤各別描寫了工人階級和中上階級的女人世界；不管口袋深淺，各有求愛花招。[3]在楊青矗的《在室男》、《工廠女兒圈》等等短篇小說集中，少女投入外商、外資介入的工作環境，剝削常見、工傷不少。不過沒有人懷疑台灣經濟不斷向上成長的趨勢，人人捨身圓夢。值得注意的是，工作帶

3　我曾將這一章大綱宣讀於臺大婦女研究室的工作坊。臺大婦研室成員建議我參考楊青矗描寫女工的小說。我特在此感謝臺大婦研室成員。

來的經濟能力讓下層階級的女人在情感生活發揮（有限度的）創意，得以（暫時）跳脫男女婚配的正軌，改而不婚、晚婚、愛上不能婚的人。同樣在1970年代，在女工生活圈的對立面，「瓊瑤世界是個新興的台北中上階級夢境」、飯飽思愛慾，如林芳玫在《解讀瓊瑤愛情王國》表示，[4]「70年代是瓊瑤在台灣的極盛期」、瓊瑤產業重大影響民眾對於情愛的想像。[5]1970年代的女性已經展現走出封閉家空間的勢態，勤於勞動、樂於消費。

　　1970年代女子賺取的經濟獨立，以及同一年代的通俗愛情小說，都提供文學想像非傳統女性的養分。在文學想像的非傳統女性中，女同志占有一席之地。既然國內外的男同志文本往往比女同志文本奪得較多目光，這一章特別專注在女同志文學、為之寫史：女同志文本從1960年代末開始浮現，在整個1970年代大放異彩。我發現這些作品凸顯的女性，並非總是一個又一個各自獨立的「女同性戀『者』」，而是一組又一組的互為主體的（intersubjective）「女同性戀『關係』」。也因此，這一章標題點出「作伙」（「在一起」）這個詞。

　　這一章研討的多種文本，不約而同仰賴「愛錢來作伙」的邏輯：兩個女生能夠作伙，是建立在物質（錢，或是其他有形無形的資本）的基礎上；如果拆夥，往往就是因為物質利益不再。這個邏輯也區隔了文學中的男同性戀和女同性戀。當時文學中的男同性戀「者」各自獨立追逐色慾而不特別看重錢，「女同性戀『關係』」（並非各自獨立的「者」）則在乎（撮合雙方的）經濟而非（一人獨享的）肉慾。

4　林芳玫，《解讀瓊瑤愛情王國》（台北：臺灣商務印書館，2006），頁25-26。
5　同註4，頁112。

　　這一章所指的「女同性戀」並不限「T婆關係」：要到1970年代末，明確描寫T婆的長篇小說才出現。這一章以1960年代末尾的歐陽子、白先勇短篇小說爲例，指出經濟的考量決定了女女聚散；然後以1970年代上半期的李昂短篇小說爲例，強調「性知識」形同人際關係中的本錢；接下來主張1970年代下半期通俗小說家玄小佛、郭良蕙的長篇小說不但展現了「T婆」的配對，也突顯了「人我」的差別；最後藉著討論蕭麗紅、朱天心等人的作品，思考怎麼樣的「女同性戀」才「值得」（有價值）被紀念、被納入文學史。

強調經濟，「不強調」情慾

　　本名詹錫奎的政論作家「老包」的長篇小說《再見，黃磚路》展現了美軍駐台時期台北歌手趕場演唱的生態。[6]小說主人翁是個年輕男歌手，追隨同行前輩小寧的腳步：奇女子小寧是最早成名的台灣歌手，[7]「不帶一絲（女人的）韻味」，「看起來那麼豪邁」，有「很多女孩子跟她的故事」到處流傳，號稱台灣「女貓王」。[8]趙彥寧在「老T搬家」系列論文中，[9]將這個小寧「對號入座」爲她從

6　我從趙彥寧論文得知《再見，黃磚路》這部小說。趙彥寧，〈不／可計量的親密關係：老T搬家三探〉，《台灣社會研究季刊》第80期（2010.12），頁3-56。趙本人表示她從「輔仁大學心理系何東洪教授和助理羅融」得知這部小說，見註28。

7　詹錫奎，《再見，黃磚路》（台北：東村出版，2012），頁50。

8　同註7，頁84。

9　即：一、趙彥寧，〈老T搬家：全球化狀態下的酷兒文化公民身分初探〉，《台灣社會研究季刊》第57期（2005.3），頁41-85。二、趙彥寧，〈往生送死、親屬倫理與同志友誼：老T搬家續探〉，《文化研究》第6期（2008.6），頁153-194。以及註1所提及，三、趙彥寧，〈不／可計量的親密關係：老T搬家三探〉，《台灣社會研究季刊》第80期（2010.12），頁3-56。

田野得知的「王大頭」：早在1960年代，傳奇人物王大頭就跟一批男性化的女同性戀者成爲結拜兄弟。

　　這一章用引號框住「女同性戀」一詞：一方面使用這個詞、一方面又承認它的不穩定。加框的「女同性戀」一詞並不盡理想，但其他取代詞「女女關係」、「女女情慾」也不見得毫無瑕疵（畢竟完美無缺的替代用詞並不可能存在）。我寧可承認字詞是不穩定的，並且追問：不同文本中，「形同女同性戀的某種東西」各自被什麼樣的歷史、物質條件所造就。社會學家紀登斯（Anthony Giddens）在談論現代性與個人認同時指出，身分認同並不是固定不變的，而可能在變動的情境中不斷被創造；[10]「女同性戀」亦然，像液體一樣，一放入不同的瓶子就變幻成不同形狀。郭良蕙《兩種以外的》在書末終於啓用「同性戀」、「女同性戀」、「男同性戀」等詞，並且提及「同性戀殺人、女同性戀情殺」登上新聞；[11]不過，還沒有被明說出口的、形狀多變的「女同性戀」，早在這部1978年的小說面市之前，就已經漫漶整個1970年代。

　　「愛錢來作伙」這個標題強調：這一章並非只談「女同性戀」，更談「女同性戀」交纏的「經濟活動」。在「老T搬家」系列論文的第一篇中，趙彥寧指出美國、台灣的同志研究者經常都只在乎研究對象的符號層面（象徵、意識形態等等），卻很少關心研究對象的物質層面；[12]我認爲，這種現象一部分要歸因於不同學門的傾向：文學院學者特別看重符號的戲耍，而社會科學學

10　Giddens, *Modernity and Self-identity: Self and Society in the Late Modern Age,* Stanford: Stanford University Press, 1991, pp. 52-53.

11　郭良蕙，《兩種以外的》（台北：漢麟出版社，1978），頁249-251。

12　趙彥寧，〈老T搬家：全球化狀態下的酷兒文化公民身分初探〉，頁41-85，見第一節各處，以及頁76-78的結語。

者多會關心物質的基礎。我處在文學院之內,但也重視物質基礎,遂看重錢和作伙的關聯。美國經濟學家潔禮澤(Viviana A. Zelizer)的《購買親密感》(*The Purchase of Intimacy*)是看錢也看情的代表作,聚焦在(把人當人看的)親密關係和(不把人當人看的)經濟活動之間的拉扯。這兩造看起來互相排斥,實際上互相滲透:眾人都利用經濟活動(含轉移「非金錢」資產的行為)來促成親密關係(含同性戀關係)。[13]在本地文學中,錢以「照顧」(提供對方生活費)的形式發功:兩女互相照顧,或是某女一廂情願地照顧另一女,女女作伙的狀態才得以被生產、被再生產。如果某方不能持續提供利益,那麼女女關係就可能瓦解。

愛錢、作伙:金流的渠道百態,作伙的形式也絕不單一。在台灣說到女女關係,人們通常就會自動聚焦在「T婆配對」:男性化的女同性戀者被稱為「Tomboy」(簡稱「T」)、女性化的女同性戀者稱為「婆」女同性戀者。[14]趙彥寧指出,在美軍文化的影響之下,「T」「婆」之稱在1960年代的台北出現,在1980年代女同性戀酒吧興盛之後更加流行。[15]但社會現象是一回事,文學再現是另一回事:當時文學再現的作伙絕對不只有「T婆配對」這一種。1970年代再現「女同性戀」的作品並沒有提到「T」「婆」二詞,要到1970年代末期的作品才開始描繪「T婆配對」;但這樣的作品仍然沒有啟用「T」「婆」二詞,而是改用類似詞語,如「湯包」:「Tomboy」的音譯。在1960年代社會早就有T婆,但同期文學還

---

13 Zelizer, Viviana A, *The Purchase of Intimacy,* Princeton: Princeton University Press, 2005, pp. 10-20.

14 趙彥寧,〈老T搬家:全球化狀態下的酷兒文化公民身分探析〉,頁51。

15 同註14,另可見趙彥寧,〈不/可計量的親密關係:老T搬家三探〉,頁3-56。

不明講「T」「婆」兩字──不過那一時期的文學並非沈默。從1960年代末開始，文學未必明寫「T婆組合」，但的確再現了女女的空間同居、心理歸宿等等。

愛錢來作伙這個題目，也暗示這一章刻意不再繼續強調某些議題，是因為某些它們已經老生常談、需要被挑戰。這一章至少進行兩種取捨：一、強調女女作伙，而不強調「男同性戀」（這裡用引號框住「男同性戀」，承襲剛才用引號框住「女同性戀」的策略）；二、強調愛錢，而不強調肉慾接觸。這一章不多談解嚴前台灣文學中的男同性戀，甚至也刻意不在同一時間討論「女同性戀」和「男同性戀」。我發現，在1960、1970年代的文學中，「女同性戀」和「男同性戀」各有截然不同的運作方式，「女同性戀」絕不是「男同性戀的女性版」。在1960年代文本中，如本書前一章分析，「男同性戀『者』」經常各自尋求陌生人的慰藉，卻並不需要藉著雙人關係來確認自己喜愛同性的秉性。相較之下，「女同性戀『雙方』」需要藉著走入兩人磨合的關係才能夠看見彼此的傾向，而不會透過勾搭全然陌生的女子尋得快慰。

又，這一章強調經濟的配對，也就是要同時「不強調」情慾的配對。同志研究學者阿湄（Sarah Ahmed）在《酷兒現象學》（*Queer Phenomenology*）中強調，「要看性傾向，並非只看當事人如何選擇對象（按：選擇同性或異性的對象），也要看當事人跟世界磨合時所碰到的種種差異──當事人怎樣『面對』世界」。[16] 阿湄這番話，正好可以用來駁斥台灣常見的一種（看似袒護同性戀的）說法：「同性戀只有戀愛的對象跟一般人不同，其他方

16　Ahmed, Sarah, *Queer Phenomenology*, North Carolina: Duke University Press, 2006, p. 68.

面都跟一般人一樣。」阿湄卻說，同性戀在情慾方面、在其他方面，都跟一般人（異性戀）不一樣。我同意阿湄，認為「同性戀」的研究並非只關心情慾（主體跟什麼性別的對象互動），也要關心主體跟世界的種種拉扯。因此，我質疑「只藉著辨認情慾的跡象，就判定有無女同性戀」的習慣。這種「眼見」（同性之間的性行為）「為信」（相信同性戀情存在）正是人類學家猶杭倪斯・法邊（Johannes Fabian）所批判的「視覺主義」（visualism）：處於優勢的第一世界人類學家一看到第三世界處於弱勢民眾的風俗事物，便將之大作文章（如「中國古代女性竟然樂於纏足，可見跟文明世界女性不同」之類的說法），強化我者（奇觀收集者）和他者（奇觀提供者）的強弱對比。[17] 人們習慣採取精神科醫生、刑警、法醫等等視覺主義的姿態（採取先進、文明的位置），掃瞄女女之間（被迫接受落伍、野蠻的位置）有沒有留下愛或性的痕跡，並且以痕跡的有無判定女同性戀是否發生。讀者、評論者通常以為要看到類似一男一女配對的（堪為人類學奇觀的）女女組合，才算找到了（異於正常人的）「女同性戀」。而強調眼見為信的觀看者往往習慣將女女組合之中的其中之一視為男性化角色、另一視為女性化角色（或，「T」「婆」），不然他們就看不到「女同性戀」。

　　這一章接下來分成四個小節。第一節以1960年代末尾的歐陽子、白先勇短篇小說為例，指出經濟的考量決定了女女聚散；第二節以1970年代上半期的李昂短篇小說為例，強調「性知識」形

17　我藉著閱讀周蕾（Rey Chow）的《婦女與中國現代性》（*Woman and Chinese Modernity*）
　　得知法邊的視覺主義，見頁30、174。周蕾引用Johannes Fabian, *Time and the Other: How*
　　Anthropology Makes Its Object, New York: Columbia University Press, 1983, pp. 106-9。

同人際關係中的通用貨幣；第三節主張1970年代下半期通俗小說家玄小佛、郭良蕙的長篇小說不但展現了「T婆」分工，也突顯了「人我」之別（「正常」的一般人 vs.「異常」的女同性戀主人翁「我」）；第四節藉著討論蕭麗紅、朱天心等人的作品，思考怎麼樣的「女同性戀」被納入文學史、被歌詠，又有哪些被排除在歷史之外、被遺忘。

翻臉或同居：
歐陽子的〈素珍表姐〉、白先勇的〈孤戀花〉

　　雖然這一章從1960年代末期的文本下手，但「女同性戀」在1970年代之前並沒有缺席。例如，前一章已經指出，台灣作家楊千鶴的日文小說〈花開時節〉採用女子中學畢業生的觀點質疑男女婚配制度，也讓人感覺到女同性戀的主體效果。

　　另外，以「當作開玩笑」的形式出現。林芳玫指出，早在1965年，當紅的文化明星李敖炮轟瓊瑤第一部小說《窗外》，宣稱《窗外》是「女同性戀小說」（原文如此），因為他認為此書與其寫男女主角之間的戀愛，還不如說寫了女主角和女同學間的親密情感。[18]李敖顯然是藉著將《窗外》的異性戀嘲笑為女同性戀來達到諷刺之效（從上下文來看，進行轉述的林芳玫，也只覺得李敖在開玩笑），但玩笑值得正視：一，原來要藐視一樁異性戀愛的手段之一，就是將它置換成（女）同性戀——「同性戀」被想像成「失敗的異性戀」；二，這一章討論的各種1970年代文本，

---

18 李敖，〈沒有窗，哪有「窗外」〉，引自林芳玫，《解讀瓊瑤愛情王國》，頁82。

都沒有白紙黑字啓用「同性戀」和「女同性戀」這兩個詞；但是早在1960年代，以博學、雜學出名的李敖就彷彿「知道」怎樣操用「女同性戀」一詞。

　　楊千鶴和瓊瑤可能在1970年代之前讓人朦朧聯想「女同性戀」。在楊千鶴和瓊瑤之後，有意無意促成「女同性戀」形貌的作家，要看1960年代尾聲的歐陽子和白先勇：前者有〈素珍表姐〉，後者有〈孤戀花〉。〈素珍表姐〉中，主人翁理惠對於她的表姐（素珍）又愛又恨，執意跟表姐搶「女友」、「男友」。[19]〈孤戀花〉中，主人翁是酒店小姐，年老之後成爲酒店經理，被男客稱爲「總司令」。

　　文本所想像的女性經濟地位反差很大。歐陽子的〈素珍表姐〉中，女孩們上了大學，彷彿當時台灣女性受高等教育已經可以是理直氣壯的人生安排 —— 女孩求學並不會被人阻撓，也不必爲了生計而委身在任何金主之下；白先勇的〈孤戀花〉女人們恰恰相反，沒有上學的本錢，必須投入生產（而不像女學生一樣「不事生產」），並且進入彼此照應的女女同居關係、以利夜夜重新投入皮肉工作。描寫女人同居的〈孤戀花〉突顯了金錢（含同居花費）對於女女關係的必要，而女生沒有同住的〈素珍表姐〉則隱藏了金錢對於女女情誼的影響（沒有同居也就不必去在乎民生支出）。

　　這兩篇財務狀況迥異的小說倒也有相同之處：兩者的敘事都被在乎競爭的意識型態所驅動。1970年代文學再現的經濟體系不

19　引號表示我存疑。理惠一廂情願地相信她搶了表姐的「女友」、「男友」，但是文本並沒有斷定這兩人是表姐的女友、男友。在這篇曖昧的文本中，表姐的交遊狀況可能純然出自表妹想像。

只包括各種流動的資本，也包括講究競爭的意識型態。經濟的輸贏跟情感的輸贏密切相關：只要比對再現同性情慾的1960年代文本和1970年代文本，就可以發現1960年代的角色很少為了經濟煩惱（那些痴迷美少年的老年男子並不會為了追求美妙的同性肉體而努力賺錢，或充實知識），當時的文本也很少祭出物競天擇、優勝劣敗的意識型態（誰要跟誰競爭？競爭項目為何？1960年代的文本並沒有祭出遊戲規則）。執著原始性慾的1960年代文學跟講究競爭的1970年代文學大不相同。〈素珍表姐〉突「顯」女孩跟女孩競爭，〈孤戀花〉「暗」示女人跟男人競爭。前者的同性競爭利用「搶女友」、「搶男友」（忽而女女配、忽而女男配）做為手段，後者的女男異性競爭則以呵護女孩（女女配）做為目的。

　　台灣文學裡女學生之間的曖昧，至少要上溯到〈素珍表姐〉。表姐和理惠形成經濟組合，並不是因為同居，而是因為表妹藉著跟表姐競爭來追求慾望的滿足（情感和文化資本的富足）。她們雖然不再往來，卻還是被競爭的心態牽連作伙。正如《購買親密感》主張，親密關係（intimacy）的重點在於「在乎對方」（caring attention），所以親密關係並非只發生在夫妻之間，也會發生在醫生病人之間等等。[20]「在乎對方」未必行善，也可能造惡：如，寫黑函、說別人壞話等等。[21]表姐高中時跟女同學麗真要好，戲稱麗真為「太太」；主人翁理惠嫉恨兩女要好，便故意介入、強要跟麗真為友，還認為她跟「太太」的「私密」友誼，[22]

20　Zelizer, Viviana A, *The Purchase of Intimacy*, p. 16.

21　同註20，頁17。

22　為了不讓表姐得知橫刀奪愛一事，所以將友誼當做不可公開的祕密。

是「哲人怪癖」——[23]我猜想，「哲人怪癖」可能是指「柏拉圖之
愛」。藉著跟表姐的「太太」在一起，表妹就好像跟表姐在一起
了：「太太」是表姐的財產，也是表姐的分身。上了大學以後，
念英詩（這是累積文化資本的行為）的理惠又搶走表姐的歷史系
研究生「男友」：外表、功課（文化資本）均佳的呂男，陪理惠去
電影院看希區考克的《驚魂記》（男女一起累積文化資本）。藉著
跟表姐的「男友」在一起，表妹就好像跟表姐在一起了：「男友」
是表姐的財產，也是表姐的分身。怎知表姐的正牌男友其實另有
別人：資本更加雄厚的哲學系林助教。[24]表妹雙重挫敗：她沒有取
得表姐的財物，也沒有搶占表姐的分身。

　　先前說過，想像男同性戀「者」，和想像女女「組合」，是兩
回事。同樣出自歐陽子之手的〈最後一堂課〉和〈素珍表姐〉正
好可以證明這兩種想像的差異。〈最後一堂課〉凸顯了身為性慾
主體的男老師：被不主流性慾（成年男子憐愛男童）所定義的
他，一方面將性衝動由體內彈射到體外（說錯話洩露他過度關心
男學生）、另一方面將性衝動由體內壓抑到體內更深處（他不斷
提醒自己控管個人言行）。〈最後一堂課〉凸顯了性慾主體（單一
個人），卻「不凸顯」配對（兩個人）：男老師跟男學生之間頂多
只有師生禮貌互動。這種男男互動跟〈素珍表姐〉再現的女女親
密形成強烈對比。這個女孩競爭的故事凸顯了三種關係（表姐和

23　歐陽子，〈素珍表姐〉，《秋葉》（台北：晨鐘出版社，1971），頁190。

24　在同一時期的鄭清文小說〈校園裡的椰子樹〉顯示，在大學裡的助教介於教授與學生之
　　間、比學生地位優越、有可能晉升為教員。當時認知的「助教」跟2010年代大學的「助
　　教」不大相同。

表妹、表姐和「太太」、表妹和「太太」），[25]卻不凸顯性慾：三種女女關係中都沒有性慾的爆發、沒有性慾的壓抑。重關係而不重性慾的表妹主人翁，與重性慾不重關係的男老師，是完全不同體質的兩種慾望主體；在1960年代末、1970年代初，再現女女親密關係和再現男同性戀是兩回事，差別並不只在性別，也更在「想像主體的方式」。當時的文學中並沒有只在乎性慾而不在乎配對的女同性戀者，也沒有只在乎配對卻看淡性慾的男同性戀者。

　　不強調性慾衝動的〈素珍表姐〉，看起來簡樸（沒有肉慾畫面）；強調性慾衝動（尤其是男人對女人的性慾）的〈孤戀花〉，展示華麗（而絕不簡樸）的夜生活場面。恐怕正因為兩篇色相大為不同，白先勇序沒有提及〈素珍表姐〉的女女關係，而歐陽子卻對〈孤戀花〉的女女關係大作文章。

　　主人翁「總司令」和兩位苦命酒女各自締結的配對，對男性大開門戶 —— 只有不斷跟男人進行（異性戀的）性交易，女人才能帶錢回家、維繫（非異性戀的）經濟組合。她們投入異性戀性產業的生產，才能夠進行女女之家的再生產（指「維持、延續」）；同時，女女配對療癒了酒女之後，也就讓她們養足力氣、一再投入異性戀性產業的生產線，或可說是投入「異性戀的再生產」。標舉女女經濟配對的〈孤戀花〉其實描寫了異性戀性產業和女女經濟配對的分工合作；若要說這篇小說純粹展現女同性戀（這就忽視了酒女上班時和男客的交易），或說它展現異性戀而非同性戀（這就忽視了酒女下班回家的生活），都簡化這篇小說的繁複訊息。

25　這篇小說中除了女女情誼也有明顯的男女關係。但男女關係在這個敘事中的功用是次要的，只是用來襯托女女之間的醋意。

　　最早指出白先勇作品展現「同性戀」（而且啓用「同性戀」這個具有科學意味、暗示「準確診斷」的詞）的評論家之一就是歐陽子，比李敖說瓊瑤小說有「女同性戀」略晚一點。歐陽子則在《王謝堂前的燕子》中指認〈孤戀花〉中的女同性戀。[26]我肯定歐陽子坦然討論女同性戀的開明態度，但也同時質疑她對女同性戀的認知：她想像，女同性戀者用男人對待女人的方式來對待其他女人。但我想要提醒，在同一時期的楊青矗著名小說〈在室男〉中，主人翁酒家女，綽號「大目仔」，[27]積極調戲一個年輕男性工人，綽號「有酒窩」的。我認爲，〈孤戀花〉和〈在室男〉在同一個歷史時刻各自想像了底層女性的創意：在一個男女勞動力都脫離原生家庭的年代，賺有小錢的底層女子可以有創意地（即，背離傳統模式地）嘗試她想要的親密關係，不論對方是男是女。與其說酒家女們男性化、她們的對象女性化，不如說酒家女們採取主動、她們的對象被動。主動未必就是男性化，被動未必就是女性化。

　　歐陽子將先前說過的、法邊所批判的視覺主義視爲理所當然，至少找出三種認定「總司令」就是同性戀者的證據：一、歐陽子認爲「總司令」這個名號顯示主人翁男性化。我卻認爲，「總司令」跟「總經理」、「董事長」、「老佛爺」、「鐵娘子」等詞語一樣，標識了權力位階，而非性別屬性。「總司令」跟酒女們的關

26　歐陽子，〈「孤戀花」的幽深曖昧含義與作者的表現技巧〉，《王謝堂前的燕子：「台北人」的研析與索隱》（台北：爾雅出版社，1976），頁154、164-165、167。

27　工作傷害受害人協會，《拒絕被遺忘的聲音──RCA工殤口述史》（台北：行人出版社，2013）剛好提及，有位女工的外號也叫「大目仔」，外號來自高凌風在1974年發表的第一張唱片《大眼睛》，見頁74-75。這張唱片的主打歌就是瓊瑤愛情電影的主題曲，也就是林芳玫所說的瓊瑤產業商品之一。

係，與其說類同男性跟女性的關係，不如說更像女性工頭跟女工人的關係。二、歐陽子認為，總司令嘴裡說討厭男人，就等於她喜歡女人。這種詮釋也出於非男即女的非黑即白邏輯，忽略了討厭男人和喜歡女人的這兩端中間存有一大片灰色地帶。三、總司令照料五寶、娟娟的體貼，也被歐陽子視為女同性戀的行為。以上三點顯示，歐陽子將女同性戀者類比為愛好女體的好色男性。若堅持要在〈孤戀花〉中「去歷史化地」辨識類似男女關係或Ｔ婆關係的「女同性戀」，就嚴重縮減了「女同性戀」的多元可能：「女同性戀」不一定沿襲男性化配對女性化的模式。

　　〈孤戀花〉中，愛女人的女人不必像男人；事實上，整篇〈孤戀花〉都在強調男女關係和女女關係相反：男女關係幾乎都在糟蹋女體，而女女關係總是在撫慰、修補、安頓女體；男女關係是不計成本的（彷彿女人不值錢、用過就能丟開），而女女關係則建立在經濟基礎上（女人就是金錢、女人在乎金錢；文本中總司令對於金錢的掛念絕不下於對於女體的眷戀）。文本只寫出男女之間（粗暴男客與小酒女之間、獸性父親與親生女兒之間）的性（而且是性暴力），卻沒寫出女女之間的性。既然文本明確寫出男人和女人的對比，那麼細心照顧女人的總司令在文本之中當然不像男人，而是男人的對手：她在呵護女孩、財務管理、生涯規畫等等方面，都跟男人們的做法截然不同。

　　〈素珍表姐〉中姊妹翻臉，〈孤戀花〉中女女同居。但乍看倡分、倡合的文本都一概展現了競爭邏輯對於「女同性戀」的貢獻：女女競爭證明女孩很在乎／很親密另一個女孩，而女男競爭（男客搶著虐待小酒女，而老酒女搶著善待小酒女）促成女女作伙。

性知識：李昂的〈回顧〉與〈莫春〉

　　這一節所討論的「性知識」應該解讀爲「性機制的知識」，或稱「對於性機制的認知」：不一定聚焦在性器官、性動作，而可能關注性機制的種種面向。「性機制」一語延續了我將傅柯名作翻譯爲《性機制史》的用法；性的機制就像聯考機制一樣，牽連甚廣，足以左右民衆各個環節的生活點滴。

　　這一節重點是「非金錢的資本」：知識。在李昂的早期小說〈回顧〉和〈莫春〉中，女性角色不但能上中學、大學，也可能出國見世面（並且讓不能出國的其他女性羨慕）；女性的求知似乎已經稀鬆平常。各種形式主題的知識都成爲勸誘女女結緣的文化資本。

　　知識一方面可以做爲賺取資產的手段，另一方面也算是資產本身，是一種文化資本 —— 不過，時至新自由主義橫行的今日，這種說法，以及「知識就是金錢」、「情報換得商機」等等口號，其實都很平凡了。但是這一節要談的知識並不是晚近被理所當然拿去換錢的知識／常識。這一節將知識加以「歷史化」：時空不同，知識的價值就不同。趙彥寧的老 T 搬家系列的第三篇顯示，1970 年代是「無聊、缺乏生活樂趣」的，「見過世面」（通常是指參與過情慾空間）的人特別讓人羨慕（第三節）。我因而推測：1970 年代樂於求知，一大部分原因是爲了解悶（悶，含性的苦悶）。這邊的「知」並不是書本裡的學問，而是跟情慾相關的見聞；誰能夠提供「知」，就有吸引別人的本錢。

　　先前說過，李敖早就在 1960 年代就啓用「女同性戀」一詞。他的知識（性知識／對於性機制的「一知半解」）可能來自書本。

朱光潛的《變態心理學》於1930年在中國出版，後來1966年由台北商務印書館以「朱潛著《變態心理學》」之名、採「人人文庫」普及版的形式重新面世；書中第六章介紹「同性愛」，英文寫為「homosexuality」。[28]對1960年代的愛書人來說，書名獵奇的這本袖珍書在性／苦悶的年代或許已能「解悶」；進入1970年代之後，關於「同性愛」、「女同性戀」的（偽）知識可能傳播得更廣。

但是性知識並非僅僅來自書本。受到謝菊維克《衣櫃認識論》的影響，我在這一章所關注的「同性戀」，除了包括同性戀的人事物，也包括「對於同性戀的知識」（以下略稱為「同性戀知識」）。性知識除了包括「如何成為同性戀者」、「如何進行同性戀的性行為」之外，更包括在茫茫人海中「辨認」同性戀人事物、「知曉」同性戀人事物如何存活運作。如《衣櫃認識論》提醒，關於知悉同性戀動態的「知識」與「無知」都有很多種有力的形態。[29]就算是完全沒有同性戀身分、不參與同性戀性行為的男女老少（例如，李敖），也可能擁有某一種同性戀知識（既然同性戀的知識有很多種）。這種知識的運作，類似舊慣用語中的「曉事」、「通曉人事」（雖然這兩個詞中的「事」應指「對於異性戀的知識」，或略稱「異性戀知識」）。在這一章的框架中，性知識不但是一種無形資產，而且還足以用來促成女女作伙。

性知識並非鐵板一塊。首先，性知識「本身」有異性戀傾向、同性戀傾向之分。其次，更進一步來說，性知識介入「男同性戀傾向」和介入「女同性戀傾向」的程度不同。首先，就性知

28　朱光潛，《變態心理學》（台北：臺灣商務印書館，1966），頁143-144。

29　Sedgwick, Eve Kosofsky, *Epistemology of the Closet*, Berkeley: University of California Press, 1990, p. 4.

識的異性戀、同性戀之分來看，在社會獨大的異性戀知識往往被等同於「已經完整的性知識」本身，而同性戀知識則如同「性知識」的例外（因此，就算排除同性戀知識的知識，也被認為是已經完整的性知識；一如「人」通常是指「男人」，而「女人」如同「人」的例外，就算排除女人的一組人馬也被認為人員到齊的）。其次，更進一步來說，文學中的「男同性戀」和「女同性戀」操用知識的手法不同。知識未必讓男愛男的人「傾向」心儀的對象：他們可能在報上得知作者曙名、記者捏造的同性戀知識，卻轉向了別人，另行跟來歷不明的男子發生關係。而在李昂的〈回顧〉和〈莫春〉中，知識卻讓女愛女的人「傾向」特定的心儀對象（亦即散發出知識魅力的女子），而不會轉向別人。

這一章聚焦於李昂「少作」中「性的知識」。她在1960年代的成名作〈花季〉就呈現了「少不經事的天真少女」（ingénue）對於性知識又愛又怕、充滿強烈好奇心的矛盾情結。〈花季〉中，少女心懷矛盾地盯上無名中年男子，猜測對方可以帶給她性知識，又心動又害怕。李昂筆下的少女們，活在趙彥寧所說的「無聊」年代，口是心非，言行不一；她們偏偏要追求她們駭怕的局面、偏偏要懷念她們割捨的髒事。在李昂多篇少作中，主宰敘事進行的本錢是可以讓人解悶的文化資本（含性知識）而不是金錢資本。

李昂短篇小說〈回顧〉和〈莫春〉的主人翁都對同性戀知識、異性戀知識抱持矛盾態度。這兩篇小說並沒有標榜「純粹的」（「沒有被異性戀汙染的」）女同性戀，反而展現了女同性戀跟異性戀的交纏。如果將這兩篇小說定調為同志文學，或將之改而定義為異性戀文學，都會嚴重削弱這些文本的繁複慾望。

〈回顧〉的主人翁「我」也是個「少不經事的天真少女」。這

個十六歲女孩曾經在教會學校念書，同時收集過異性戀、同性戀知識。本書第一章已經強調，小說的第一人稱、日記形式、回顧動作，都營造出自剖的親密感。這種作者和讀者之間的親密並非理所當然，反是人工操作出來的效果。同志文學名作《鱷魚手記》、《荒人手記》、《孽子》、《假面的告白》都藉著告白、內心獨白等等形式，讓讀者產生同志主體果然存在的幻覺。我認為，越是表露真誠的文學格式，就越可能發揮了強大的親密「效果」，並同時遮蔽了虛構的人工假味。

　　〈回顧〉和《鱷魚手記》都藉著露出性知識來營造讀者跟文本主人翁的親密「效果」：讀者好像跟文本主人翁一起分享了求知慾。〈回顧〉的小說形式充滿了人工假味：主人翁在小說前後都表明跟難以言說的慾望撇清，可是這種撇清恐怕是假的。我並不是說這種人工假味是李昂的敗筆；恰恰相反，小說形式（日記體）的人工味正好傳達了主人翁的笨拙。主人翁在小說前頭言明，她藉著寫日記取得心理慰藉（她要克制她的憂鬱低迷情緒，而她的憂鬱極可能出於情慾的挫敗），在小說結尾又說她藉著回顧日記而得以全然忘記苦痛（應指跟心儀女生分開之後的痛苦）。這種自稱需要治療卻又自稱已經治好的日記寫作者，剛好很像魯迅〈狂人日記〉的主人翁——〈回顧〉和〈狂人日記〉一樣，主人翁的心病都轉移到日記之內，而身置日記之外的主人翁都是擺脫病症的正常人。[30]〈回顧〉、〈狂人日記〉、《鱷魚手記》這三種文本雖然大不相同，但是都以日記的形式跟讀者分享祕密、分享不可告

30　〈回顧〉的日記回顧者是寫日記的女孩本人（以及小說讀者）；〈狂人日記〉的日記回顧者不是狂人本人，而是跟狂人無關的讀者（以及小說讀者）。不過這點差異並不會影響我進行的文本比較。

人的知識。

〈回顧〉由三次失戀構成。她本來想要跟一個名叫蘇西河的美男子在一起，未料撞見蘇西河跟男孩接吻；她本來也想跟一個名叫賀萱的女孩在一起，未料她哥哥跟賀萱上床；她後來又想要跟「台北來的」轉學生珍在一起，但終究還是離開珍。[31] 她期待的異性戀配對「沒想到」敗給了男同性戀（美男子會跟別的美男子在一起——這是她原來不知道的同性戀知識）；女同性戀配對「沒想到」敗給了異性戀（哥哥會跟她搶女人——這也是她原本不知的異性戀知識）。她最大的挫敗是不能跟珍在一起。珍正是整篇小說中最具文化資本的人物：珍掌握異性戀知識（珍跟男朋友上床過，在主人翁同學中是性經驗的先行者）、在台北見過世面（而主人翁就讀的教會學校所在地，是跟台北相反的非都會區）、熟知高尚藝術／西方藝術。這些文化資本的項目互相強化。主人翁隨手亂畫女體素描，竟被珍相中，而且被珍比做「Modigliani」（洋名在小說原文中並沒有中譯，在整篇中文的小說中顯得搶眼、炫耀）。文化資本提供雙姝誤會而結緣的契機。[32]

文本中的三次失敗，悲觀一點來看可能意味同性戀和異性戀的互斥。但樂觀一點來看，這三次也突顯了同性戀和異性戀的共生，並且還為雙性戀的可能性露出一道曙光。正是因為珍擁有

---

31 在這篇自說自話的日記體小說中，跟珍的親密關係可能純然出自主人翁一廂情願，未必被珍承認。

32 「知曉Modigliani」在文中是一項關鍵性的文化資本，一方面顯示珍握有國外文化知識，另一方面表示珍把主人翁「看見了、肯定了」國內平凡主人翁。但這個「看見、肯定」的過程剛好是個誤會：主人翁是因為耽迷女體所以才畫女體素描；但珍卻把主人翁的「女同性戀行徑」（女孩愛看女體並畫女體）「誤讀」為異性戀知識的表現——Modigliani（一般譯為「莫迪里安尼」）的其人其畫向來是特別異性戀的傳奇（男人愛女人畫女人、異性愛侶以身相殉）。主人翁和珍透過Modigliani這個文化符號相識，是一場異性戀錯看同性戀的誤會；但這種誤會剛好契合了〈回顧〉內異性戀和同性戀的交纏。

特別豐富的異性戀知識，所以主人翁才特別想要跟珍發展女女關係：少了珍的異性戀，主人翁心中的同性戀火種就不會點燃；少了主人翁的同性戀遐想，珍的異性戀火花就會如同煙火一樣消散；少了異性戀和同性戀的糾纏，文本就不能顯示出主人翁「沒有雙性戀主體位置可占用」的窘境。先前討論的〈素珍表姐〉跟〈回顧〉也是以女學生做為主人翁，不過她在乎做為經濟法則的競爭邏輯，而不在乎做為經濟資本的性知識。她要藉著搶「太太」、搶男友來跟表姐競爭，卻沒有明顯表示對性事「好奇－矛盾」—— 畢竟「好奇－矛盾」跟輸贏無關。「好奇－矛盾」是李昂小說的特色，在歐陽子小說中並不明顯；「回顧」的主人翁個性退縮，只想成為性知識的旁聽生，不想跟任何人競爭（不跟人橫刀奪愛），不論輸贏。〈素珍表姐〉內的成敗要看有沒有搶到情人（卻不計較知識有無長進），而〈回顧〉內的得失則是要看有沒有長知識（而非真的在乎有沒有搶到情人）。

在〈回顧〉之後發表的〈莫春〉中，主人翁不再是女學生而是女「教師」唐可言 —— 她在（以教育為名義的）感化院工作。唐可言像〈素珍表姐〉的表妹一樣在乎競爭，也像〈回顧〉的女學生一樣在乎性知識；她在全篇敘事的行動就是投入性知識的競爭。

〈回顧〉由三次（三種）失戀組成，而〈莫春〉由三種教學關係組成。教學的內容就是性知識。第一組關係的成員是女與女，唐可言和她的前女友：從國外回來的前女友 Ann。在台灣文學中，Ann 應該是最早具有本錢出國見世面、用英文名字行走江湖的女同性戀者之一。Ann 的國外經驗（被等同先進的知識）對比

了唐可言的無知：唐可言想像Ann比她知曉新款式的衛生綿；[33]唐可言猜忌Ann必有豐富的國外同性戀閱歷（國外的理論），只將唐可言當做國內的同性戀樣本（在地的田野）。[34]

小說主幹在於第二組關係，男與女：花花公子李季和唐可言。前一組女同性戀關係在文本中屬於過去，而這一組異性戀關係在文本中屬於現在。這種時序的安排，如同將女女組合當做被拋在腦後的舊病，而男女組合被合理化為當下的常態。男女組合的常態被理所當然化：〈莫春〉曾在文壇飽受批判，不是因為文中（不被評論者們看見的）「女同性戀」，而是（評論者們只看見的）未婚男女做愛。[35]男女雙方的做愛過程也是知識角力；唐可言一直心懸知識：男方「知道」她為他獻上初夜嗎？（男方是否知道她是處女，幾乎可以決定她是否吃虧。）她可以從男方「學會」性交技術嗎？（她似乎認為，向男方學到技藝，就不算吃虧。）兩人性愛像是性的校外教學：男方追求「未知」的新鮮感（所以喜歡去各種小旅館開房間），言下之意是他已經擁有夠多「已知」；女方自感知識不足，所以勉力跟男方求學。等到學夠了，女方就要離開男方。唐可言對於她的異性戀老師（李季）和同性戀老師（Ann）同樣抱持了「好奇－矛盾」情結：她一方面為了求知而分別跟兩位老師親密，另一方面卻又因為知識饜足而主動疏離兩個

33 李昂，〈莫春〉，《人間世》（台北：大漢出版社，1977），頁79。Anne是不是真的比較懂衛生棉，文本並沒有寫。文本只寫出唐可言單方面想像Anne在國外必然享有各式各樣的文明知識。

34 李昂，〈莫春〉，《人間世》，頁87。

35 《人間世》的〈關於本書與作者〉（等同編者前言）將「人間世」系列小說（含〈莫春〉）目為衝撞社會道德禁忌的性愛小說，沒有提及小說中的女男同性戀成分（此文無頁碼）。書末收錄陳映湘的〈初論李昂〉一文沒有褒獎李，反而痛斥「人間世」系列小說，尤其〈莫春〉這篇，沈迷男女的性行為，「不忍卒睹」——但陳映湘完全沒有提到同性戀，見李昂，《人間世》，頁236-238。

老師，宛如自行休學。

　　第二組教學關係中，誰賺誰賠很難說。李季和唐可言看起來有貴賤之分，不但出於男女不平等，還出於同性戀知識和異性戀知識的不平等。性別和性傾向的這兩種不平等是扣連的。李季只擁有異性戀知識，而唐可言除了學習異性戀知識之外還擁有同性戀知識；在同性戀知識被壓抑的異性戀主流社會，擁有多種知識的唐可言看起來只是性的學徒，而只有單一知識的李季卻儼如智慧的性導師。

　　在〈回顧〉中，同性戀知識和異性戀知識是交纏的而非對峙的；這兩種知識可以並存，並沒有哪一方強行壓制另一方。但，這兩種知識在〈莫春〉則明顯對峙，強勢的異性戀知識打壓同性戀知識，連共存的機會都不給。小說中至少出現兩次知識的交鋒。有一回，唐李二人看了好萊塢電影《酒店》。[36]電影含有敏感的同性戀情節而遭電檢單位修剪，所以擁有異性戀知識卻沒有同性戀知識的李季看不懂；唐低調擁有同性戀知識，便想要教李看懂電影——女學生膽敢反過來教男老師了。被「有同性戀知識」的唐指點之後，李嗤笑男同性戀，而唐卻只敢陪笑。[37]李還不放手，想要大談女同性戀（他談女同性戀，動機是出於他對於同性戀的無知，也出於他自我感覺良好的異性戀知識），而知之甚詳的唐卻只能裝傻無話。（同性戀和異性戀的另一次交鋒，將稍候討論。）

　　第二組關係中，唐可言看似吃虧，卻可能是真正的贏家。她是台灣文學史上的新奇女人：她具有經濟能力（她有職業，屬於

36　英文片名Cabaret，上映年分1972。

37　李昂，〈莫春〉，《人間世》，頁87-88。

白領階級，不必被父家、夫家所養）也有移動能力（她因工作出差；不必住在家，不是賢妻良母也不是待嫁女兒）。也就是說，她有越界（在台北和南部之間移動、在不同的床之間流轉）、逾越（在不同的性伴侶之間徘徊而不被任何家屋鎖住）的能力。唐可言獻出初夜，要歸功於男女雙方的職業起落：（工作前景看好的）唐可言「（從台北）到南部僻遠小鄉鎮的少年感化院工作」，在出差過夜時跟「被工作埋沒的」（前景不看好的）李季上床。女方賺的薪水未必勝過男方，但她的工作成就感勝過他。她越來越常被派去南部感化院工作，所以她一方面有本錢選擇在台北之外與李季過夜（對性說yes），另一方面也有本錢選擇藉著離開台北而不跟李季過夜（對性說no）。正是因為女方這麼不需要在乎現金，所以她才有興致去在乎做為文化資本的性知識；後來也正因為她從男方收集了夠多性知識，所以她可以藉著去南部工作而離開男方。在小說最末尾，花花公子李季向唐可言求婚之舉讀起來很突兀：[38]這兩個色情男女各自風流，為何愛玩的男方竟然想要套牢女方？我認為，有可能正是因為女方有本錢（在職場被重用、學夠了性知識）而男方沒本錢（職場前景未卜、性知識被學光），所以男方要低下頭來、留住善於脫逃的女方。

剛才提及同性戀知識和異性戀知識的另一次交鋒，在第三組關係出現。第三組關係的雙方，女與男，是唐可言和一個「羸弱稍陰沉男孩」（95-98）。男方是「朋友的朋友，見過幾次，沒什麼印象，甚且常叫不出名字，較李季年輕，而且顯然還未曾有過經驗」——「經驗」在此應指男與女的床上經驗（而同性的性經驗不

---

38 李昂，〈莫春〉，《人間世》，頁108。

算正規的，不算數）。但缺乏異性戀知識的無名男孩並非毫無知識；一如唐可言所聽說「他如何與另個男孩子有相當曖昧關系，卻又缺乏足夠勇氣」，這男孩應有同性戀的經驗。但擁有同性戀知識的男孩「被無知化」，而且「被病態化」：唐可言的朋友說，「像他們這種人，糾纏不清。…… 他才真是自虐」。事實上，在獻身給李季之前的唐可言本人，就跟這個無名男孩一樣被無知化、被病態化；未料，唐可言並沒有用過來人的身分來體諒男孩，反而偏偏利用過來人的經驗強行「去除」男孩的「無知」與「病態」：她勾引對方，逼他撫吻她乳房，想要把他「矯正」為正常男人，結果他偏偏無法勃起（事後唐可言得知，這男孩在此經驗後不斷嘔吐，似乎很感噁心）。唐可言這次跟男孩的關係，不再是性學徒和性教師，而是性教師跟性學徒：她像被她拋在腦後的李季一樣傲慢，男孩像昔日的唐可言一樣卑微。一邊是曾經同性戀、目前「被異性戀化」的女子，另一邊是目前同性戀、可能「被異性戀化」的男孩 —— 這對男女的肉體接觸，並不能等同一般男女的異性戀關係。

對知識抱持戀物癖的唐可言誤以為可以藉著炫耀「有」（有知識）進而否認「無」（她「沒有」Ann 也「沒有」李季了）：在性別上，彷彿只要把男孩擄為戰利品她就克服了男女關係的失落（因而她沒有輸給男性）；在性傾向上，好像只要把同性戀男孩導入異性戀體系她就可以宣布女女關係破產（因而不值得她懷念）。男孩在唐可言百般調戲之後終究不舉 —— 他的不舉與其說證明了男孩的無用（沒有交易價值），不如說曝露了唐可言（運用知識本錢的）投資失敗。

趁著討論李昂小說的機會，我想要指出「同性戀文學」、「女

同志文學」等等分類標籤的局限。這類看起來很方便的標籤預設了「納入」與「排除」的邏輯：彷彿同志文學史只能納入以同性戀為主的文學，並且要排除「同性戀成分不高」的文本。這種立場相信「均質」而否定「雜質」：純度高的同性戀才算數，跟異性戀揉合在一起就不算同性戀。在這種篤信純粹的信念之下，雙性戀不能被允許，跟異性戀共存寄生的同性戀也不能被承認。但是，唯有珍視異性戀和同性戀的交錯存在，才能夠更敏感地辨認下列文本的慾望軌跡：〈孤戀花〉和〈素珍表姐〉的女女組合（在地理上或在心理上）都奠基在男女情慾上；〈回顧〉和〈莫春〉的女女作伙都取決於異性戀知識和同性戀知識的角力。

把自己解說給誰聽：
玄小佛《圓之外》、郭良蕙《兩種以外的》

一般認為白先勇的《孽子》是台灣文學的第一部同性戀長篇小說，但這個說法大有問題。玄小佛的《圓之外》、郭良蕙的《兩種以外的》都是以女同性戀為主角、為主題的1970年代長篇小說，比1980年代的《孽子》早了好幾年。如果略而不提「女同性戀長篇小說比男同性戀長篇小說更早面市」的事實，就犯了至少兩種偏見。一、性別偏見：只看重「男同性戀」卻輕忽「女同性戀」；二、地位偏見：只看重「嚴肅文學」卻輕乎「通俗文學」。

林芳玫調查發現，1960年代「最具聲望的小說作家」是白先勇（同一名單上有歐陽子），[39]同時期「最多產的小說作家」以郭

---

39 林芳玫，《解讀瓊瑤愛情王國》，頁40。

良蕙居首（同一名單上有瓊瑤），[40]兩邊名單重疊不大。她認為社
會地位和性別因素共同造成的對立已經出現：嚴肅文學的從事
者是精英的、以男性為主、被褒揚；通俗文學的從事者是大眾化
的、以女性為主、被社會精英所鄙夷。[41]林芳玫並補充，在1970
年代，玄小佛是瓊瑤之後「最重要的言情小說家」，但作品都只
在租書店體系流通而完全被文壇忽視，直到1990年代作品才進入
一般書店。[42]在這種雅俗對立的情勢中，白先勇較晚出版的男同性
戀主題小說被視為第一部同志小說、郭良蕙和玄小佛比較早出版
的女同性戀主題小說卻不算數。

　　《圓之外》、《兩種以外的》所想像的女性角色已經忙於事
業。女性電影導演、女性白領上班族、女性貿易商，在小說中揮
金如土（不見得真的有錢，但必然要擺闊）。她們不見得面臨要
跟男性婚配的壓力，卻都要應付工商社會的各種賬單。這兩部小
說想像的都會女子可能並不吻合當時生活現況，畢竟身置21世紀
的成年都會女性還是經常受到逼婚壓力。不過，與其在意這兩部
小說是否忠實呈現1970年代社會（小說本來就沒有忠實呈現社會
的義務），不如正視兩者如何想像並渴望非主流、非婚、中產女
性的瀟灑無羈。

　　接下來我藉著1970年代下半部的《圓之外》、《兩種以外
的》，思考T婆的認識論。這裡的認識論至少包括了三種認知：
一、發現T婆出現了；二、知道T婆有分有合；三、察覺「大家」
跟T婆同時生成。上述這三種認知是同時發生的，彼此之間並沒

40　林芳玫，《解讀瓊瑤愛情王國》，頁42。
41　同註40，頁43-48。
42　同註40，頁142。

有先後次序、因果關係。第三種認知需要多說明一下：這裡說
的「大家」，就是「『大家』怎麼看待同性戀」中的這個口語化代
名詞，亦即「人家」、「人們」或「社會大眾」。借用巴特勒（Judith
Butler）的〈（跟別人）解說自己〉（Giving an Account of Oneself）
文章標題，[43]這個認知可說是藉著「（跟大家）解說T婆」來同時理
解大家與T婆。巴特勒綜覽了黑格爾等等古今哲學家對於自我
（self）和別人（other）關係的看法，指出自我和別人要同時彼此
指認才能存在：我認出有別人認出我，別人認出我認出他們，這
樣雙方才會都存在。我沿著這條思路，指出「T婆」和「大家」同
時造就對方成形。

　　第一個認知，T婆出現了，是指《圓之外》和《兩種以外的》
「鄭重通知」本地讀者：社會上存在愛女人的女人；這些愛女人
的女人包括了陽剛角色（即將要被稱爲「T」）以及陰柔角色（即
將要被稱爲「婆」）。在《圓之外》和《兩種以外的》這兩本小說
之前的本土文學則沒有告知讀者T婆的存在；《圓之外》和《兩種
以外的》還沒有明寫出「T」「婆」兩字，但已經呈現T婆的形象。
兩部小說中的主人翁被認爲像男不像女：《圓之外》主人翁于穎
在小說多處自稱「像男孩子」、「是男孩子」，偶爾心灰時會自稱
「變態」、「不正常」，但沒有用專有名詞來稱自己；《兩種以外的》
主人翁米榍君自稱爲「湯包」，並將她這種人（「湯包」已經專門
用來指涉某一種跟平常人不同的人）追求的女人稱爲「婆子」。
《圓之外》的于穎和《兩種以外的》米榍君都很清楚自己的認同

43　巴特勒的英文標題直譯是「解說自己」，並沒有點出「跟別人進行解說」。但從巴特勒文
　　章的內文來看，自己（self）解說自己，是爲了給別人（Other）聽──被寫在標題的「自
　　己」和沒有被寫出來的、隱形的「別人」，是一樣重要的。我爲了方便解說，便在「解說
　　自己」前面加上加括號的（跟別人），點出自己和別人的互相倚重。

（想要打扮成男人、想要跟男人競爭）與慾望（追求美女，並建立
穩定的女女關係）：于穎從十九歲到三十歲陸陸續續跟幾個女人
交往。三十九歲的米楣君，綽號「米老鼠」（我接下來一律採用
「米老鼠」一詞來稱呼這個角色，強調她的處境卑微），專心追求
一名年過半百的有夫之婦白楚。[44]白楚的親生兒子已經二十七歲。
我在此特別強調歲數，是要註明這些女愛女的角色並不是「被認
爲」少不經事的學生 —— 通常，一講到文學中的女同性戀，讀者
就容易聯想到在校女生，但這種預設應該被挑戰。《兩種以外的》
中，中年女子米老鼠和白楚之間仍有激情性愛。[45]

　　第二個認知是，T婆不但存在，而且雙方之間分分合合。T
婆「分合」，一方面是指她們在情感上的分手或結合，另一方面
是指她們在社會學意義的「分類」、「合併」。T婆一方面分屬不同
類（前者陽剛、後者陰柔），另一方面又合併爲同類（都是愛女人
的女人，因此都跟「大家」不同）。《圓之外》和《兩種以外的》明
確顯示，T婆組合不只是性別氣質的配對（陽剛者配陰柔者），也
是經濟能力的配對（出錢者配收錢者）。T必須努力拿錢來供養
婆，否則婆會投向別人（更有錢的女人或男人）的懷抱，既有的
T婆關係就會瓦解；文學展現的錢、情糾葛，正好呼應趙彥寧老
T搬家系列論文的田野觀察。《圓之外》的主人翁于穎只能一次又
一次回去跟老爸要錢：她要有錢才能夠再生產T婆組合，不然失
去T婆組合的于穎就不足以維持T的身分。《兩種以外的》中，米
老鼠憔悴落魄，一方面要照顧臥病十年的老母，一方面還要撒錢

---

44 再現女女情感的台灣文學經常將青春期女孩當作主人翁，但是《兩種以外的》卻偏偏聚
　焦於中年期女子。
45 書中兩人做愛數次。例如，米老鼠說要「做愛！」，並把白楚從客廳抱入臥房，見郭良
　蕙，《兩種以外的》，頁195。

討好揮金如土的白楚。而米老鼠四處哭窮哭命苦。書中多次寫到
（跟老公疏離的）楚從米老鼠身上得到性愛的滿足。但白楚通常
不准米老鼠上床：白楚以性與愛為籌碼，藉此使喚米老鼠進貢更
多錢財。

　　第三個認知是：T婆和大家同時誕生。T婆和大家享有共時
性：T婆作伙的私領域之外，另有個外面的公領域，也就是「大
家」的地盤。「大家」包括（1）比兩人關係外圍一點點的女同性戀
族群次文化，也包括（2）更加外圍的台灣社會芸芸眾生。文學裡
的主人翁T絕對不是世界上唯一一個女同性戀者，T婆組合也絕
不是世界上唯一一對同性戀配對，而是跟大家同時存在的。她們
跟第一種大家（其他女同性戀者）較勁，比賽哪個T賺得多、哪
個婆過得幸福。同時，她們跟女同性戀次文化的其他成員一樣，
也都被第二種大家（台灣社會的芸芸眾生）牽動：整體社會的景
氣起伏決定了T的加薪或失業，而T的經濟能力起伏又決定了T和
婆的分分合合。

　　米老鼠曾要求白楚拋棄丈夫並且跟米老鼠「公然」結合（而
非「私下」同居）。「如果你肯跟死鬼（按：你老公）攤牌，我
們光明正大地過日子，一切也都自然化了。」「正常化？怎麼可
能？」白楚回。米老鼠道，「當然可能，你沒有聽說過『湯包』的
前輩龔五嗎？還有柯明，他們和他們的婆子公開生活在一起，
誰也不議論他們。」[46]這段對話顯示幾點值得注意之處：一、「同
志婚姻、同志成家」的想像早在1970年代的文學中就已經浮現。
二、早在米老鼠之前就有老一輩而且「有口碑」（被人看見並被人

46　郭良蕙，《兩種以外的》，頁188-189。

肯定）的老湯包。三、「誰議論誰」，或「大家會不會議論Ｔ婆」，已經是值得頭痛的事。

在歐陽子、白先勇、李昂的較早文本中，封鎖在私領域的女子就算藉著上學、購物、通勤等等行為參與「社會」，卻沒有跟「大家」享有共時性。除了〈莫春〉的唐可言之外，這些女人只在意私領域的身邊人，並沒想過她們跟大家的同與異：「別人也像我這樣愛女生嗎？」「大家會因為我愛女生而排斥我嗎？」等等問題，在這些文本都不存在。這些較早的文本依賴第一人稱角度或日記格式，優點是讓讀者覺得親密，缺點是只顯現私己的視野：它們並不會跳出一己之私、顯示各種人之間可能存有的緊張關係、歧視、鄙夷。以歐陽子的〈素珍表姐〉為例：表妹對表姐的執念是她的一廂情願，並沒有被大家／別人知道。這篇小說中，大家並不存在：並沒有一批早就存在的大家等著看表妹好戲，也沒有一個早就存在的大家等著表妹加入。而在〈回顧〉中，大家在遠方。唐可言的私領域跟公領域（大家）畢竟還是割離的：她的女同性戀私領域（她跟前女友Ann的事）是個快被她努力忘掉的祕密，跟大家無關；她聽聞的男同性戀軼聞似乎飄浮在公與私之間（公：在某類台灣男子那邊發生的情事；私：在朋友這邊被耳語），但她想要親手、親自將這個同性戀軼聞抹滅；她得知的同性戀次文化（前女友Ann在「外國」享有的女同性戀世界、「外國」電影中的男同性戀）只能封存在外國，跟她本人隔絕。

《圓之外》、《兩種以外的》跟上述文本大異：這兩部小說藉著大量描繪主人翁「以外的其他角色」，也就是「大家」，體現了本來很抽象的「社會」。Ｔ、婆、大家之間，彼此辨認、承認，因而Ｔ、婆、大家都知道彼此存在，人言可畏的壓力出現。同性

戀、異性戀互相看見（但雙性戀則忽隱忽現）：原來，那一邊是愛女人的女人，而這一邊的大家是異性相吸的「一般正常人」。婆可能忽而跟Ｔ合併、站在那一邊（都是女同性戀者），也可能忽而跟Ｔ分開、站在這一邊（投奔男人的婆可能被當成一般正常人，而非雙性戀者）。而在辨認彼此之後，藉著品頭論足，Ｔ，婆，和大家都在估量彼此的價值：「跟女人相好的女人比較幸福，還是一般正常人？」而這前半部分的問題還可以再細分：「當Ｔ還是當婆比較苦？」

　　正因為這兩部小說很在乎「她們那種女人怎麼過日子」（尤其瞄準Ｔ婆之間的Ｔ）以及「大家會怎麼看待她們」這兩個區分人我的問題，兩書從小說標題、初版封面到小說內文都一再對著讀者大眾進行解釋和勸說：解釋愛女人的女人是怎麼回事、勸說讀者接納愛女人的女人。這裡預設的讀者雖然處於文本之外，但讀者幾近延伸了文本之內的大家。《圓之外》的初版封面中央畫了一個圓圈，圈內是兩名女子熱情接吻的特寫，圈外畫了一個看起來受到挫折的男子：畫面分成兩區，一邊（圈內）是小說要呈現的女女奇觀，另一邊（圈外）是以受挫男人代表的大家。某種女人和大家是區隔開來的，卻又合併成一張需要被解釋的圖片──圈內圈外之間的張力，留待小說內文中解釋。《兩種以外的》初版封面右下角顯示兩名在暗影中互相依偎的女子，左上角畫了兩個交疊的金星符號（代表女人加女人）。這張圖看起來像是變態心理學課本的封面，某種非主流女人像標本一樣掛在書本上面，而大家則以讀者的身分站在書本外面。兩種封面都創造了女同性戀者，也同時生產了大家。兩張封面的訊息跟兩書的內容並不協調：如先前提及，兩書都強調Ｔ婆之分（分類的分），重Ｔ輕婆，

將T視爲苦命的女同性戀者而將婆當做可以改而投靠大家的負心人；兩張封面卻都暗示T婆之合（合併同類的合），將兩名女子同樣視爲值得考究的奇觀，同樣成爲大家的他者。

翻開封面，《圓之外》全書第一句話不只解釋了書名，更透露出一種急欲定義、以便（向讀者、向大家）爭取諒解的衝動：「有一種愛：孤獨、艱澀、寂寞。很久很久以來，它被拋擲於圓圈的周徑之外，那 —— 就是第三種愛，一個永墜於悲劇的愛。」這句話中的圓圈應指異性戀體制，但跟封面的訊息矛盾：封面上的女女在圓之內，書裡的女女在圓之外。而一如《圓之外》開頭就點明「第三種愛」，《兩種以外的》開門見山寫道：「上帝造人／共分爲男女兩種／而在這兩種以外／卻存在著 —— ？」（原文如此）。《兩種以外的》後來改名爲《第三性》，簡直形同《圓之外》的姐妹作。這兩部小說在書名、開頭都展現了極爲類似的衝動，而這兩者的相似剛好突顯出它們跟先前討論的文本相異：〈素珍表姐〉、〈孤戀花〉、〈回顧〉、〈莫春〉等等從作品篇名、敘事開頭到敘事結束，都無意向人（文本外的讀者或文本內的別人）介紹某種非主流女人的衝動。

《圓之外》的主人翁，方方面面都是新鮮人。于穎剛考上大學，年方十九，是字義上的新鮮人；她已有女友，並且向父親出櫃，更是譬喻上的「新鮮人」（她年紀小就出櫃，在台灣文學史上，算是很新鮮的人物）。她說，「我沒有女孩樣，這是你對我的印象 …… 我除了性別是女孩，事實上，我就是個男孩子。」[47]她坦誠她喜歡女孩子，並希望她的爸爸「尊重我這種人生態度 ……

47　玄小佛，《圓之外》（台北：萬盛出版社，1982），頁77。

尊重這是一種存在，一種並不是邪惡、變態、醜陋的存在。」[48]
雖然于穎沒說出「同性戀」一詞，但她儼然就是以同性戀身分出
櫃、並且要求大家（以爸爸爲代表）尊重同性戀的第一個台灣文
學角色，時間點是1976年。小說中的于穎出櫃在台灣同志史上具
有多少政治意義還有待討論，[49]但我更在乎于穎觸及的「人我分、
合」：她發現人我之分，她的主體性跟大家不同；她卻又想要修
補人我之間的分裂，所以想跟人（爸爸）解釋她跟別人不同的祕
密。就算于穎沒有操用「同性戀」這個詞，就算她沒有把心中祕
密說出口，她還是醞釀了人我分合。

　　《兩種以外的》也一再強調人我分合。主人翁米老鼠跟她心
儀的白楚之間曾有一段問答。「爲什麼叫T. B.，湯包？」早就跟
米老鼠認識多時的白楚故意問道。「就是 Tom Boy（原文如此）的
譯音嘛！像男孩的女孩。」米楣答。[50]這段問答看起來只是在提供
「湯包」的定義，但這兩句話的作用絕非僅僅如此。這兩句話顯
示了先前提及的三個層面：一、這部小說有T婆。二、T婆分合：
此處重點爲分，一邊是具有「同性戀知識」的T，另一邊是「缺乏
同性戀知識」（或，明知故問）的婆。兩邊各屬不同分類。三、T
婆分合與人我分合同在（T跟婆解釋湯包爲何，也就形同跟文本
內的大家和文本外的讀者解釋；T是需要被解釋的奇觀化他者，
而婆跟大家、讀者一樣，是理所當然一般人，不需要被解釋）。

　　雖然《圓之外》和《兩種以外的》相似，但兩書的差異也不

48　玄小佛，《圓之外》，頁78。

49　我認爲，文學角色在文學中出櫃，跟現實人物在現實社會中出櫃，引發的政治效果大爲
　　不同。我並無意高估于穎在書中出櫃的政治意義。

50　郭良蕙，《兩種以外的》，頁39。書中並寫道：「TB（註：湯包英文縮寫）」，頁166。

能低估。前者的作者玄小佛是通俗羅曼史小說快筆，後者的作者郭良蕙是早在1950年代就受到文壇矚目的長篇小說名家。不過與其在乎哪一位作家的文壇地位比較崇高，不如更加留意哪一部小說展現的情慾樣態比較豐富。雖然《圓之外》開風氣之先，由于穎宣示女同性戀者的主體性，但是這部小說的角色、情節、語言都粗糙簡陋，不能跟《兩種以外的》相比。

　　《兩種以外的》有一段對話看似正經八百介紹Ｔ婆祕辛（向大家、讀者介紹；被介紹的Ｔ婆一同處於奇觀化他者位置），卻戲弄了這種介紹行為本身。有個異性戀女子問米老鼠：你跟女人做愛，怎麼得到快感啊？米老鼠答：當白楚的雙手勾在她的背上時，她就得到無上快感。小說文本馬上顯示異性戀女子心裡頭的自問自答：她想，看奇情片《深喉嚨》[51]才知，原來有人的性感帶在喉嚨內部，要頂到喉嚨才會快樂；沒想到湯包的性感帶在背部啊！[52]

　　這段對話有幾點值得留意。一、小說明目張膽地將當時禁片《深喉嚨》的典故偷渡在小說內文中。二、小說調侃了想要窺奇的大家（包括文本之內發問的異性戀女子，和文本之外的讀者），給出一個戲謔的假答案（女同性戀的快感帶竟然在背上）。三、這段對話具有調侃之效，是因為它逆反了女同性戀跟大家的關係：女同性戀本來是被當做奇觀的他者，而大家是等著看好戲的正常人；但這段對話一方面將女同性戀性行為講得平凡（而非講成奇觀），另一方面曝露了正常人的變態（正常人想要利用視覺消費女同性戀的性）。

51　原文片名*Deep Throat*，上映年分1972。
52　郭良蕙，《兩種以外的》，頁116。

　　上述對話是個諧擬（parody）：詼諧模擬了刺探同性戀隱私的典型對話。作者郭良蕙身爲諧仿高手，在書中另設一招諧擬：身爲Ｔ的米老鼠追求白楚，一如螳螂捕蟬，怎知黃雀在後 —— 她反而被一名雅好少男的已婚老翁看上，因爲男性化的米老鼠看起來像是少男。已婚老翁要求米老鼠去飯店發生關係；米老鼠順從，想從老翁身上獲取金錢報償，藉此做爲再生產Ｔ婆關係的資本。在飯店房間裡，老翁拿出肥皂，想要抹在米老鼠身體（肥皂應是當作男男行房的潤滑劑）。[53] 這場建立在金錢交易上的性關係（看起來是男人和男孩之間，其實是老男人和男性化的中年女人之間）諧擬了同樣建立在金錢交易上的女女性關係（米老鼠和白楚之間）。這段插曲正好呼應了上一節的論點：同性戀和異性戀並不是截然分割的，而可能像齒輪一樣互相咬合。

　　相較《兩種以外的》的情節花樣百出，《圓之外》的內容顯得單調。《圓之外》主要角色有四位：兩個Ｔ，兩個婆。兩個Ｔ，于穎和一個酒店歌星；兩個婆是于的第一任女友（本是學生時期的同學）和第二任女友（本是夜總會歌星）。于穎初見酒店歌星 —— 除她本人之外的另一個Ｔ，驚訝發現對方看似男性卻是女兒身：穿襯衫長褲、留「赫本頭」。[54] 除此之外，書中對於當時Ｔ婆的描繪貧乏：于穎看起來類似她的第一任女友，兩人原本是高中同學；于穎也類似她的情敵，另一個Ｔ，兩人從外表到慾望對象都

<hr>

53　郭良蕙，《兩種以外的》，頁186。
54　赫本頭就是奧黛麗赫本在《羅馬假期》（*Roman Holiday*，1953）中的新髮型。在當時台灣社會，赫本頭可能不一定意味「性別脫序」（女人像男人），而是意味「道德脫序」（台灣人像外國人一樣言行奇異）。《再見，黃磚路》的男性主人翁初次看到小說女主角Mikko時，發現Mikko身爲「中國女孩」卻有「標準的美國口音」，並留意她的赫本頭。Mikko的「問題」不在性別而在pills（迷幻藥），頁39-40。整部《再見，黃磚路》最關注的「社會問題」就是藥物而不是同性戀。

一樣；酒店歌星（另一個T）和夜總會歌星（另一個婆）的職業一樣。第一任女友和第二任女友（夜總會歌星）一樣缺乏安全感，隨時都會爲了金錢或男人（金錢和男人是同一硬幣之兩面）而在于穎生命中突然消失。

《圓之外》再現的T婆樣貌單薄；《兩種以外的》則描繪出一個在台北市內、以仁愛路與中山北路爲座標軸的湯包網絡：網絡中的湯包們各有不同的個性與外貌，從商界強人（比男人還要能幹）到全身女性化打扮的湯包（跟女人一樣嬌柔）都有。湯包們稱兄道弟，辦家庭聚會，各帶各的「婆子」出席。在聚會中，湯包和婆子都會逾矩，跟其他湯湯婆婆眉目傳情。這個湯包網絡不只是情感、情慾的社群，也是經濟的市場：湯包們的性魅力跟經濟力不能分開；湯包之間的兄弟情誼免不了牽涉金錢借貸。

值得被紀念的過去

先前三節討論了1960年代末小說中女女藉著競爭或合作來表達在乎／親密、1970年代上半期李昂小說中異性戀和同性戀知識的較勁、1970年代下半期通俗小說中T婆與大家的相互生成。這三節的排列順序剛好對應了歷史的線性發展，彷彿越晚面世的文本展現出越進步的情慾：從做春夢的女學生、被剝削的酒家女，「進步」到在職場和情場爭取獵物的白領女同性戀者。

但是這一章並無意利用以上三節的順序推銷嚴重簡化歷史的進化史觀、並無意歸納出「時代進步，所以經濟發展，所以情慾也就越加多元完熟」這種公式。這一章接下來要制衡這種進步敘事，思索「被簡化」的歷史「收納」了什麼又「排除」了什麼，探

究什麼樣的過去才「值得」被紀念。值得與否，固然牽涉價值的問題。

本人將馬嘉蘭用詞「紀念模式」（memorial mode）改寫成「值得被紀念的過去」一語——本人潛台詞是，「此外還有不值得被紀念的過去」。我將此處的「過去」解讀為「故事」（或「敘事」），可能來自記憶（是否可靠很難說），也可能來自杜撰（例如「紀昀說變童始於黃帝」的說法就是把故事硬塞給虛構的古人）。在討論當代華文女女情感再現的著作《回首看一看》中，馬嘉蘭指出，已婚中年女子可以藉著「紀念模式」這個渠道來回顧封存在文本中的少女時期同學愛；也就是說，「紀念模式」銜接了謳歌中學女生姐妹情誼的敘事以及安坐異性戀關係內的中年女人。馬嘉蘭討論的核心作家是朱天心，核心文本是朱天心的〈浪淘沙〉與《擊壤歌》。在馬嘉蘭訪談朱天心的過程中，小說家同意紀念模式的詮釋，並表示她的多種小說文本，如〈春天蝴蝶之事〉、《古都》都藉著追念少女時光表達女女之愛。[55]

但我要追問的是，看似甜蜜溫暖而又感傷的「紀念模式」，是否歸屬於一個更龐大的、具有收納和排除作用的機制？哪種的美夢是值得被紀念的？而哪種惡夢則不值得被紀念呢？我的質問其實也受到晚近對於「同志的種種時間」討論所刺激：酷兒學者問，酷兒的未來在哪裡？是不是人人被迫迎接「光明的未來」？那麼，我也想問，酷兒的過去為何、是不是讀者只珍惜「光明的過去」？口語中，所謂被拋到腦後、不堪回首的黑暗過去，被再現了嗎，被看見了嗎？

55　玄小佛，《圓之外》，頁62-63。

〈浪淘沙〉和《擊壤歌》，一為短篇小說一為長篇散文，看似不同，但兩者重疊性高（如，兩者共用雷同的字句、段落）。因此我將這兩者統稱為「朱天心少作」，並不區隔兩者。朱天心少作早就是本地讀者緬懷 1970 年代女女情誼的紀念碑之一、或甚至是唯一認得的紀念碑。而這一章遲到現在才提及朱天心其文其作，是再次奏出「不強調」的策略：長久以來《擊壤歌》等作太被強調，而跟《擊壤歌》同時或更早再現女女情誼的作品，如李昂的早期小說，卻頗被關心同志的讀者所冷落。所以，這一章改而強調很少被談的其他作品，而不強調各界早就熟知的朱天心少作。

朱天心少作經常被目為再現女女情誼的先聲：朱天心和作品被當作「早到者」而非「遲到者」，因為文本外的作家在中學時代就投入女女情愛的描寫，文本內的人物們都是中學女生，於是文本內外的行動者在讀者眼中都是早熟少女。但朱天心作品的生產時間其實偏晚，一點也不早。先前討論的幾種文本 —— 再現了女子之間的多種女女情感、慾望交易 —— 都比朱天心少作還早發表。1970 年代的壓軸大戲 —— 玄小佛的 1976 年長篇小說《圓之外》以及郭良蕙的 1978 年長篇小說《兩種以外的》—— 幾乎都跟朱天心少作在同樣的時間點發表。我並無意強調這些作家之間存有承先啟後的「歷時性」（誰影響了誰），而是要指出作家共享的「共時性」（在類似的時間點上各寫各的女女情誼）：當《圓之外》、《兩種之外》讓本地讀者看見 T 婆組合、女女性生活、女同性戀次文化的同一時刻，朱天心少作還在「重播」朱天心前輩歐陽子小說、日治時期前輩楊千鶴小說早就寫過的高中女同學愛。

但這一章絕非否定、看低朱天心少作的貢獻；恰恰相反，在

朱天心少作的詮釋已然汗牛充棟之後，這一章企圖尋找這些作品的進一步解讀空間。這一章建議，將朱天心少作跟其他1970年代或更早的女女情誼作品放在一起比對閱讀，就可能為各方作品——常被強調的一方和常被冷落的別方——帶來新的詮釋可能。回歸這一章的核心關懷「有錢來作伙」來看，朱天心少作跟日治時期作家楊千鶴〈花開時節〉、歐陽子〈素珍表姐〉、李昂〈回顧〉類似，都描繪了不虞溫飽、不必投入生產線的中學女生；同時，朱天心少作卻又透露跟這些中學女生文本截然不同的政經訊息：楊千鶴作品內的少女面臨畢業後結婚的宿命，但朱少作中女校畢業後的願景卻是巾幗英雄豪氣干雲、跟男人良性競爭而非一畢業就男女結合；歐陽子作品中女同學之間充滿人性黑暗面的算計，但朱少作中女同學之間只有友愛而無豪奪；李昂作品中的女孩熱中囤積多種性（性經驗）的知識，〈浪淘沙〉的女孩卻就連看到同學（主人翁女孩所心儀的女同學）生理痛（代表對方有女性的性別，但不意味對方有性經驗）都會驚慌。[56]蔣介石時期愛國主義明顯召喚朱少作中女孩們的主體性，但黨國幾乎沒有在歐陽子和李昂作品中留下痕跡。

　　這一章強調經濟促成緣分，就算非金錢的資本都可能維繫女女組合。這種經濟跟緣分的關係在這一章討論過的多種文本中都很鮮明，但在楊千鶴小說和朱天心少作之中都很薄弱：〈花開時節〉展現了一群彼此友愛的女孩，但其中並沒有一對一的組合，也自然沒有哪一對女孩需要被經濟力量維繫；一對一的組合在〈浪淘沙〉中屬於主要情節，在《擊壤歌》中屬於次要情節，但這

56　朱天心，〈浪淘沙〉，《方舟上的日子》（台北：聯合文學，2001），頁113。

些女女組合都建立在對同學的（視覺化的）良好印象上，而不在經濟交換上。我的重點並不在於判定楊朱兩位作家有沒有寫出女同志，而在於以下這個發現：她們所再現的女孩世界，並不像這一章討論的多種文本一樣在乎經濟與作伙的關聯。

朱天心少作是否再現了「真正的」、「狹義的」女同性戀、是否算是合乎定義的同志文學，對我來說並不是重要的問題。在乎是不是、算不算的態度，都太微觀地關注單一作家，而不能比較靈活地照看當時文壇與社會的多元情慾表現。我覺得更重要的問題是：朱少作是不是儼然成為「（唯一）值得被紀念的過去」的效果？彷彿在1970年代，女人愛女人的故事只發生在年輕女學生之間（郭良蕙小說中的中老年女人、其他作家筆下沒本錢當學生的歡場女子，則不被紀念）、只突顯友誼而迴避性、只想要跟男人一樣精忠報國而不擔心父權婚姻體制的立即進逼。

文學作品是紀念非主流歷史的重要平台。蕭麗紅的《桂花巷》就堪為結束這一章的一則寓言。以鄉土言情著稱的蕭麗紅將《桂花巷》寫成另類的歷史小說：以台灣南方貴婦的一生託寓台灣近代史。這部1970年代的小說回顧日治時期（而不像這一章討論作品，除了日治時期的〈花開時節〉之外，都以戰後台灣為背景）、身置與外界隔絕的嘉義鄉下深閨中，主人翁寡婦剔紅找了一個女戲子海芙蓉（是「小旦」而非「小生」）回家玩樂，兩人共用梳妝台和臥床，親如新婚。[57]年近三十的寡婦和年方十六的海芙蓉同樣嬌美陰柔，並未各自扮女或扮男，也就沒有進行男女配對的角色扮演。兩女契合無間，直到她們的親密關係淪為婢女的談

57　蕭麗紅，《桂花巷》（台北：聯經出版事業公司，1977），頁210-222。

資，剔紅才找藉口將海芙蓉逐出（找藉口，是要避免說出兩女分離的眞正原因）。這對女女組合的契機，正是因爲剔紅有錢沒處花（她任性雇用海芙蓉的時候，並沒有想過女女雇傭關係有何不妥）；女女組合的瓦解，也正是因爲婢女的耳語讓剔紅擔心女女親密關係將會破壞她在家族的權威（即經濟地位）。經濟決定了她們的情慾。

這段充滿經濟與情慾交錯的聲色俱佳情節，大可以鼓勵今日讀者想像舊日女女情慾。不過，這段插曲卻很有系統地不被紀念：就算它被提及，也不被鄭重看待；[58]《桂花巷》改編的同名電影並沒有包含這段女女插曲。

諸多歷史變數專斷決定哪些文本與人事可以被紀念、哪些則要被抹滅；哪些情感和故事可以留作資產來珍惜、哪些則被視爲歷史的殘渣。這種裁定哪一部「是否值得紀念」的機制，可能比判定哪一部作品「有沒有資格算是同性戀文學」的原則更加重要。難道某部文本的同志成分不夠高，就不值得被紀念嗎？——「是不是同性戀文學」終究也算是「是否值得紀念」的問題。決定「是不是值得」的機制與政治更應該被不斷反省、挑戰。這也正是（各國）文學史需要一再翻修、補寫、擴大改寫的理由。

---

58 邱貴芬在一篇討論台灣當代鄉土女性小說的文章中花了兩頁多的篇幅正視《桂花巷》的重要性，但其中只以「與慣於女扮男妝的歌仔戲小生產生曖昧的情愫」這半行字，很快速地帶過兩女情節，見邱貴芬，〈女性的鄉土想像：台灣當代鄉土女性小說初探〉，收入梅家玲編，《性別論述與台灣小說》（台北：麥田出版社，2000），頁125。楊翠的2005年文章細緻描繪《桂花巷》的兩女親密關係，但並沒有稱之爲同性戀、同志，也沒有明說這兩人身處「女女」關係，見楊翠，〈文化中國‧地理台灣——蕭麗紅一九七〇年代小說中的鄉土語境〉，《台灣文學學報》第7期（2005.12），頁26。但，楊翠的2008年文章並非以《桂花巷》爲研討對象，卻隨手標明《桂花巷》內含有「同性戀情」，見楊翠，〈現代化之下的褪色鄉土——女作家歌仔戲書寫中的時空語境〉，《東海中文學報》第20期（2008.7），頁259。

試析後90年代透過戲劇展演台灣歷史的一種美學趨勢轉向：
以三位女性劇場創作者的劇作及演出為例

王婉容

國立臺南大學戲劇創作與應用學系副教授

序論

　　台灣現代戲劇自1980年代開始轉型至姚一葦所倡導主辦的五屆實驗劇展，那時實驗性質的小劇場如雨後春筍般成立，紛紛投入現代主義的各項前衛劇場形式與風格的創作展演，可說是以西方的新殖民主義的文化思潮，來反抗國府的威權政治的一種文化反抗活動，1985年以後鍾明德和第二代小劇場運動者，更引進了後現代主義的思潮和劇場觀念，創作展演了仿效後現代風格的舞蹈劇場、身體劇場、意象劇場和反文本的劇場表演，來批判、衝撞解嚴前的台灣社會多元紛陳的文化、政治和社會問題，於今觀之，劇場人這一路走來的文化抵抗路線，是採取了現代主義和後現代主義的文藝策略，來抵制國府的政治霸權與思想監控，求取創作上的自由和解放，也留下了許多反映當時社會情境和氛圍的小劇場作品。但1987年解嚴以後，促成了台灣政治與社會的更趨

多元開放，小劇場創作也轉向了為多元弱勢社群發聲，台灣歷史的追尋與重建以及美學的再創新開發的多線創作主軸上。其特色可說是融合了後現代和後殖民的文化思潮，並展現出台灣90年代多元社會中，努力追求自身文化主體性的特質。此一時期不只是小劇場出現了重現歷史的創作，就是傳統戲曲、跨文化劇場和大劇場創作，也出現了展演台灣歷史的尋根熱潮。[1]因此本文擬將焦點放在探究後90年代戲劇展演台灣歷史在美學上的文化政治和運用策略的趨勢轉向，並以三位女性創作者的劇作為例來詳加分析探討這一美學趨勢的特徵，這段台灣劇場從家國政治的大歷史探討到多元庶民生活的小歷史追尋與重構的歷程，以及戲劇創作美學趨勢方向上的變革與演繹，並探討這些現象對台灣社會與文化所激盪出的意義。其中將運用後殖民的文化、歷史理論、後現代的文化、歷史論述、文化地理學以及口述歷史展演與敘事理論，來深入剖析這些作品中美學趨勢轉向歷程所蘊含的豐富意涵。而同時在90年代的台灣社會也更趨商品化和全球化，當時的劇場也充斥著跨國合作的跨文化劇場、大型的商業劇場以及將本地文化予以懷舊商品化的戲劇展演歷史的趨勢，這都可視為是台灣後現

1 石光生，〈台灣戲劇概述〉，《2005年台灣文學年鑑》（台南：國家台灣文學館籌備處，2006），頁71-81。汪俊彥，〈戲劇歷史、表演台灣：1984-2000賴聲川戲劇之戲劇場域與台灣／中國圖像研究〉（台北：國立臺灣大學戲劇學研究所碩士論文，2004）。楊美英，〈台灣戲劇概述〉，《2006年台灣文學年鑑》（台南：國立台灣文學館，2007），頁76-82。楊美英，〈台灣戲劇概述〉，《2008年台灣文學年鑑》（台南：國立台灣文學館，2009），頁36-42。楊美英，〈台灣戲劇概述〉，《2009年台灣文學年鑑》（台南：國立台灣文學館，2010），頁43-48。楊美英，〈台灣戲劇概述〉，《2010年台灣文學年鑑》（台南：國立台灣文學館，2011），頁30-34。劉亮雅，《後現代與後殖民——解嚴以來台灣小說專論》（台北：麥田出版社，2006），頁2-29、64-107。柯慶明，〈傳統、現代與本土：論當代劇作的文化認同〉，《文化、認同、社會變遷：戰後五十年台灣文學國際學術研討會論文集》（台北：文建會，2002），頁107-172。劉維瑛，〈懷舊與記憶的接合——析論汪其楣劇作中的敘述視野〉，《藝術評論》第17期（2007.5），頁145-162。

代的文化現象。[2]

　　但是在本文中所特別關注的三位女性劇場創作者汪其楣、許瑞芳、王婉容於90年代以後所創作的劇作中,則看到更多後殖民的文化企圖,亦即想要在殖民後的台灣歷史社會情境中,重建自己的歷史和認同,找到自己此時此刻的文化主體性和定位,這些作品也呼應著1995年由彭雅玲所成立的老人劇團「歡喜扮戲團」的精神,以福佬、客家、外省族群的老人口述歷史生命故事入戲,呈現出台灣庶民歷史和生活經驗的美學,其感人力量震撼了海內外的觀眾。[3]這樣不約而同的創作路線是因何而生?又如何形成一股風潮?而此風潮對台灣在地的文化和劇場又有何影響?實在值得細細探究和追尋。

　　首先,先來分析整理一下本論文的論述架構和理論框架。最基礎的論述切入點是1990年代台灣現代戲劇生成時代的歷史與社會脈絡,解嚴之後,台灣文化界掀起了一股尋根探源、重建歷史回憶的熱潮,也有論者如陳芳明稱之為進入了後殖民的時代,亦即在殖民之後,企圖恢復被殖民時遭掩埋、淹沒的歷史,以抵中心、去殖民化、解構殖民文化的影響以追求在地的文化主體性為主要的文化訴求。[4]只有在解除戒嚴之後,這些過往因多重的殖民

2　盧健英編,《中華民國87年表演藝術年鑑》(台北:中正文化中心,1999),頁26-39、89-91、96-101。林靜芸、盧健英編,《中華民國86年表演藝術年鑑》(台北:中正文化中心,1998),頁34-43。呂懿德編,《中華民國88年表演藝術年鑑》(台北:中正文化中心,2000),頁22-41。呂懿德編,《中華民國89年表演藝術年鑑》(台北:中正文化中心,2001),頁84-87。林靜芸編,《中華民國92年表演藝術年鑑》(台北:中正文化中心,2004),頁152-153。劉育寧,〈台灣劇場跨世紀的懷舊想像〉,《戲劇學刊》第18期(2013.7),頁51-68。

3　王婉容,〈邁向少數劇場──後殖民主義中少數論述的劇場實踐:以台灣「歡喜扮戲團」與英國「歲月流轉中心」的老人劇場展演主題內容為例〉,《中外文學》第33卷第5期(2004.10),頁80。

4　陳芳明,《後殖民台灣──文學史論及其周邊》(台北:麥田出版社,2002),頁15-17。

歷史所被壓抑禁聲的歷史才得以重見天日。另一方面，劉亮雅也提出1990年代的台灣文學是後殖民和後現代交織並置且相互鑲嵌角力的場域，可以看見兩個思潮同時在時代中運作，與在文學中顯現其相互作用之痕跡的現象。[5]在戲劇中也同樣呈現出後殖民與後現代的文化思潮相互作用於作品中的情形，特別是反映在這一時期的戲劇主題常圍繞在記憶與歷史的再現和文化及各種認同的追尋上，這一方面顯示出對後現代文化無記憶、無歷史的一種焦慮與反抗，[6]也顯示了後殖民文化立意挖掘歷史深度、恢復歷史記憶、追尋並「重構」國族或家族或族群、性別身分認同的特性，另一方面，多元的歷史再現也展露了後現代歷史學對單一官方歷史的質疑和批判，而呈現出「解構」大歷史的多元小歷史齊放爭鳴的歷史新版圖，而此時以戲劇展演歷史的三位女性創作者：汪其楣、許瑞芳、王婉容的作品中，即呈現了台灣不同地域、時代、性別和家族的歷史，使劇場再現中那些空間和身體交相銘刻的顛覆文本，成爲一種抵抗主流論述的另類文化論述。這其中又涉及到以文化地理學來詮釋劇場文本時所涵蓋的空間的三個面向：社會性、歷史性和地理性，[7]由於現代之前的研究多著重時間而輕空間，直到文化地理學興起，列斐伏爾出空間的三元特性：生活空間、空間的再現和再現的空間三者互相鍵連，交互影響、生成，改變了當代空間爲一種社會生產的觀念，也使得文化論述與空間生產之間產生了更多能動性的辯證，其中再現的空間即是

5　劉亮雅，《後現代與後殖民──解嚴以來台灣小說專論》（台北：麥田出版社，2006），頁113。

6　同註5，頁108。

7　Soja, Edward, *Third space: Journeys to Los Angeles and other real and imagined places*, Oxford: Blackwell, 1996, pp. 79-80.

指由象徵符號再生產的空間，如：文學、藝術等，是有能力再影響空間的再現和眞實的生活空間的，同時也有力地增添了藝術參與社會改革的能動性，[8]其中戲劇也扮演了再現批判空間的積極文化生產角色。

再者，運用布爾迪厄社會學中身體慣習（habitus）和空間相互銘刻的概念，再推演出劇場中的身體再現和再現空間相互結合與銘刻的過程，其所反映出的特定地方或特定社會和社群的身體文化慣習（cultural habitus），不但可能反映出大眾的集體生活記憶，也蘊藏批判和顛覆這些慣習的可能性，[9]這即是我所謂的劇場再現之抵抗論述（counter-discourse）的成因。[10]結合身體和空間再現的理論，使當代劇場對世界充滿了顛覆與批判的能量，並延展了藝文論述關懷社會的既定層面。最後，研究者還將探討這三位女性戲劇創作者在美學創作策略上的趨勢轉向，她們將現代主義的菁英藝術家轉成爲與參與排練者的集體共同創作者，將單一封閉的藝術創作轉爲和參與者互相對話、互動後的創作，同時，也使得參與者成爲共同創作者。她們以美學反思歷史的特質深具紀登斯所言的現代反思性。[11]而她們詮釋歷史的美學也呼應著里柯（Ricouer）的詮釋學三階段循環理論，成爲詮釋歷史的新美學論

8　Lefebvre, Henri, *The Production of Space*, Trans., Donald Nicholson Smith, Cambridge: Blackwell, 1991, p. 16.

9　Bourdieu, Pierre, *The Logic of Practice*, Trans., R. Nice, Cambridge: Polity Press, 1990, pp. 66-79, 93-94.

10　Gilbert, Helen, *Race, Gender and Nation in Contemporary Australian Theatre*, Ann Arbor: The University of Michigan Press, 1998, pp. 13-15.

11　Gerard Delanty 著，駱盈伶譯，《現代性與後現代性——知識，權力與自我》（台北：韋伯文化，2009），頁 261-263。

述，[12]另外，她們也透過作品分別對記憶與認同、眞實與虛構提出她們特別的觀點的看法，以下就分別細細分析論述，以窺堂奧。這一切還得先由汪其楣在1987年和北藝大戲劇系學生們所共同創作展演的《人間孤兒》開始談起。

汪其楣《人間孤兒》的大歷史與小歷史的交織、對照與拼貼

　　《人間孤兒》是1987年汪其楣帶領北藝大戲劇系的學生共同研讀大量台灣的歷史資料和文學作品後，共同集體即興創作，再由汪其楣編輯串組成劇本並導演而成，劇中不但反映與省思、批判了80年代的台灣社會諸般現代化和全球化後所帶來的現象與問題，更展現出劇作家急欲追尋與重建台灣的歷史和定位的強烈後殖民企圖，在1987年解嚴的台灣社會中格外顯得意味深長。而其劇名中所揭露的台灣的「孤兒」處境，更在劇中所選取呈現的事件中表露無遺，而汪其楣在劇中所選擇呈現的舞台音樂、動作形式等藝術與文化符號，更清楚展現出台灣人演出台灣自己的戲、唱自己的歌的強烈自覺與意圖，以從三字經誦念台灣歷史發展與世界歷史的對比陳述，及連橫的台灣通史卷尾語，做為全劇縱軸的大歷史敘述開場，再在劇中穿插交織反映台灣現代歷史的文學作品、歷史事件和日常生活的小人物故事的小歷史。

　　如索雅在三度空間所論述的空間歷史性展現，本劇由歷史空間的舞台再現，展現出台灣社會在現代化歷程中的特殊常民

12　Ricouer, Paul, *Time and Narrative*, Vol. 1, Trans., K. McLaughlin and D. Pellauer, Chicago: University of Chicago, 1984, pp. 52-82.

歷史經驗與觀點，台灣人民在現代化歷程中所受到的擠壓和縮限，再呈現出台灣環境與土地空間在現代化中所展現的特殊「地理性」，在環境幅員上特別再現出台灣河川和土地在現代化歷程中，所遭受到的大量又無度的破壞和汙染，也由此帶出台灣人民在地理性和歷史性強烈變遷的過程中，「社會性」的特質以及作者亟欲參與社會改革的行動力。整齣戲恢宏沉鬱又諷諭警世地，流露劇作者和聯合創作演出者對台灣歷史和土地的切膚之痛，與急欲介入改變社會的憂思和行動力，實為此劇在台灣戲劇歷史中所扮演的重要腳色，在1970年代的西方現代主義戲劇風潮影響台灣戲劇的創作風格之後（如：姚一葦、馬森和張曉風等的劇作），1980年代初又有五屆的實驗劇展的小劇場運動的作品，深受1960年代歐美的前衛小劇場甚至後現代主義的影響，雖在美學形式上大量藉由新殖民主義的西方形式，來抵制與反抗國府戒嚴體制的內部殖民主義的思想箝制，同時也借喻當下的社會現實，在戲劇主題內容上出現以台灣本地的生活現實為創作素材的作品創作方向，而《人間孤兒》正是企圖以台灣歷史的重建以及台灣人的認同定位追尋，兼及反映台灣在地的社會現實為主題的戲劇類型開端者之一。今日以歷史之眼，重新回顧分析《人間孤兒》的戲劇內容和形式，更能看出這個作品的時代與美學意義，值得吾人細細探究剖析。

　　首先在內容主題上，《人間孤兒》從台灣的歷史身世追溯入手，這是台灣戲劇將本地歷史淵源細說從頭的首開先例，由學童的三字經吟誦，帶入台灣與中國的歷史因緣，以及和世界歷史的交會，在近代歷史中日本殖民政權的進入台灣，和台灣人的反抗歷史，同時也搬演了林獻堂和梁啟超的歷史性會面，再以連橫台

灣通史序的最後結尾：「婆娑之洋，美麗之島，我先王先民之景命，實式憑之。」作序場的收束。這樣的台灣歷史溯源，使全劇的大歷史縱深，和「史詩劇場」的敘事性個性，得以建立，也突顯了台灣在文化上與中華倫理文化（以三字經爲象徵符號）的血脈相連，還有台灣被割讓給日本的無奈和壯烈的反抗，也設定了台灣「孤兒」身分的歷史探索基調和文化情懷。

接著的戲劇情節，就是宛如後現代式的拼貼和雜匯，交織出台灣後現代與後殖民文化情境並置的社會人情和環境亂象，但仍微微以歷史爲縱深，來開展及銜接、組串這些台灣現代化過程所發生的事件，一方面加以對比，一方面也對現狀寄予諷喻和批評。這也就證明了列斐伏爾所言再現的空間可以直接影響生活空間的概念形塑及對其進行批判的作用，汪其楣以台灣現代化歷程中環境和文化社會的敗壞和亂象在舞台空間中再現出來，企圖批判台灣眞實社會空間中所遭逢的問題，並刺激觀眾思考，進而激發他們改變眞實生活空間的社會行動力。例如：第一段飛颺的青春的輕快民歌演唱舞蹈後，緊接著第二段台灣河川的汙染的安靜與遲緩的流動，再跳接至第三段學生們冷漠誇張地在暗淡燈光中抽洋煙和大跳迪斯可的場面，今昔對比，環境與人心在現代化過程中的敗壞沉淪，在敘述演現和表演再現的交替對照下，格外鮮明諷刺。緊接著第四段對兒童美語學習的反思與批判，承續著對台灣現代化後西化的「新殖民」文化危機的觀察與反省，呈現出日本殖民結束後，國府遷台爲了鞏固其在台的統治政權，一方面去殖民化地努力抹去日殖文化在台統治的痕跡，一方面又大量接收了日本殖民政府在台累積的產經結構優勢，又接受了美國大量的經濟援助和文化的輸入，以規避此一時期台灣本地居民對政治

社會的直接批判與介入，因而這段時間可被視為是西方文化特別是美國文化進入台灣的新殖民主義時期。而這樣的歷史發展在全球被殖民和後殖民的文化中屢見不鮮，例如新加坡和菲律賓從殖民統治中獨立後，也分別受到英國和美國的經濟及文化的影響，也經歷了和台灣類似的新殖民主義時期。具體的舞台呈現出兒童以英語辱罵同學和老師還理直氣壯，令人氣結，新殖民主義影響人民的教育和文化心態之深之痛，莫此為甚。接著的第五段新宿族，則呈現80年代末西門町青少年模仿日本文化新宿族的姿態和身形，還有第六段的白人傳教士，在街頭宣揚基督教福音的西化符號，這一連串戲劇事件在在展現出，80年代台灣社會全球化和商品化下，青少年和孩童隨著政經強勢文化起舞跟風的西化、日化，而失落文化上的自我認同問題，而第七段的竹簍隊（頭罩竹簍，手腳遭鐵鍊鐐銬的人）象徵著抗日的被捕烈士，隨著雨夜花低沉緩慢的旋律進場，震驚了前面的迪斯可族、新宿族和白人傳教士，烈士們一一從觀眾面前走過，彷彿提醒著舞台上和舞台下的人，不要忘記這些在台灣歷史上曾經為保家衛國犧牲過的人們，也批判著現在台灣宛若迷失自我的子孫們。若以布赫迪厄所論述的社會慣習的再現和顛覆的理論，這裡可以看出來汪其楣選擇在舞台上不但再現台灣社會慣習中的習以為常的身體動作，也刻意呈現出台灣人如烈士般的顛覆性的反抗身體，也看出她企圖呈現出台灣人自我意識中因循與馴服以及顛覆的身體慣習循環歷程，除了呈現出馴服和因循于文化社會規範的身體慣習之外，也著力呈現出台灣人藉著身體來抗議與挑戰現實的政治或社會壓迫的主體性追求的身體慣習變化軌跡。

　　歷史的因循與抗議的線條在《人間孤兒》中彷彿伏流一般，

不斷的交互湧現，讓劇中人和觀眾不斷地在戲劇時間中停駐下來，回望歷史，也從歷史的角度凝視和對照當下的台灣現況。例如：雨夜花的竹簍隊行過舞台後，就緊連著雨夜花的歌曲沿革敘事，以及台灣歷史中知識分子在日據時期演出「閹雞」的實況和心境 ——「演出我們台灣人自己的戲」，其中清晰地重新詮釋與演繹導演林搏秋先生，根據張文環先生的小說「閹雞」改編，布景設計是楊三郎先生，呂泉生先生則採編了六首傳唱至今的台語歌謠於戲中，也精采的重新演繹了演出中的精華片段，以及觀眾在現場面對突然斷電的情況後，仍以手電筒照明舞台堅持演完全劇的感人畫面。這些台灣人在日據時期努力追求自我，展現的反殖民故事與歷史，就是藉著舞台再現的空間，展現出台灣人民試圖顛覆日本殖民高壓統治，突破馴服的身體慣習，而採取的反抗與主體性追求的身體行動，而在台灣的現代劇場舞台上再次搬演這段歷史，更充分凸顯了當時台灣人嚮往與渴求演出自己的戲來展演自身獨特的文化認同與藉具體身體行動顛覆強權統治的企圖，以歷史諷喻當今社會之意，不言而喻。

　　接著的戲也依舊展現著台灣生活空間的歷史性，地理性與社會性不斷劇烈變遷所遭遇的問題，同時也藉著文學，歷史和常民生活敘事的經驗再現，反映出台灣社會庶民的社會慣習中因馴服和不敏感於自身環境或文化處境的敗壞而因循舊習，或是在社會運動中透過抗議加以挑戰與試圖顛覆社會亂象的往復循環歷程。劇情持續從愛河、淡水河的汙染和垃圾打撈及整治，討論到「鑿混沌一日鑿一竅，七日渾沌死」，來借喻現代化經濟開發對自然和環境所造成的致命傷害，再反觀基隆河的嚴重汙染慘烈實況，更加令人怵目驚心，接下來引述觀光客對蘭嶼原住民的歧視的文

化敗壞，再轉接到蔣渭水痛下針砭的「台灣文化診斷書」，格外讓人感到台灣文化古今對比的相似性，異常震撼。緊接著戲中民眾，在滿台的垃圾中唱著客家山歌，讓觀眾切身感到台灣環境破壞的今非昔比之難堪，也跟著台灣土地面積段落中，人口密度與工廠數量比例居高不下的提醒，憬悟到此刻環境汙染的嚴重，再又跳接到舉抗議牌段落，呈現出解嚴前台灣社會運動風起雲湧的抗議畫面，最後以桃花過渡的哼唱緩慢襯底淡出，結束上半場，留下觀眾五味雜陳的面對滿目瘡痍的社會現況。

　　中場休息以別緻的人偶同台，演出三段台灣的民間故事：「虎姑婆」、「賣香屁」和「蛇郎君」來串場，饒富趣味與寓意，也增添台灣古今人情對照之興味。下半場的敘事邏輯仍依循著上半場的規律，展現歌舞穿插：車鼓陣、說唱藝術、吸食汙染，來諷刺社會的道德與人心敗壞，以吳晟的「過客」詩吟誦，來針貶「過客」對台灣土地的漠然心態，另以動作場面調度來諷刺台灣文化低落，如：文化公車段落。也以夾敘夾議的手法，讓敘事和再現交織呈現出台灣當時的社會、文化弊病，和人情倫理關係的敗壞和問題，例如：兒童用玩具槍逼退老師，引用阿盛小說中鹿港婆與林秋田的故事，則表達了鄉村青年沉淪黑道的感慨，第二十四段女工的故事，呈現鄉村女工在日夜趕工的勞力壓榨下，猶夢想愛情，彼此打氣鼓勵的苦中作樂情境，第二十五段「爆炸沒關係」，描述台灣工業汙染的嚴重情形，也諷刺社會大眾的阿Q心態，和毫無危機意識的輕忽與盲目，最後一段的李天與葉美惠的故事，則是對撿拾垃圾的勞動小人物的禮讚，也似乎暗示著大家齊來效法他們的拾荒精神，將「剩水殘山」努力整頓恢復，方得以不負「婆娑之洋、美麗之島。」台上撿不完的垃圾，以及

持續撿拾垃圾，直至劇終的角色行動，正代表著讓觀眾正視不容忽視的台灣生存環境問題，《人間孤兒》的歷史、社會與環境追尋旅程，展現出劇作家對台灣後殖民歷史重建的認同追尋和使命感，以及當下台灣社會、文化倫理、環境問題的憂心、反思、批判和行動，劇中大量台灣文化象徵符號（台灣歌謠、客家歌謠、說唱藝術、歌仔戲、流行歌曲、台灣民間故事）的再現，無疑是編導再現在地文化特色的刻意安排，在台灣的政經歷史透過戲劇再現於舞台的同時，庶民社會生活，和地理河川環境的變遷的小歷史，更象徵著台灣戲劇美學從家國、民族大歷史的趨勢轉向到一般庶民大眾，甚或邊緣社群小歷史敘事再現的轉換契機。

　　這些美學趨勢轉向的特色，正呼應著後現代歷史學的向「大寫歷史」挑戰，[13]開始注意歷史的斷裂、分散性和多樣性，注意「他者」的活動，其中對婦女史的注意，即是批判了近代西方史學中的菁英主義與男性主義的傾向。[14]若說婦女史研究想要用Herstory來取代History，那麼後殖民的歷史觀念則想用Theirstory取代History，Theirstory指的是非西方殖民宗主國的被殖民國家及其與宗主國之間的諸種歷史。推動社會史研究著稱的勞倫斯・史東（Laurence Stone）更提出了傳統的歷史學往往只注意社會的結構性變化，而忽視個別人物的行為，特別是日常、細小的生活細節，[15]因此帶動了由下往上的「小歷史」研究模式，而出現了大批「微觀史」和「日常史」的研究，這些新的微觀歷史的書寫，改變了歷史寫作和看待與理解歷史的方式。

13　王晴佳、古偉瀛，《後現代與歷史學——中西比較》（台北：巨流出版社，2000），頁71。

14　同註13，頁86。

15　同註13，頁176。

《人間孤兒枝葉版》台灣日常、微觀與
邊緣歷史的上下延伸

　　汪其楣1987年創作的《人間孤兒》就是透過國族大歷史、民眾生活小歷史相互映照，勾勒出台灣社會的獨特面貌，而汪其楣在1992年於國家戲劇院演出《人間孤兒枝葉版》，因應了時代與社會的改變，枝葉版對原作的關心焦點與議題，做了大幅的刪修，更具現了她追溯「台灣歷史的原點，並加重表現這四十多年來，在台灣成長的家庭面貌，以期刻劃政經系統之外的，人民的情感與生活」[16]創作胸懷，其中加入了台灣島嶼的各個原住民族泰雅、排灣、卑南、鄒族先祖的歌謠、姿態與身影，以及島嶼地形、山川、生物系統千萬年來繁衍演變的過程，除了呈現日據前台灣歷史大事與世界歷史的詳實對照編年史紀，也加上了二十六個演員相互講述，彼此認同的家族故事，彼此扮演彼此的家人，編織成台灣光復後庶民辛勤打拼，努力養家育兒勤儉刻苦生活的群像組曲，這些正是後現代「小歷史」「日常史」的具體實踐，這同時也是延伸與擴展了列斐伏爾所論藉由再現空間改變日常空間觀點的明證，藉著舞台上象徵的再現空間，呈現出台灣生活空間中常被遺忘的原住民歷史文化，以及政經系統以外的台灣家庭中人民的情感以及聾人的特殊文化與手語，透過原住民的歌舞文化再現與文化習俗的展演，還有常民生活中勞動身體與家庭生活的再現，顛覆了台灣的身體慣習的刻板印象，也重新銘刻台灣真實生活中多元而豐富的身體與文化記憶。

16　汪其楣，《1922人間孤兒枝葉版》(台北：雲門舞集文教基金會，1993)，頁9。

　　這些故事的主人翁也包括了：憂心泰雅織布傳統難續的泰雅
阿嬤的勤勉思古容顏，還有以活靈活現的手語精彩扮演劇中多個
不同角色的聾人演員，以及鬥雞故事中跛腳的角色阿凜，和描述
台灣社會歌仔戲野台風行的戲迷群眾生相中，十分文雅又會唱歌
仔戲調但不良於行的男戲迷，這些常被大歷史忽略的少數族群、
邊緣族群，在枝葉版中得以鮮明自然的浮現，就是後殖民史觀
中「他者」的含納和具體展現，還有日據時期時以日語演出三國
布袋戲的反殖民主義再現。在這些台灣庶民情感和生活流露開展
於故事中時，許多台下觀眾共同的家庭記憶都被召喚和勾起，例
如：台灣社會從辛勤務農的農業生活，轉向工廠和腳踏車的工業
生活，以及全家客廳即工廠，邊唱流行歌邊拼做各式家庭代工，
如：聖誕燈飾和布娃娃或漁村裡在海邊撈鰻苗、剝蝦皮的勞動歷
程等的記憶，描繪了60、70年代全民皆工，努力投入製造業，
帶來台灣經濟起飛的勤苦記憶，還有全家清明一起掃墓祭祖的共
同生活儀式記憶，接著轉入80年代台灣捲入金錢遊戲的狂潮，
不是簽大家樂、求明牌，就是全家參加直銷會，或是作保、投資
被倒、家裡被查封，最後演變成兇殺和搶劫案的猖獗，劇情此時
也加入了陸正被綁架案遇害的真實事件，讓觀眾重返當時眾人的
怵目驚心和社會無言的悲痛，但日子仍然得過下去，此時周處三
害的故事讓人聽了也格外諷刺而憤慨，但大家還是不斷的想望
著未來的日子，不論去留都仍有所夢想，而陸爸爸此時也默默地
開始種樹了，一顆一顆地數，一步一步地種，台上的人紛紛加入
他的行列，種到一億五千萬四百九十三顆，接著他以手語打出了
「阮若打開心內的窗」的第一段歌詞：「阮若打開心內的門，就會
看見五彩的春光，雖然春天沒久長，總會暫時消阮滿腹辛酸。」

接著所有種樹的人紛紛加入手語歌的演唱,「和聲悠揚,手語四
射」,直至遊走全台讓歌聲和手語布滿個舞台上下,全體演員最
後並將焦點轉移至舞台上投滿樹影的大地,燈才緩緩暗去,旋即
全場觀眾熱烈的掌聲,紮實的響起。

　　《人間孤兒枝葉版》中庶民的家族歷史再現,透過劇中台灣
本地大量的藝術元素如:各族原住民歌謠、歌仔戲調、客家山
歌、台灣民謠和流行歌曲,以及本土的身體和聲音文化符號:歌
仔戲唱腔身段、布袋戲口白動作、看野台戲歌仔戲看得入迷的看
戲身姿、台灣手語,各種家庭手工代工的鮮活身體勞動記憶,都
一一地在劇場的舞台上再現,喚起了台下所有觀眾對自己父母、
祖父母輩的勤勞養育、辛勤工作的溫暖記憶,也召喚起對台灣這
片土地上所走過的歷史和文化的認同感和歸屬感,這些本地生活
記憶的採集、匯編、恢復與再現,是台灣1970年代的現代戲劇寫
作風潮,及1980年代小劇場運動,學習西方前衛戲劇的創作形式
後,在內容和形式上,一種在地追尋與本土的庶民的及女性的美
學趨勢轉向,這一個脈絡一直陸續有創作接續傳承,以下我將繼
續深入探索汪其楣的另外三個關於女性生命歷史的創作與演出的
劇本,所延續的這些美學特性。

汪其楣《複製新娘》女性歷史敘事對父權意識型態的多重顛覆

　　由汪其楣編導,果陀劇場製作,於1998年9月11日首演於
台北新舞台的《複製新娘》,「寫台灣每年七億市場的賺錢的行
業 —— 婚紗攝影;也寫世代做新娘的女子,婚前、婚後,喜悅

與悲傷，以及他們從身不由己的世界裡，如何敏感到眞實的自己，冀求自主的自己。」[17]劇中以台灣年輕女性自己的、母親、阿姨、阿祖、阿太的故事爲經緯，以及婚紗店內不同世代新娘心事爲延展，勾勒出四代台灣女子的婚愛期待與自我理想追求折衝歷程的圖譜，其中更大量參酌了台灣女性口述歷史書籍如：楊翠所著《日據時代婦女解放運動之研究》、江文瑜主編的《消失中的台灣阿媽》、《阿媽的故事》和《阿母的故事》中眞實的女性長輩鮮活的語言和意態，[18]可說是一齣台灣庶民的女性生活歷史縮影，展現了從近代到現代台灣女性蛻變成長的眞實心情寫照，其中包括了：代表漢民族被壓抑的傳統女性，在父權體制下被安排婚姻對象，無法追求自己的所愛和自己向學理想的太婆秀貞；在日據時代因婚姻抉擇而困於養兒育女照顧丈夫的家庭操持勞頓，直待這些家庭責任都已了卻，方得追求自己志趣理想、四處上課遊玩的外婆君美；在事業與家庭中兩頭燃燒，卻仍堅持與丈夫不斷談戀愛的媽媽錦華，是觀眾熟悉的「齊家治國，一肩雙挑」的現代女性；女兒蓓蓓則矛盾掙扎於兩位追求者的求婚，竟分別以與他們同時拍攝婚紗照，流露出現代女性對婚姻制度的質疑，和對一夫一妻制「幸福」幻夢的批評，而妹妹繽繽和好友男友世文及好友女友瑞琪三人互相愛戀之心的情懷，更體現了當代女性情慾流動的多元性，並更大膽而輕鬆地，挑戰顛覆了異性戀單一婚愛機制的霸權，甚至更調皮地發明與運用了「複製」的奇想，想要「複製」出既愛男又愛女的下一代結晶，並鼓勵男性也來加入女性「生育」的行列，這四代女性的婚愛及自我理想追尋歷程，不僅

17　汪其楣，《複製新娘》（台北：遠流出版公司，2000），頁9。
18　同註17，頁10。

如實反映了台灣女性過去所經歷的壓抑、困頓、挫折,現在所面對的挑戰和矛盾,也投射出她們和我們,所可能擁有的更開闊、自在的未來。

其中也穿插對照了「婚紗產業」所形塑的「巨型女性婚愛幻想和虛構空間」,並以出入其間,受困且急欲跳脫其擺布的世代台灣女性,來顛覆這個仿若父權機制所「複製」出來的社會產業機器,以及其背後所代表的父權欲宰制操控、馴服女性,而結合資本機制商業的意識形態,其中又包括了自己婚姻也觸礁的婚紗店工作人員,仍要偽裝隱藏自己的悲哀,繼續為客戶製造幸福婚姻的種種假象的反諷,在在顯露出劇作者對女性婚愛和自我理想追求之間的恆常矛盾的洞察力,和對女性內在心境與渴望的慧心與體貼的關照。更以《複製新娘》的意象和含意貫穿全劇,也耐人推敲,並以女性心裡繽紛多彩的心理想像空間,突破父權社會對女性的諸種限制和束縛 —— 婚紗店複製了父權對女性的宰制幻想,太婆秀貞無法複製一個自己,去追求自己心儀的情郎,和嚮往的讀書識字,阿媽君美也無法複製一個自己,在繁重的育兒持家勞作外,可以追求自己的志趣和理想,母親錦華似乎也盼望複製一個更浪漫的自己和老公,可以一直在齊家治國之餘也談談戀愛,女兒蓓蓓則多希望複製一個自己,可以同時嫁給兩個男人,滿足自己的穩定需求和狂放的渴望,妹妹繽繽則最前衛的選擇既要男友也要女友的情愛想像,並大膽計畫以複製的方法來創造與兩人的共同結晶,「複製」是女性心中真正的渴望,是女性多元多樣的慾望流動和理想追求的具體展現,只要女性明白掌握自己的心志,「複製」的願望也能唾手可得,《複製新娘》以真實台灣世代女性的口述歷史貫穿古今,以妙念狂想,展演台灣女性

多元的慾望和理想追求，充滿幽默機智，和對女性體察入微的人情況味描寫，是一齣以女性為主角發聲，耐人尋味的別緻思想、語言和情境喜劇。

如果說《複製新娘》以女性自述的口述歷史故事，和鮮活生動的日常生活和語言，來呈現台灣女性的心情和心聲，那麼汪其楣接下來創作的《舞者阿月 ── 台灣舞蹈家蔡瑞月的生命傳奇》和《歌未央 ── 千首詞人慎芝的故事》，則是以女性的身體舞蹈和歌聲樂曲。來敷演女性追求藝術和人生自我實現的感人傳記故事，這些特殊的女性表達方式，蘊含著女性劇場研究者愛蓮・艾斯頓（Elaine Aston）所論述的女性肉身自發創造的聲音和動作，常成為女性性別政治再現所批判介入的場域，女性藝術家也常能藉此獨特的表意系統與象徵符號來跳脫父權的語言和文字的掌控系統。[19]這兩齣戲也同時展現了女性體察及參與台灣社會、文化的世態人情，也具現了女性獨特的藝術觀點，創作形式，以及女性對生活細膩瑣碎卻豐繁的情感和思想，更刻劃了從女性角度所觀察省思到的台灣社會動態與變遷，對周遭人物的影響，不僅成為時代歷史的珍貴紀錄，其中難忘的歌聲、舞影，也喚起了不同世代，對過往生活的共同身體與聲音的記憶，在劇場中重溫且共同形塑，台灣在地共同的文化認同與回憶。

汪其楣寫道：「寫女生，停不下筆 ── 在劇場工作了三十多年，我編導的戲劇中盡是些突出的女性角色。但是在專業的領域裡也就如同一般職場，大多數的女性會主動去女性化，只不過到頭來我還是躲不了，仍然被發現：我是一個女性導演、女性劇作

19　Aston, Elaine, *Feminist Theatre Practice: A Handbook*, London and New York: Routledge, 1999, pp. 16-18.

家。我看到、聽到最繁複、最清晰的仍是女子的容顏或聲音，感
受得最深刻、最細微的仍是女性內在與外在動人的性情鮮活性
情」，她又說：「女性角色太吸引我，我也終於知道自己擅長刻劃
她們。」[20] 雖然歷經了職場上去女性化的歷程，汪其楣仍然迂迴走
回刻劃女性真實生命經驗和和性情面貌的道路，並成功地描繪雕
塑出台灣舞台上動人的各類女性角色，增添了台灣舞台上生動的
也長久欠缺的女性歷史容顏，其中蔡瑞月和慎芝就是大眾記憶中
難忘的舞影和歌聲的共同記憶，也是女性傳記文學，在台灣舞台
上恣意縱情揮灑的深刻印記，其中尤為難得的是，汪其楣透過舞
台上蔡瑞月的舞姿身影再現，和慎芝填詞的經典歌曲重唱，以舞
台上的動作和歌聲，具體地展現了兩位女性藝術創作者的才情與
風華，這是超乎也異於筆墨文字及語言書寫的現場肉身和音聲傳
達，其感人的媒介是身體聽聞感受的直接滲入觀眾肌膚和體內，
那些難以語言磬書的這些感觸和激盪，讓觀眾的身體感官也一起
重溫記憶，筆者以為這正是女性主義論述者葛羅茲所倡導的再現
女性充滿動能的身體論述的具體展現，汪其楣試圖以女性特有的
身體舞蹈動作語言，以及女性的身體感官經驗與歌曲音聲表達的
敘事方式，呈現出十分迥異於男性化語言文字與邏輯為重心的銘
刻及再現的女性反論述（counter-discourse），才有可能逃逸出父
權文化在語言和文字的理性邏輯中，所建立起來的層層規則枷鎖
與既定的框架，試圖以女性的特有的敘事方式，來書寫出女性特
有的感受及論述，這也即是筆者所言的「美學趨勢轉向」的重要

20　汪其楣，《歌未央──千首詞人慎芝的故事》(台北：遠流出版公司，2007)，頁 27。

特色之一。[21]

在《舞者阿月》一劇中，我們看見了蔡瑞月追求舞蹈創作中，所遭受的政治壓迫的這一段被壓制的歷史，正如傅柯所倡言「恢復被壓制的地方知識」，[22]對這些歷史足以抵制知識權力霸權的重要性，再三強調，重建蔡瑞月的舞蹈和家庭生活，橫遭政治壓迫阻絕和拆散的真實歷史，就是重新建構台灣歷史中被壓迫的多元地方歷史的重要工程之一，而蔡瑞月身為日據時代背景下長成的第一代女性舞蹈家，其生命經驗中所承在的多重（女性、舞者、編舞家）被壓迫的歷史，和她不受摧折阻撓，始終奮舞不輟的堅毅身影，而她所留下的豐富多彩的創作舞碼，也是反霸權論述的最佳寫照。

汪其楣《舞者阿月》與《歌未央》
以身體與聲音形塑台灣女性獨特的生命故事

《舞者阿月》以詩意澎湃又熱情又冷靜的溫柔筆觸，貫穿今昔，呈現出蔡瑞月一生如海燕般逆風飛翔的舞者丰姿一生故事。戲一開始，即以為搶救被縱火焚毀的蔡瑞月舞蹈社，所發起的1994年台北藝術運動切入，帶出「呼喚舞靈」的蔡瑞月的子弟兵們，保存蔡老師教舞歷史記憶建築的聲聲疾呼，使歷史的緬懷追溯不致陷入懷舊的感傷，而仍有著在當下前瞻未來的力道，接著

---

21 Grosz, Elizabeth, *Volatile Bodies: Towards a Corporeal Feminism*, Bloomington and Indianapolis: Indiana University Press, 1994, pp. 126-130.

22 Michael White、David Epston 著，廖世德譯，《故事‧知識‧權力》（台北：心靈工坊，2001），頁29-31。

是回溯到蔡瑞月自日本習舞返國，在大久丸輪船甲板上，懷抱著回鄉編舞教舞的「心之海岸」，歷歷呈現著蔡瑞月為舞蹈靈思泉湧，靈感奔放源源不絕的創作才情，和熱情的胸懷，在她的呼吸、動作、言語的一舉手、一投足間，都讓我們感受到舞蹈家特有的生命質地、節奏，和敏銳的感受力，接著是「恨然忘川」一段，先描寫回到台南後所遭逢的女性跳舞教舞時，所面對的社會偏見的壓力，和她與雷石榆戀愛、結婚、生子的甜蜜生活，洋溢著詩人和舞蹈家惺惺相惜相知互相激勵彼此創作生命，一起作詩、編舞的溫柔幸福，對比著突如其來的，兩人橫被拆散的白色恐怖災難的突兀和粗暴，讓人更是不勝唏噓和惋惜痛悔，也更敬佩著蔡瑞月遭變後的在沮喪、病苦中的堅強。「牢獄玫瑰」，側寫蔡瑞月的牢獄之災中的困頓、忍耐及刻苦，和她與獄友相互依持的情感，以及十五號（她的獄中服刑號碼）依然繼續在身陷囹圄中，創作和跳出舞作「母親的呼喚」的思子心情，接著「See you Formosa」紀實般的詳細描述蔡瑞月教舞的嚴格認眞，和她桃李滿天下的教學盛況，以及馬思聰和王慕理夫婦拜訪蔡瑞月，親自邀約她為馬的新作音樂舞劇「晚霞」編舞，兩人更親自帶來與雷石榆見面的口信和消息，相隔兩地，傳達兩人時空相隔，多年來相愛卻不能相見，生活言語中仍然滿溢的相互敬重與關愛，更加令人悽惻，特別是馬和王慕理（其妻）說到，蔡瑞月請人帶話給石瑜叫他不用等了；「是 —— 如果有適當的人可以結婚」。蔡瑞月說：「對，我就是這樣說的。他誤會我嗎？」馬說：「他一時不能理解。」蔡：「我也想過他可能想錯，是不是我自己等不下去了，如果我有這個心，反而不敢這樣講 —— 他怎麼懷疑我 —— 馬：他熱愛你。⋯⋯ 王：他就是痴，後來妳從日本又回了台灣，

他才把被子用床單包起來，擱在櫃子底下，看都不敢看。蔡：我捨不得他，我也捨不得他再苦，他也苦命。」[23]這一段戲寫活了兩人兩地相思，彼此擔心懸念對方，但又不忍對方孤單受苦的偉大愛情，讓人無限低迴悵惘。

而此段中也隱隱浮現，在蔡瑞月生活周遭的監聽和監視從未斷絕，直至她七年苦心籌劃編舞排練的「晚霞」，被更名為「龍宮奇緣」，且又驟然更換合作編舞及舞團，蔡瑞月終於再捨不得走，也要遠走異鄉，移民澳洲。尾聲一段的「廢墟月光」，搬演蔡瑞月親自指導她的紀念舞展中的舞步動作，以及她獲頒台北文化獎「終身成就獎」等重要獎項的莊重領獎身影，蔡瑞月仍一步一手地和舞者溝通，跳舞時的每一個心情和動作的感情，與內在的種種細節和轉折，最後「雷石榆出現在舞台上向蔡瑞月伸出雙手，蔡瑞月輕輕抬腳，柔和的擺動手腕，雷石榆伸手扶住她的另一隻手，蔡瑞月仰頭對他微笑，相隔四十年後，兩人終於再度相會……。」[24]全劇也在此劇終，面對人生中他們不能完成的夢想，得以在舞台上實現，留給觀眾無限的神往和反思。如同汪其楣所說：「我在排練場上，還在揣摩口氣，重建情緒；或是翻查圖片、講解角色及社會背景時，都覺得還沒寫完。覺得還好有好多我們共同擁有的故事要跟讀者、跟觀眾細訴，彷彿又再眞眞實實地一起走過，我們不該失去的記憶。誠實的面對歷史之外，更珍重的聆聽彼此的故事。」[25]這齣戲中重現的不只是蔡瑞月這位舞蹈家的

23　汪其楣，《舞者阿月——台灣舞蹈家蔡瑞月的生命傳奇》（台北：遠流出版公司，2004），頁132-133。

24　同註23，頁155。

25　同註23，頁19。

個人生命歷史，也同時具現了蔡瑞月同時代的（日據後期）、國府白色恐怖時期的台灣藝術家、詩人，還有70、80年代台灣捲入金錢遊戲的狂潮的戲中角色及他們的家人、朋友、孩子的心情故事，與他們多樣、真切、鮮明的面貌和性情，從瑣碎、片段的生活中，抽樣紀錄了那一輩人的彼此對待方式，和他們生活應對進退的人情習性，這正是聆聽和訴說彼此故事的最深意義所在，是從家國的大敘述之外，回歸到尋常百姓的日常生活，食衣住行的點點滴滴中的小敘述和小感懷，才得以認識歷史上任何一個世代和時代的真實眾生面貌，這也正是恢復傅柯所說可以顛覆權力和知識霸權的，彌足珍貴的「地方知識」的具體實踐。[26]

　　在2007年首演於台北社教館城市舞台的《歌未央 —— 千首詞人慎芝的故事》，由汪其楣編劇及領銜主演，黃建業導演，以及慎芝及關華石所留下的大量廣播手稿、群星會製作期間的剪貼札記，和兩位一代流行音樂領導人的歌手和作曲家朋友們的訪談，還有卷秩浩繁保留流行電視及音樂文化的大批電視周刊，為劇本創作的豐富有紮實的養分來源，慧心剪裁由現代的懷舊網友追尋往日群星會的歌星風采對話，來開場和轉折，編織成慎芝與關華石精采豐美，又宛如春夏秋冬四季般起伏跌宕的音樂人生，寫出身為塑造歌星幕後推手的慎芝，作為「女性詞人」信手拈來填詞的自然才情，以及她對眾家知名歌手，亦師亦友、慧眼獨具的造型歌路創發、栽培、扶植和關愛，和對家人 —— 如夫婿和愛子的繾綣情深，更寫出從民國39年到77年，台灣承自上海又自己開花結果的流行音樂和娛樂史發展的歷史流變，及其衍生的多樣

26　Michael White、David Epston著，廖世德譯，《故事‧知識‧權力》，頁29-31。

的化樣貌，從淡水河畔的露天歌場，到西門町的歌廳文化，也再現「歌壇春秋」的廣播天地中，銜接上海和台灣早期歌台舞榭樂隊，及歌星現場演唱的珍貴民間流行音樂記憶，至「群星會」製作長達十五年一千兩百八十三集的嚴謹，和恣意揮灑的流行音樂鼎盛黃金時期的輝煌歷史，不僅從娛樂微觀史的切面入手，也從女性傳記歷史的角度，描寫了慎芝女士豐厚的親情、友情與愛情的人生網絡。[27]

我們深刻又細膩地在第一段「春」中，體驗了她與關華石之間的相互理解、惺惺相惜，又相知扶持的深情厚意，並看見與聆聽到了慎芝和關華石兩人攜手主持「歌壇春秋」廣播節目，那種淡雅又雋永的風格，以及製作「群星會」節目的嚴謹用心與謙遜求好，的第二段「夏」中，展現關慎兩人所面臨「群星會」製作受到流行文化改變的衝擊，而收視率逐漸下降，乃至終告停播，其事業和人生發展的困難與轉變，也表露慎芝忠於自己理想的堅持，「群星會」的高格調，和關華石的豁達淡泊，並穿插入三對歌壇情侶，許多膾炙人口的情歌演唱真實動人的情境；在第三段「秋」中，則搬演了慎芝遭逢關華石的病變，堅強悉心照顧知己伴侶的情景，以及透過慎芝作詞，許景淳演唱的〈玫瑰人生〉，和她的回憶追述來刻畫慎芝的喪子之痛，她對照著兩代音樂人交相映照的人生情境，如今秋色蕭殺，落木蕭蕭，令人淒惋迴腸；最後一段「冬」，描寫民國72年慎芝喪夫，到民國77年慎芝辭世之間，慎芝如何歷練百感交集，與丈夫相守最後的歲月，做出由蔡琴演唱的名曲「最後一夜」，並以從容優雅之姿，寫出千首詞

27　Stanley, Liz, *The Autobiographical I*, Manchester and New York: Manchester University Press, 1992, pp. 6-8.

人慎芝女士，在她累積了十四大本創作歌詞的桌前，仍然孤獨而堅定地，交出一首首她爾後傳唱台灣大街小巷的名曲，像：鄧麗君〈我只在乎你〉、潘越雲的〈情字這條路〉以及曾慶瑜的〈今夕是何夕〉這三首經典歌曲，每一首的歌詞，都凝鍊著慎芝女士通曉世事的練達，和她重情重義的深情孤意，更有歷經人生鉅變喪子喪夫後，所有的淒惻與悲痛，都化作她動人心肺的歌詞和歌曲，撫慰著不同世代的歌迷心靈，最後，千首詞人以愉快滿意的神情，仍專心地、神采飛揚地，創作著她心愛的歌曲和歌詞，也自訴他晚年的人生，嚐遍酸甜苦辣況味，與看遍人世滄桑的衷腸，她唱道「……我已經疲倦，走過悲歡冷暖，該把身上塵土彈一彈，找一處敷傷，找些人共歡……當年拋下一身煩，瀟灑的走他鄉，到處停泊，隨時啟航，幾度明月夕陽。末了還是一身煩，回到尋夢舊園，各自訴說，各自心酸。」她就這樣一邊輕輕唱著，哼著微笑著，漸行漸遠，終至完全離開了舞台，一代詞人在她獲得金鐘獎最佳歌曲肯定的那一天，與世長辭，留下許多這些讓人難忘的經典歌曲，不但成為大家不朽的記憶，也將會在未來世世代代，繼續被寶愛珍惜和傳唱下去，如劇中呈現的 e 世代粉絲網友們，仍然熱烈地傳唱著這些美妙的歌曲，流傳著那時代群星會閃亮的群星故事一般。

　　汪其楣的《歌未央》，道盡慎芝女士平凡生命中，不平凡的光芒，她所寫的歌詞，飽蘸著她生命中的喜怒哀樂的俯仰體察，蘊含著她溫柔細緻又含蓄的人生感觸，伴著她特別塑造與精選訓練的，高歌、低吟、淺唱的各路歌星豐繁音色與特質的詮釋，共同以聲音和歌曲，創造了台灣流行歌曲的「群星會」黃金盛世，如同身體的記憶銘刻一般，聲音，也是透過身體所表達出來的具

體情感記憶，銘刻在大眾的記憶中，[28]持久不滅，歷久彌新，身體發出的音樂、歌唱的聲音也因此跨越了文字邏輯的父權的霸權操控，這就如同葛羅茲和艾斯頓所申論與倡導的 —— 唯有藉著女性特有的身體和聲音表達方式，才得以突破父權及男性所掌控的語言及文字邏輯系統的論證所辯證的一樣，汪其楣以女性的聲音和靈感，透過通俗歌曲作詞人和作曲家的歌詞和歌曲，穿透政治的箝制、經濟的條件限制、社會的風俗制約，釋放與撫慰著人內心共同的情感和渴望，流行音樂和電視文化，同時也讓在台灣社會中所扮演的娛樂和解放人心、人性的功能，能在《歌未央》中透過愼芝創作的經典歌曲再現，得到了充分且公平的肯定。

另一方面，《歌未央》也可視為是一個傑出的後現代女性傳記的劇場再現，這個劇場再現中的聲音與身體的再銘刻過程，不但呈現出大眾共同的音樂和情感的記憶，同時不同時代的新興歌曲潮流和風格，也在顛覆著大眾當時習以為常的欣賞口味與品味，如：冉肖玲的嬌媚性感與低沉嗓音的組合，許景淳的美聲高音、曾慶瑜的知性憂鬱、潘越雲的瘖啞滄桑、蔡琴的磁性溫柔，無不在於不同時期，顛覆了過去的聲音時尚，而創造出一種新穎的而特別的聲音表現，成為大家全新的流行與回憶。而《歌未央》對愼芝的人生，不以線性而進步的現代史觀來理解、詮釋，卻以其生命中幾個重要階段的橫切面呈現其人生經驗，也呼應著後現代史觀中的歷史為破碎、片段、不連續的觀點，展現出微觀小歷史細瑣中，呈現人世日常生活細節，見微知著的特色；特別著力描寫愼芝和關華石共同相處時，一起討論歌曲藝術、音樂品

---

28 Grosz, Elizabeth, *Volatile Bodies: Towards a Corporeal Feminism*, Bloomington and Indianapolis: Indiana University Press, 1994.

味和詮釋，與兩人話家常的細節，和與作曲家朋友翁清溪，歌星朋友冉肖玲、秦蜜、余天等相處的關懷、敬重和提攜之情，還有淡筆深情寫慎芝與關華石驟然喪子，哀悼渝恆的感受，無一不自與戲中其他角色的互動，勾勒出彼此的生命深刻的連結感和相繫性，也從身旁親友的口吻，更清楚形塑出慎芝立體的生命，同時也映照折射出她繁複多元的自我。[29]而慎芝女士所寫的詞，傳遍全球華人市場大江南北的這些流行歌曲，更成為詮釋這位平凡中不平凡的傳奇女性的最佳註腳，或輕快或激越，或快樂或哀愁，這些歌曲集成一條蜿蜒的長川，也如同呈現出人心中所起伏不定的情感意識流，隨著慎芝的人生起伏而隨之變化，峰迴路轉，柳暗花明，縱然曲終人散，歌猶未央，以未央之歌，借喻慎芝女士的餘響不絕於世，實乃高妙之筆，留餘韻無窮。

許瑞芳《鳳凰花開了》再現台南的家族與國族歷史糾葛

由許瑞芳編導，於 1994 年台南人劇團製作演出的《鳳凰花開了》，以許氏家族在台南五條港地區的發展變遷歷史為主線，輔以台灣娛樂史中的電影演出盛況如：李香蘭電影於日據時期在中國和台灣，所經歷的個人國族認同矛盾掙扎，以及她受影迷歡迎的盛況，和「北非諜影」上演時由辯士同台演出的獨特情況，來烘托台灣人在殖民及殖民後複雜矛盾的家族及國族認同問題，也側寫台南的地方歷史演變過程，及台南地景記憶的變遷，[30]特別能

29　Stanley, Liz, *The Autobiographical I*, pp. 10-16.

30　Heddon, Deidre, *Autobiography and Performance*, New York: Palgrave Macmillan, 2008, pp. 14-16.

論證許瑞芳以台南地方特殊的歷史性，地理性與社會性的空間三
元性來展現出台南特殊的生活空間及其歷史意義的特殊地位，同
時，作者也藉著劇中助多台南人物家族歷史的習俗人情和身體慣
習的再現與傳承，展現出台南人對傳統的傳承，及其對日本殖民
統治含蓄的顛覆的特殊歷程，以及台南人對其歷史地景變遷的微
妙感懷，以及其對歷史時代與環境變遷的接納與反叛的過程，進
而透過戲和觀眾一起形塑出台南人對其生活空間的特殊看法與感
受，這些在下文中將會則要加以分析和評述之。而今重新展讀此
劇，實為一反思與反映台灣後殖民歷史情境的庶民歷史與心情的
詳實寫照，仍讓人對於這些歷史，和老台南的地景、人物，充滿
想像和感動，也更加感受到作者對保存傳統文化、人情，和重思
恢復台灣地方歷史的急切，以及對現實的批判，及未來的期許。

　　許瑞芳在創作說明中自陳：「…… 我熱切地想尋找與祖先的
聯繫…… 試圖以傳統生活來作為這齣戲的主幹，藉由生活在同
一屋簷下大家族的互動關係，來表達一種傳統的人情，更期許
以「歷史」來做為它的大背景，提醒當代，「史」之不可忘……
珍惜一些祖先遺留給我們的東西！」[31]在作者追尋家族歷史的強烈
動機下，我們看見了她所欲再現的日據時代到二二八事變、國府
遷台後的台南許氏家族的生活歷史和人情禮俗，以她所謂的「拼
貼」、「片段」式生活重組的方式，描繪和鋪陳出來，具現了劇作
家以古喻今的家族自傳舞台再現政治與社會的企圖。[32]而劇中也呈
現出台南不斷被重新改寫和重建的地方記憶中，人民和政治霸權

31　許瑞芳，《鳳凰花開了》(台北：文建會，1995)，頁3。

32　Stanley, Liz, *The Autobiographical I*, pp. 14-15。

不斷協商的過程。[33]

　　故事以出現在首尾段落的現今三兄妹重逢憶往的場景來框架，回溯到前面所述的台灣歷史時期，許姓家族的不同角色人物，對時代政經、社會變遷的不同反應、行動和態度，其中再穿插交疊李香蘭的國族認同矛盾，和許氏家族的女性們，當時看電影的情景，也運用了和她們的評論與心得，來對比許氏家族中不同人物的國族矛盾：如第一代大哥添源在日據時代雖身為鄰長，也反對三郊解散，賣祖產給日本人，並在家中大聲抱怨，抒發被日本人壓抑的怨氣，他也並不希望而去當日本人的南洋志願軍伕，在國府時期他也努力學習「國語」，二二八事變期間，他因曾任鄰長的身分而被抓入牢中，平安釋放回家後變得沉默，並警告要出國的兒子宗明不要插手政治，二哥添福在日據時期，因不願做日本人，而去大陸廈門做生意，直至國府遷台後才返國，第二代的宗明勤學漢文，頗具民族意識，也於國府期間因被壓抑台灣意識，而萌生出國之心，其兄宗德，則於皇民化期間，被日本征至南洋從軍，頗有效法皇民之志，戰後也帶外省同事回家吃飯，顯示出民間的外省人和本省人，除了語言並無隔閡的生活狀態。

　　然而兩代女性包括：身為姑嫂的秀雲、阿滿，和下一代的妹妹惠英及同學秋子，則是在努力求生存的戰亂時代偷渡、偷藏豬肉，躲空襲，雖抱怨卻仍聽話地在過年時節貼上日本的白色春聯，以及束褲腳，假扮皇民，在戰時好多領些配給米，還有在戰時還偷空去看李香蘭的電影，苦中解悶，充分反映出當時台灣小

33　Tim Creswell 著，王志弘、徐苔玲譯，《地方——記憶、想像與認同》（台北：群學出版社，2006），頁138-148。

老百姓的庶民生活況味和風情。而更難能可貴的是，他們藉著許多常民的儀式，如：過年貼春聯、做飯炊粿、祭祀拜拜、出嫁做鞋、繡頭巾，這些親族們送往迎來、應對進退等傳統生活習俗，以及這些習俗中台南人的身體社會慣習，不斷地如儀式般地重覆在生活中搬演，無形中就傳承著大家庭裡細微敦厚的人情世故和禮儀規矩，這即是代表著台南傳統家庭文化的傳承，和在生活中自然的人情禮俗的延續，這些社會生活與人情義理關係的傳承，可被視爲是對不同政權中眾多國族、國家儀式的強制傳輸的一種顛覆和制衡的日常生活批判策略，在日本和國府政權更迭的頻繁徵兵、空襲和光復的諸多政治儀式中，台南人民生活中不變的是，對親族和傳統習俗的、生活儀式的認同和保存，雖然國族認同上，男性特別矛盾於自己究竟是日本人、中國人還是台灣人，如同李香蘭矛盾於自己究竟是日本人還是中國人，是同樣的無可奈何，但是女性們卻在努力求生存之餘，在日常生活中的禮俗、習慣和人情往來中，反而保存了食衣住行文化和社會身體慣習的種種生活儀式，其中蘊含了珍貴的認同感和歸屬感以及價值感，這同時也正是對殖民政治文化操控的最佳反制策略之一。

另一方面，編劇許瑞芳很巧妙地鑲崁入二二八事變後正盛演的「北非諜影」，其電影演出時由辯士做現場台語翻譯解說的橋段，來對照二二八事變中台灣社會諜影幢幢的諷刺，其中男女主角僞裝著彼此不能公開說出的戀情，以及女主角不得不放棄心愛的人，接受自己的丈夫的命運，令觀眾有著如同台灣人被迫爲國府接收，又要僞裝自己的眞情和眞感受的聯想，而辯士諧擬而混雜洋台的逗趣台語字幕翻譯，更讓人覺得充滿諷刺，也和後殖民的運用「擬仿」（mimicry）和「混雜」（hybridity）及「番易」（翻譯

translation）來嘲諷殖民文化（國府的再殖民文化）的意圖和策略
相映成趣，實在令人會心莞爾，也充滿反思的複雜批判意味。[34]

在地景和記憶變遷的感懷再現，與重新以戲劇銘刻記憶這個
層面，[35]也看出作者一方面記錄著台南地景劇烈變遷所帶給人們
的感慨與傷懷之情，藉著追憶來保存快速流失的地景記憶，同
時，也藉著呈現出古老歷史地景無情橫遭拆毀與改建的事實，提
醒大家保存歷史古蹟就是保存記憶的重要性與刻不容緩性。許瑞
芳深情款款地藉由劇中祖孫的對話，來召喚出台南府城原是一隻
鳳凰的地理傳說，和鳳凰花開滿府城的共同記憶，又藉著兄妹三
人重逢，回憶兒時上學穿街走巷的生活記憶，來重新建構出府城
里巷相聞的舊日記憶，再藉由添源兄弟埋怨和惋惜三郊解散，
祖產即將被賣，和家廟金華府祭祀關老爺的來源憶往的情節，細
細追溯與再現府城三郊的昔日榮景，也重提日據時期媽祖宮和水
仙宮，因受有識之士聲援為古蹟才得予以保存，對照今日海安路
被拆的今非昔比，來大聲疾呼，今日的當政人士須更用心保存台
南的古蹟，最後兄妹三人，在今日的民生綠園的鳳凰樹下合影，
憶起在那裡發生的二二八事變時期，湯德章律師被槍殺事件，則
大有保存歷史，就在當下，捨我其誰的感慨兼祈願與批判現狀之
忱。

《鳳凰花開了》以台南的許氏家族三代歷史為縱軸，穿插日
據至國府前期的電影巨星李香蘭身分認同與迷惑的情節段落，和
台人風靡其電影的盛況，再以當時「北非諜影」電影演出實況為

34　Bhabha, Homi, K., *The Location of Culture*, London: Rutledge, 1994, pp. 66, 86, 112-114.

35　Tim Creswell 著，王志弘、徐苔玲譯，《地方——記憶、想像與認同》，頁 38-39。生安
　　鋒，《霍米巴巴》（台北：生智出版社，2005），頁 132-150。

支線，又以許氏親族在戰時和光復初期的生活爲橫切面，以台南的重要地景爲向外輻射的卷軸，舒展出一整幅台南的庶民生活圖像，對照著官方政經發展歷史下，常民百姓生活豐富多樣的點點滴滴，既反映了殖民時代被壓抑遺忘的歷史記憶，也顛覆了單一的被壓迫的庶民記憶想像，更見證了從女性角度出發的微觀生活史，再現於舞台的眞實魅力，女性劇作家關注生活細節，和反映台南社會人情關係，以及突顯地景風土的細微變化的觀點，再次證明了女性慧眼獨具下的特殊風景。

王婉容指導南大戲劇系「口述歷史劇場」重構台灣青少年的家庭、地方與家族成長歷史

　　王婉容於2008年自英國倫敦完成應用戲劇博士研究返國，至台南大學戲劇創作與應用學系任教至今，每年皆與大二同學共同創作展演一齣「青少年口述歷史劇場」創作，至2013年已完成了共七齣戲，於校內D203黑盒子小劇場公開演出，共三十五場，深獲社區人士和學校社群的喜愛，常常爆滿，一票難求，這些關於青年們的家庭、家鄉、家庭童年、學校生活的共同回憶展演，引發了台下觀眾們許多會心相通的共鳴。研究者認爲這是接續著汪其楣、許瑞芳等女性創作者的共同創作意圖，聚焦於反思與再現本地庶民的成長歷史，和社會與人情經驗，將之轉化作劇場的聲音和動作展演，以其呈現和重新銘刻共同的歷史記憶，藉以重建及凝聚彼此做爲生命共同體的文化及歷史認同，研究者以爲這是台灣劇場後殖民轉向的具體表現。

　　在解嚴之後，台灣的劇場創作中，追尋與再現本地歷史的作

品不斷出現，「口述歷史劇場」是其中相當突出的一個支派，其
美學特徵也獨樹一格。1995年彭雅玲導演成立「歡喜扮劇團」老
人劇場，以台灣告白系列（一）至（十）的作品，展演台灣各語言
社群的老人口述歷史，包括：福佬、外省和客家族群的戰後五十
庶民的歷史與生活，表演型式也融合了台灣本地的福佬歌謠、歌
仔戲、客家山歌、國語流行歌曲及實驗劇場的身體表演，呈現出
與汪其楣、許瑞芳相同的，關懷台灣人民歷史與生活，及追求台
灣文化、藝術主體性的創作企圖，在國內外都獲得了廣大的迴響
和共鳴，研究者之前發表的論文皆有深入的論述，因此在此不多
加贅述。[36]僅在此再度聚焦於這一脈相承、氣質相通的女性劇場
工作者，對一般歷史和小歷史及微觀社會生活史的創作關懷和方
向，以下將繼續延伸這個創作脈絡論述21世紀初至今，王婉容每
年於台灣台南持續創作演出的「口述歷史劇場」演進的歷史，和
其所代表的戲劇美學轉向意涵。

　　首先它重視創作過程中，編導與參與者的交叉問答、交流，
激發彼此生命經驗的對話性創作，其文本和表演方式，皆由演
出者集體互動，共同即興創作完成，[37]展現出鮮活的當代「關係美
學」（relational aesthetics）的特質，[38]而非現代主義的藝術「菁英」
創作美學，因而也充分流露及實踐發揮了新興的大眾美學，和公

36　王婉容，〈邁向少數劇場——後殖民主義中少數論述的劇場實踐：以台灣「歡喜扮戲團」
　　與英國「歲月流轉中心」的老人劇場展演主題內容為例〉，《中外文學》第33卷第5期
　　（2004.10），頁80-125。

37　Grant H. Kester著，吳瑪俐、謝明學、梁錦鋆譯，《對話性創作——現代藝術中的社群與
　　溝通》（台北：遠流出版公司，2006），頁28-31。

38　Bourriaud, Nicolas, *Relational Aesthetics*, Paris: Presses du Reel, 1998, pp. 112-113.

民美學的精神。[39]另外，口述歷史的自我反思特質，也契合與呼應了紀登斯的現代反思性質素，成爲對「現代化」的一種反身式的批判與反思美學機制；而若從里柯的「詮釋學」角度，來看「口述歷史劇場」的創作過程，也可清楚看見從將個人生命故事即興練習、彼此分享故事、共同編輯串組故事，以戲劇手法和形式展演故事，與觀衆交流表達故事，再以戲劇展演和觀衆分享故事的詮釋循環完整過程，這是一個從預先想像（pre-figure）（即興練習、彼此分享自己的故事）到具體想像（configure）（共同編織組串故事）再到重新想像（re-figure）（共同尋找適合的戲劇手法和語言來表達故事）的完整詮釋過程，[40]意義透過口述歷史劇場創作劇本和排練過程中，參與者多重詮釋的過程，得以不斷斷裂、漫延、延異及演繹，而這正也是後現代文化中由多元的小歷史企圖解構單一敘述的大歷史的特性，而在這個重新詮釋的循環中，不但解構了大歷史的單一和權威，也同時伸展了庶民在多重的文化霸權中，庶民在自我與彼此的相互敘事與詮釋的過程中，以協商出來的共同敘事來追求自我生命展現的最終實現，也同時彰顯出展現自我或社群文化主體性的後殖民文化企求與集體願望。

再一方面，從心理學觀點，來解析青少年口述歷史劇場的意義，更能看到青少年們從個人多元的敘事中，重新建構出自我認同敘事的自我重構意義，[41]而從青少年們彼此協商、交流出的共同

39　蔡文婷採訪整理，〈公民美學動起來──專訪文建會主委陳其南〉，收入於「台灣光華雜誌」：http://www.taiwanpanorama.com.tw/tw/show_issue.php?id=2004109310018C.TXT&table=1&cur_page=1&distype=text。台灣光華雜誌刊登於2004年10月，2013年3月18日下載查考。McGrath, John, *A Good Night Out: Popular Theatre: Audience, Class and Form*, London: Adhern, 1996, pp. 54-58.

40　Ricouer, Paul, *Time and Narrative*, Vol. 1, Trans., K. McLaughlin and D. Pellauer, pp. 52-82.

41　胡紹嘉，《敘事、自我與認同──從文本考察到課程研究》（台北：秀威資訊，2008），頁9-11。

敘事裡，也能讓他們獲得同儕的認可，建構出讓他們所能共同接受的「社群認同」，在展演中再度透過親友社群的認可，而被加強和再度銘刻，對正處劇烈型塑自我過程中的青少年，這類創作展演，特別具有十分重要的影響和意義。最後，在劇場美學的興革上，記憶中真實與虛構、過去現在與未來的並置，記憶美學在舞台象徵、意象、聲音、動作、各種感官再現中，都蘊含無限的開發和延展的空間，也是很值得分析和討論的面向。以下研究者就以之前提到的七個作品再詳加從其所代表的歷史性、社會性、地理性及美學特質分別分類探討論述。

　　2008 年完成編創展演的《芒果的滋味》和《花開的聲音》兩齣口述歷史劇，分別由研究生和大三學生共同編創演出，相同的是兩者皆以家族歷史為主題，由於世代的差距，這兩齣戲正反映出從 50 年代到 80 年代不同台灣家族歷史的面貌，這裡正反映了口述歷史劇場能呈現出索雅所論述的「歷史性」，展現出參與創作者所經歷的時代的特殊「歷史性」的特性。《芒果的滋味》中的七段故事，展現出台灣 50 年代，從農業社會漸漸轉型到工商業社會，物資缺乏經濟貧乏的生活狀態與情景，反映在孩童對零食、玩具的渴望，以及母親不斷車衣勞作或操持家務的辛勞中，以及農村生活的刻苦耐勞，和全家大人小孩一起出動，採收葡萄或幫忙農作的農業勞動歷史，在家庭關係中，則呈現早期家庭生活裡，女兒與父親之間的距離，和成長中與父親的隔閡缺憾，或是父親耽溺賭博，以至現在女兒的成長重要階段諸如：婚禮都徘徊在門外羞於出席的情境，到了 80 年代，則轉變成子女上北部城市讀書，母親在鄉村翹首盼兒回家，顯著的城鄉差距和母女代溝，還有日趨白熱化的家庭婆媳問題，也隨著女性自主意識增強，而

日益張力昇高；而在《花開的聲音》和《芒果的滋味》中所共同出現的故事，還有常發生在50年代的本省人與外省人婚姻、戀愛，所遭受的家庭反對，起先都是語言不通的阻礙，後來才隨著時間而逐漸消弭淡化，《花開的聲音》中還觸及了早期台灣女性所面對的生男孩的壓力，側寫了民間社會重男輕女，所帶給女性必須不斷生育的折磨與痛苦，另外，也幽默輕鬆地描寫，學生們的父母在60年代的咖啡館和安平海邊，青澀純情的戀愛約會故事，今日看來是格外清純可愛。

　　透過研究生和大學生的家族歷史回溯與再現，讓台下的觀眾，也透過這些在時代變遷中被淡忘的長輩們的音容笑貌、生活俗諺和尋常用語，還有他們的生活習慣、和食衣住行及勞動等儀式如：吃飯、拜年、看電視、洗碗、摘絲瓜、包葡萄、揹小孩、打麻將、吞雲吐霧抽菸、做木工、車衣服、或小孩模仿歌星唱歌、跳舞等生活動作，重新看見自己父母和祖父母的身影，聽見他（她）們熟悉如在耳邊的話語和腔調口音，重溫自己兒時的記憶而倍感親切與共鳴，如同索雅所論述的空間三元性中的社會性呈現的重要，透過這些日常生活中的身體社會慣習的再現，呈現出青少年社群的「社會性」的共同記憶，而這個從分享故事的創作到展演的共同詮釋循環，就是口述歷史劇場裡最重要的「對話性創作美學」所在。其奧祕就在於，透過劇場的練習，來讓參與者共同探索自己及彼此共同的家族歷史回憶，每個人都預先喚起與準備著能引起共鳴的回憶故事，例如：運用情感記憶和感官記憶的召喚，引導參與者重塑小時的第一個家，或是小組分享一個小時候就擁有或珍藏的重要物件，其他參與者可以發問，使故事中的細節、人物和事件，更具體清晰，或以身體塑造出家附近的

自然、地理環境的特色，或是以舞蹈化的生活及工作動作，來描繪家族中的親人與長輩，接著每一小組，需選擇以四張照片來分享，或在一段小組分享最令你難忘的往事等等，這就是里柯所謂的「預想期」（pre-figuration）；接著小組再共同協商出最令大家難忘的故事，做成四張照片的鏡像靜止畫面呈現，同時給這四張照片各下一個標題，後來這就成了故事裡起承轉合的情節事件與段落結構，這就是里柯所謂的「成型期」（configuration），一個能引起小組中大家有共鳴的故事結構，就這樣誕生了；接著是小組成員將分段中的主要事件再加以集體即興發展，使人物關係更具體，角色更清晰，目標和衝突更明確，對話也得以更真實可信，接著就要試圖找到最適合的身體動作、聲音、走位、舞台形式，來表現這才成形的文本，這就是里柯所謂的「重新塑造期」（re-figuration），這一時期是記憶美學轉化和淬鍊成舞台美學的關鍵，同時也是試驗觀眾是否能完全清楚接收並理解到，舞台上所傳達的共同記憶符號，同時也在心中，重新塑造出自己的回憶，及隨之而來的美感與感動的時機，這也是里柯的「詮釋循環」最完美的結局，也是口述歷史劇場之所以深刻感人的奧祕所在。[42]

於2009年完成的《喂！成年》，2010年的《慾！青春》及2013年的《憶鄉戀》，則聚焦在探討和表達這些青年們對成長地方和學校的共同記憶，也藉著再現台灣不同地域的地方歷史記憶，來形塑這些青少年既相似又相異的地方文化認同感，這正是索雅所指的三重空間中的「地理性」部分，因為每個人對生長地方的歷史記憶，是每個人認同感的重要來源，也是社群之間之所以形塑

42　Ricouer, Paul, *Time and Narrative*, Vol. 1, Trans., K. McLaughlin and D. Pellauer, pp. 52-82.

共同文化認同的根源之一。[43]在《喂！成年》和《憶鄉戀》中，學生們分別選擇了自己生長的地方北部、中部、中央山脈東西組（包括：台中和花蓮）、南部、東部和海外等小組（包括；澎湖、香港和澳門），共同分享及發展創作了，和在地的自然人文景觀環境息息相關的鮮活故事，例如：《憶鄉戀》中的中部組，呈現出鄉村的純樸民風和新鮮空氣，以及廟會陣頭拼陣，及分鹹光餅的熱鬧，還有阿公寵愛孫女爲孫女搶壓轎金和拜拜祈福的回憶，另外還有南部組，呈現出阿媽帶孫女看火車解悶的貼心疼愛，也呼應著《喂！成年》裡高屏組（高雄縣市和屏東）的阿公帶孫女逛街，買糖看火車的小鎮悠閒生活風情，以及台南組的重現童年蜈蚣陣回憶，以及阿媽求平安香包爲孫兒祈福的畫面，在在展現出南部傳統信仰與廟會文化的普及與深入，成爲庶民生活的共同記憶，也代表著對地方和家鄉的認同和凝聚。而《喂！成年》中的中央山脈東西組，則呈現出花蓮的山水自然回憶，以及遊子遠離家鄉到外地念書時，掛念家人的心情，也呼應著《憶鄉戀》海外組的港澳及澎湖同學，遠離家鄉在異地讀書想家的心情，以及他們對不同語言、文化的衝擊與反思，而兩齣戲的北部組，恰好都探討著南北或城鄉差距的問題，正反映著北部的大都會文化，迥異於南部和其他各地的特性，其中《憶鄉戀》北部組，強調著南部的濃厚人情味，也調侃著台北的疏離冷漠和緊張，但也藉著來自南北的男女主角相互吸引的好感，也突顯出南北差異所帶來的吸引力；而《喂！成年》的北部組，則藉著北部都會男孩和山區孤獨鄉下男孩，在遊樂園中，因嚮往對方的生活，而巧遇小丑「魔

---

43 Soja, Edward, *Third space: Journeys to Los Angeles and other real and imagined places*, pp. 6-21. Tim Creswell著，王志弘、徐苔玲譯，《地方——記憶、想像與認同》，頁138-144。

法」換身，因而了解到自己並不能適應不同的生活和環境，因而體認到自己原來生活的可貴，顯示地方感如同一種文化習性，並不容易擺脫、顛覆與扭轉，十分發人深省。

《必！青春》則是集中探索青少年的中學學校生活回憶，其中涉及：師生之間既緊張又詼諧的關係、同學之間的親密友誼、愛情和言語、肢體霸凌的關係、青春期時與家人之間的緊張關係，將慘綠少年的學校課室生活，藉著變化無窮的課桌椅和學校制服的不同排列組合，再現於觀眾眼前，觀者看到這些共同經歷過的符號、關係和空間，無不感到莞爾一笑，回到青春少年時。而這些召喚生長與成長地方記憶的符號，也包括了許多青少年共同喜愛的歌曲、電視及卡通節目、偶像等大眾流行文化符號的再現，這些青少年珍貴的成長記憶，使得常被邊緣化和殊異化的青春期族群的生活記憶，也可以有機會發聲及被看見，也藉著這些青少年敘事重新建構青少年的「自我認同」，同時青少年的次文化美學展現，也是反精英美學的一種大眾美學的具體展現。[44]

同時2011年演出的《嗨！爸媽》和2012年的《家・減乘除》，著力探索青少年的家庭歷史，與家庭內的倫理親情關係的時代變遷樣貌，呈現現代生活中家庭人倫關係的複雜變化，與其帶給家庭成員的衝擊和反省，包括：《嗨！爸媽》中，一段故事涉及因兒子戀愛而導致母子、父子關係緊張與衝突，另一段故事，則反映夫妻之間的共同經濟爭執與口角誤會，另一段故事，則呈現出母女之間，因不同世代對前途事業的不同看法而激烈衝突，再一段則描繪出家中父母對姐弟的不同要求和產生偏心的議題；

44　胡紹嘉，《敘事、自我與認同——從文本考察到課程研究》，頁8-13。McGrath, John, *A Good Night Out: Popular Theatre: Audience, Class and Form*, pp. 54-58.

《家・減乘除》，以更激烈的情節，帶出青少年如何面對家庭的暴力、理想和現實的衝突、對身體有挑戰的妹妹的偏心以及父親的外遇問題，兩齣戲皆以日常生活場景切入，直探看似平靜的家庭生活中的風暴和祕密，重思儒家的家庭倫理關係，在現代的社會所面對的劇烈挑戰，以及每一位家庭成員必要的調適和折衝。特別值得探討的是，每一個家庭都各自有裂痕、傷口和痛處，而最平凡的日常生活中，都存在著最不平凡的面對勇氣和智慧，這也呼應了列斐伏爾（Henri Lefebvre）在「日常生活的批判」一書中所揭櫫的顛覆和挑戰資本主義下機械化、重複和異化的日常生活的策略，即是自知自覺地、人性化、創意地，面對與經營每天的日常生活。[45]「口述歷史劇場」中反思和再現日常生活的家庭敘事，從中獲得生活裡淬煉出的智慧和反思心得，獲致全新的自我生命認同和價值，以及透過劇場記憶美學的呈現手法和表現策略，客觀化自己和他人的家庭生命經驗，轉化成具有美感的創作歷程，也是一種自我美感創造的實踐過程，使得日常生活變得不平凡，而具有反思和分享的美感價值，這就是對日常生活的一種創造性的批判和再創造的方式。而其以日常生活為素材，轉化為劇場中的美學符號和形式，再與有類似經驗的觀眾相互交流，更能夠透過共同的情感共鳴，與觀眾形成共感共通有共同認同的共同社群（communita），來對抗現代社會中的機械化和異化所造成的人際疏離，創造出在劇場中，如巴赫汀和斐列伏爾所盛讚的節慶和狂歡的感覺，以抗衡重複單調千篇一律與分裂割離的現代日常生活。[46]

45　吳寧，《日常生活批判——列斐伏爾哲學思想研究》（北京：人民出版社，2007），頁182-186。
46　Lefebvre, Henri, *Critique of Everyday Life*, Vol. 1, London and New York: Verso, 1991, p. 26.

　　從心理學的角度來看,「口述歷史劇場」中重新建構自我生命敘事的策略,也與敘事治療中「重建自己生命故事」,的另類敘事類似,[47]而「口述歷史劇場」中客觀化自己的故事,由他人扮演自己,以達成疏離審視和外化問題的目的,也很類似「敘事治療」的外化問題,和抽離自己做客觀生命敘事的策略。另外,由小組中不同的組員,分別由不同的觀點來詢問說故事者的生命經歷,也如「敘事治療」中,治療師常從不同角度,來詰問案主,以刺激其以不同的角度,和另類的觀點,來重新理解和詮釋案主所熟悉的「生命劇本」,藉以跳脫其固定的自我認知和認定方式,得以重新訴說自己故事的方式,建立出嶄新的自我認同,並藉此掌握改寫自己過去,和未來生命的契機。

　　「口述歷史劇場」中小組成員也常追問說故事者:「這件事發生後對你(妳)有何意義?」例如:在《嗨!爸媽》中,因交女友而導致對母親不禮貌,引起父親不滿而和父親爆發激烈肢體衝突的兒子,在逃出家門前往女友家避難時,才發現自己竟也和母親一樣,想要幫助女友,卻被女友誤解為想「掌控」她,而才幡然了悟,自己誤會了出於善意關心自己的母親,決定寫信向母親道歉。類似如此的省思和對照的機制,常在戲中出現,提供家庭衝突的另類詮釋或解決方式,對於說故事者或席間有類似經驗的人,毋寧是一種紓解和釋懷過往心結、情結的美感洗滌方式。

　　而若就「記憶美學」中的記憶與虛構並置,與想像、夢想交織,以及現在、過去與未來的自由跳接、串連、排比的手法來說,在「口述歷史劇場」中更是多所發揚和延伸比比皆是,創造

47　Alice Morgan 著,陳阿月譯,《從故事到療癒——敘事治療入門》(台北:心靈工坊,2008),頁13-16。

出許多令人難忘的畫面。例如《嗨！爸媽》中，不善理財卻十分
愛家、愛小孩，卻常因經濟問題與太太口角，先與世長辭的父
親，在劇中被虛構於在亡故後，再回到家中，溫柔地、懺情地對
妻子唱著「家後」的感傷畫面，令座下觀眾無不淚垂；《家・減
乘除》中，在外遇的父親身故後的靈堂，兩個母親虛構的見面場
景，也揭露了兩個女人心中，共同的無法完全擁有這個男人的缺
憾，同時也由於體認到父親到最後也只有掛念兩個家庭中的孩子
而失落了對兩個女人的愛情的事實，而取得某種相互的諒解和釋
懷，「口述歷史劇場」的「記憶美學」並非新聞報導，因此並非絕
對要求「事件的真實」，而是在乎重新省思生命經驗所獲得的深
刻領悟，和所洞悉的「人情與情感的真實」，得以分享給觀眾以
求取最大的共鳴。時間的跳接和排比，也是展現人的潛意識和記
憶流動的自然形式，在劇場中這樣的時空跳接，成為以空間代
替時間的「時間空間化」劇場蒙太奇手法，特別讓人感到時空交
錯，過去和現在或未來得以比鄰同在的魔幻美感，並對時間的流
逝更有具象的感受，而想像中已逝的親人，肖像中定格的祖先，
隨著想像的點撥和召喚，重新一一在眼前復活起來，讓人悠然神
往、恍如夢中，不願醒來……這些都是極典型的口述歷史劇場
「記憶美學」的表現手法。

結論

　　從1980年代末期汪其楣的大歷史、小歷史交織的《人間孤
兒》，及《人間孤兒枝葉版》的庶民家庭與勞動生活與國族歷史相
互鑲嵌的多元敘事劇場和身體再現，企圖重新銘刻台灣歷史中被

遺忘的原住民族群、勞動階級和被忽略的家庭人情倫理習俗與儀式，到汪其楣的《舞者阿月》和《歌未央》的再現女性身體與聲音，呈現女性藝術創作與其生活中交互銘刻印記的性別敘事與展演，再到許瑞芳《鳳凰花開了》的台南地方家族歷史再現，企圖展現出台南人特別的情感特質，與針對台南地區的歷史與地景變遷所做出的特別回應與省思，藉此特別的地方敘事與身體再現呈現出台南特有的文化風貌和特殊的台南文化認同感。以及1995年後彭雅玲「歡喜扮劇團」的台灣告白系列（一）〜（十）作品中，不同語言社群的老人口述歷史劇場，再現了台灣戰後五十年不同語言族群共有的生活記憶與反思，再延展至21世紀的王婉容，所引導編創的七齣南大戲劇系青少年口述歷史劇場再現，我們清楚地看見，當代台灣劇場在後現代社會情境中，走向後殖民文化的庶民主體性的多元恢復與追求，這其中包含了不同的階級、性別、地域、家族和不同年齡層的多元與弱勢社群的小眾與集體發聲，也呈現出台灣在地混雜與多元異質的文化認同（包含了：社會性、歷史性和地理性之間複雜的互相銘刻與形塑的過程），並大量運用了庶民與大眾通俗文化的美學象徵形式及符號，來重新協商與定義在地民眾的多元文化記憶及認同，同時，也改變了菁英藝術的現代主義美學風格，走向互動性與對話性的公民美學創作方式，這些都顯示了1980年代以後台灣劇場美學轉向的新興趨勢，在新世紀中，這樣的美學方式勢必更為普及，也將不斷持續改變著我們未來的藝術與生活，也更密切交織互文我們的藝術版圖和生活空間，也會更加賦予每個民眾將每日生活以劇場中的空間和身體再現，予以美學化和顛覆固定的文化互動與身體模式的機會和能力，來抵制後資本、後工業社會中，商業化、機械化、

虛擬化和制式化的經濟與生活型態，以獲致更大的個人主體性，
及群體共同感的平衡。

　　在波洛克（Della Pollock）所編輯的《回憶 ── 口述歷史展
演》（*Remembering: Oral History Performance*）一書中，她論及：
「口述歷史展演是一個蛻變的過程，包含了改變未來的可能性，
因為在觀看口述歷史展演的「見證」過程，激發了觀眾「反應」
的「能力」（response-ability），亦即「責任」；並且透過「身體化的
認知」（embodied-knowing）的美學歷程，使得社會知識和公眾記
憶得以展開對話，挑戰對歷史的既定觀念，以及對被排除的主體
重新認識，這是一個將歷史反省具體化的過程，口述歷史展演，
本身既是一種美學再現生活的生動形式，也是一種社會行動的途
徑（催化劑）（載體）。[48]這段話充分實踐於汪其楣的台灣庶民和女
性歷史再現展演，和許瑞芳的台南地方家族歷史再現，以及王婉
容所指導編創的南大青少年家族、家庭及成長記憶的口述歷史展
演中，讓原本被邊緣化的階級、性別、地方、社群的生命經驗，
得以在劇場中透過身體化的美學再現形式，與廣大民眾交流、對
話，重新恢復與建立公眾嶄新的共同歷史記憶，這本身就是一個
公民社會共同協商歷史和型塑認同的社會行動，在後現代虛擬社
會缺乏歷史深度感的當下，在地社會從歷史反思和對話中，積極
塑造自己獨特的文化認同，不但是後殖民社會共同的抵殖民文化
行動，也是抗衡全球化及資本主義商品化趨勢的具體有力實踐，
同時在劇場美學和實踐方法上也建立了嶄新的趨勢和風格。

48　Pollock Della, ed., *Remembering: Oral History Performance*, New York: Palgrave Macmillam,
　　2005, pp. 2-6.

施施而行的歷史幽靈：
施叔青作品的思想轉折及其近代史觀

邱雅芳

國立聯合大學台灣語文與傳播學系副教授

一、引言

　　在六十五歲的華年，施叔青完成「台灣三部曲」最後一部《三世人》（2010）。施叔青從青春少女開展而來的文學歷程，始終有其自我堅持。閱讀她到目前的所有著作，可說是兼具藝術（art）與技藝（craft）的作家。十七歲就在《現代文學》發表〈壁虎〉的少女施叔青，在不同時期回顧自己的作品時，會清楚發現自己一路施施而行的思想轉折吧。年輕時代的施叔青，已活躍於《現代文學》與《文學季刊》這兩份1960年代的現代主義刊物，她的文學實驗也象徵了那個年代的文學思潮導向。施叔青從現代主義到女性主義到後殖民女性主義的轉變，並非驟然完成的，而是經過長年蓄積的人生經歷與敏銳觀察。在1976年出版《常滿姨的一日》作序時，施叔青已感慨年華「垂垂老去」；[1]寫序的當下，作

1　施叔青，〈序〉，《常滿姨的一日》（台北：景象出版社，1976），頁3。

者是否能夠預見自己埋首書桌又寫了超過三十年以上的時光。

施叔青的美學追求，穿越過1960年代的現代主義，1970年代、1980年代的女性主義，以及1990年代的後殖民主義。[2]在她早期的現代主義作品，已經可以看出她亟欲建構以女性為主體的追尋。香港時期，施叔青開始注意大歷史的權力架構，在1997年限的政治洪流中，她對香港的焦慮轉化成書寫的激情，從而積極建立以女性觀點出發的香港史詮釋。縱使同文同種，但是台灣和香港的文化認同與主體性發展已然有不同的歷史發展，尤其是1997年前後的香港變局，香港人的自由與人權問題，都強烈衝擊到身在其中的施叔青。香港特區居民在1997年之後，言論自由顯然開始受到相當干涉。令人玩味的是，2012年5月以來，香港媒體開始浮現「港獨」的字眼，這是香港在回歸中國十五年後，冒出的一個新名詞。這十餘年來的香港政治現象，也是促成筆者重新思索施叔青的思想轉折與歷史詮釋的重要觀察。

施叔青在香港時期的生活記憶、文學經驗與政治觀察，以及她對土地情感與後殖民史觀的看法，都牽引她去思考如何處理「香港三部曲」及其後「台灣三部曲」的歷史詮釋。在施叔青的文學生涯中，她看出歷史的詮釋權，已被男性掌控許久。這也是施叔青選擇香港殖民史與台灣殖民史做為創作主題時最大的挑戰之處。施叔青的史觀，是屬於女性的，也是後殖民的。在更早期的作品中，她已經有女性自覺的存在。所以當她面對第三世界女性所提出的後殖民女性主義時，應該覺得找到理想的書寫方式，成為她重新詮釋歷史的文學利刃。從現代主義者到女性主義者到後

---

2 陳芳明，〈情慾優伶與歷史幽靈：寫在施叔青《行過洛津》書前〉，收入施叔青，《行過洛津》（台北：時報文化，2003），頁12。

殖民女性主義者，這三種思想的銜接鎔鑄，造成施叔青不同文學階段的風格特質。更由於人生地圖不斷的移動，型塑施叔青的多元視野，讓她能敏銳而迅速地察覺到身邊的政治局勢，也開始回眸自己的出生地台灣。從「香港三部曲」到「台灣三部曲」，可以清晰看出她傾向後殖民女性史觀的歷史詮釋。不難發現，施叔青在近代史觀的形塑與「香港三部曲」、「台灣三部曲」的書寫策略，相當吻合後殖民女性主義的觀點，她嘗試以女性的個人經驗重新詮釋歷史。而如何去釐清施叔青對於後殖民女性主義的實踐，可以透過德勒茲詮釋傅柯所提出的「檔案」與「圖示」概念去釐清作者在歷史書寫的可能性與局限性。

　　「檔案」如德勒茲所言，是一套知識的言說與語族建構系統，它也是歷史的儲存庫，藉由形式的特質，藉由它的組織和表現形式來對待過去。無論是言說與否，建構、語族及多樣性都是歷史性的。它們不只是共存的組合物，也與「衍生作用的時間向量」（vecteurs temporels de dérivation）不可分；而且，當新的建構伴隨新規則及新系列出現時，絕不是突然出現在一句句子或一次創作之中，而是「堆疊磚塊般地」（en brique）伴隨著新規則下所殘存的舊元素殘遺、參差及再活化。除了同構關係或同位素之外，沒有任何建構是其他建構的模型。[3] 而「圖示」則是一張地圖，或更確切地說是地圖的疊合。所有圖式都是跨社會且不斷流變的（devenir）。圖式絕非先前世界之再現，它產生新的現實及新的真理形式。它並不是歷史的主體，也不凸顯於歷史之中。它以拆除先前的現實及意義來寫史，並建構無數的湧現點、創生點、意外

3　關於「檔案」的概念，請參閱德勒茲著，楊凱麟譯，《德勒茲論傅柯》（台北：麥田出版社，2000），頁51-77。

接合點與可能性微乎其微的連續點。它以流變的方式複製歷史。[4]
因此，如何在堆疊磚塊般地的檔案中，選取並重構屬於個人的歷史想像，就依賴各種圖示的組合串連。施叔青有意要把龐大的歷史檔案以圖示（diagramme）延展成屬於女性視角的庶民生活史地圖。另一方面，施叔青的歷史書寫卻看似陷入追求理論實踐的迷境。當她面對龐大的殖民史料時，最終被重構的，是男性的歷史史觀或是作者自身的書寫架構？這是本文特別關注的問題意識。

　　本文以施叔青作品的思想轉折與近代史觀為主題，探討她在人生歷程中的跨界移動為她帶來不同的美學經驗。從施叔青的思想轉折，可以看出一位女性台灣知識分子對現代性與殖民記憶的抗拒或接受，施叔青的身分認同也和她的移動地圖及不同區域的文學思維產生某種程度的影響。在「香港三部曲」到「台灣三部曲」的格局擘造上，施叔青透過歷史事件的罅縫，穿插許多真實或虛構的庶民人物，多少被禁錮的小歷史，都因她的書寫而獲得釋放。然而，小說累積越多，作品的想像空間似乎也被歷史幽靈所占據。對於「歷史幽靈」的定義，本文也必須在此先作說明。近年來由德希達（Derrida）的「魂在學」（hauntology）中提出歷史幽靈的看法。它說明了歷史本身所具有的固著、無法完全摒除。這個說法與本文所思考的歷史幽靈有某種相似，因為兩者都具有一種無法泯除性，使得任何對歷史的逃脫都是失敗的，這個結果即是本文試圖從施叔青的作品裡所辯證的。然而相對德希達這種對歷史結構化／解構化的思考，本文還同時關注到施叔青的女性身分以及台灣身分，因為德希達的hauntology是談「結構」問題，

4　關於「圖示」的概念，請參閱德勒茲著，楊凱麟譯，《德勒茲論傅柯》，頁79-105。

而非關注「屬性」問題。所以筆者在思考本文的架構時，雖然也以幽靈切入，但並未採用德希達的論點，而是以此指涉男性大歷史對於作者重構近代史觀的影響。

在釐清施叔青的思想轉折之後，本文將重點置放「台灣三部曲」展現出來的近代史觀。施叔青如何站在女性身分去解構大歷史，進而形塑繁複的庶民小史。因此，本文的重點並不在於文本內容的歷史考證，例如清帝國對台灣、或日本對台灣甚至戰後的殖民問題，而是施叔青的寫作立場，以及她對歷史資料的運用。本文透過德勒茲重新詮釋傅柯而提出的「檔案」與「圖示」，以探討施叔青如何在性別和後殖民的框架下去展現歷史記憶與書寫技藝。藉用「檔案」和「圖示」的概念，可以分析施叔青在大歷史的官方線性檔案中，如何去描畫小歷史的庶民皺褶地圖，也可以釐清作者在不同圖示之間的連結與想像工程。施叔青企圖以小搏大，她的書寫策略如何為歷史除魅？本文以施叔青「台灣三部曲」為主要分析文本，試圖說明她在近代史觀的形塑過程中，除魅張力所蘊含的兩難，以及歷史幽靈與作家之間的角力。

二、思想轉折：施叔青從現代主義到後殖民女性主義的實踐

施叔青最早期的作品收於《約伯的末裔》（1969）與《拾綴那些日子》（1971）。[5]其中的一些短篇，包括〈壁虎〉、〈火雞的故

5　施叔青，《約伯的末裔》（台北：仙人掌出版社，1969）。施叔青，《拾綴那些日子》（台北：志文出版社，1971），本書18年之後重印，改名《那些不毛的日子》，1988年10月由洪範書店出版。

事〉、〈倒放的天梯〉、〈曲線之內〉,〈拾掇那些日子〉、〈那些不毛
的日子〉,可以看出她對現代主義技藝的追求,也窺見一位早慧
少女的複雜內心世界。在〈壁虎〉和〈火雞的故事〉中,慘綠少
女被不斷的夢魘所追逐。那種超現實的、夢幻的精神表現手法,
構成了施叔青早期小說中的文學基調。〈壁虎〉中壁虎的隱喻,
就在於凸顯情慾的旺盛生命力。在道德規範的審視之下,內心情
慾一旦被赤裸裸地揭露出來,就有如壁虎的形貌,縱使逼眞醜
陋,卻又無所不在、不斷再生。不難看出,施叔青對於亂倫、情
慾的挑戰,和歐陽子頗有相近之處。而〈火雞的故事〉,則讓人
聯想到季季〈屬於十七歲的〉。同樣都是透過小丑般的人物,令
女孩提早見證了一段畸零的人生。從而,看似不合理的人生,也
正說明了生命的荒謬本質。〈火雞的故事〉是質疑青春與死亡、
歡笑與悲傷的悲喜劇,它們荒誕卻也貼切人生。

　　〈倒放的天梯〉、〈曲線之內〉這兩篇作品,則指涉了對正常
身體的探索。瘋癲或是眼盲的殘缺意象,似乎是施叔青用以挑
戰正常世界之所以爲「正常」的身體訓誡。何謂「正常」?恐怕是
這篇作品所要質疑的重心吧!用所謂「正常」的心態或眼光來注
視一群被隔離在「正常」世界的孩子時,不禁令人懷疑我們對週
遭各種「常理」的馴服與習慣,不正是身體受到訓練與規範的結
果。甚而,在〈倒放的天梯〉中,作者更加去挑戰人在精神層面
的社會規範:被懷疑患了精神疾病的潘地霖,最後認命於成爲一
個「更逼眞、更稱職的傀儡」。這是一篇別具特色的作品,但由
於篇幅不大,同樣題材在七等生的〈精神病患〉則有更爲細緻的
探討。[6]〈拾掇那些日子〉與〈那些不毛的日子〉,作者企圖寫出異

6　七等生,〈精神病患〉,《精神病患》(台北:遠景出版社,1986),頁1-93。

象異類的非常人性，並逐漸展現屬於個人的批判自覺。

　　關於施叔青的文學評價，施淑是重要的評論者，尤其是早期作品的分析。對於妹妹的風格轉變，施淑一向提出敏銳的看法。對那段不毛的日子，施淑曾如此寫著：「讀妳的小說，一直有一種變型的感覺。前幾個晚上讀完《擺盪的人》忽然覺得蒙地里安尼的人物 —— 尤其是女人，它的變型、病的微醺，和人性意義上的曖昧，是很能貼切的形容出妳筆下的人物的意義的。」[7]描繪畸形的人性，是施叔青早期的文學風格。類似的觀察，也出現在白先勇的發言。白先勇認為「性」與「死亡」是施叔青早期小說的兩大主題。綜觀施叔青的早期作品，1960年代最為台灣文藝思潮主流的「現代主義」，對她創作的影響是顯而易見的：「一開始施叔青便放棄了自然主義的寫實架構，而取向超現實的神祕主義。因此，她的小說中，經常瀰漫著一種卡夫卡式的夢魘氣氛。她的小說人物也與眾不同，經過誇大與變形後，趨向怪異（grotesque）。」[8]這段話在如今看來，還是可以看出白先勇具有文學家兼評論者的敏銳性。

　　之所以不厭其煩地介紹施叔青早期作品的風格，是要凸顯她不同時期的文學質變。施叔青早期的作品，探討人性的怪誕與荒謬，也關注女性內心情慾的挖掘，頗傾向現代主義的技藝追求。但是從她作品當中，細心的讀者可以感受到作者是一位敏感的女孩，藉由現代主義的技巧去探求女性內心意識。女性主義從1970

7　施淑，〈後記〉，收入施叔青，《那些不毛的日子》（台北：洪範書店，1988再版），頁207。

8　白先勇，〈香港傳奇——讀施叔青「香港的故事」〉，收入施叔青，《韭菜命的人》（台北：洪範書店，1989），頁1-2。

年代到1980年代在台灣展開，和現代主義有一定關聯。施叔青透過自我，逐漸摸索出「人」到「女人」的主體性。當白先勇的「紐約客」系列開始出現時，施叔青也寫出了屬於女性的「紐約客」。〈常滿姨的一日〉的主角常滿姨，是一位飄洋過海到美國賺取美金的低下階層女性。不同於男性作家的留學生或離散主題，施叔青呈現了那個年代另類台灣人的美國夢。[9]

　　1977年遷居香港後，施叔青注意到香港風情的獨特魅影，開始執筆寫香港故事系列。香港前期的作品，《愫細怨》（1984）、《情探》（1986）、《韭菜命的人》（1988），[10] 道盡香港繁華生活中的女性。對於女人身體與情慾的描寫，她極盡細膩之能事。在香港居住前期，施叔青的創作風格似乎有些停滯不變，但是隨著六四天安門事變與香港政治局勢的震盪，她開始注意殖民地歷史記憶的問題。南方朔和陳芳明，是這段時期最常出現在施叔青作品中的序者，對於她的評價也多傾於肯定。施叔青的創作實驗，可以與之生活體驗相呼應。她後來所寫的一系列香港故事，乃至於香港三部曲的完成，都是她對香港的記憶方式。例如黃錦樹在〈餘韻 —— 評施叔青《寂寞雲園》〉指出，被香港大限逼出來的「香港三部曲」，是施叔青迄今為止最具野心的小說。它出現的時機和它存在的意義具有多重的象徵性，而這又和香港本身的特殊性

9　施叔青，〈常滿姨的一日〉，《常滿姨的一日》（台北：景象出版社，1976），頁1-36。〈常滿姨的一日〉後來重新收入《愫細怨》（台北：洪範書店，1984），頁1-34。

10　施叔青，《愫細怨》（台北：洪範書店，1984），小說集的前兩篇〈常滿姨的一日〉與〈台灣玉〉非香港系列作品。施叔青，《情探》（台北：洪範書店，1986）。施叔青，《韭菜命的人》（台北：洪範書店，1988）。施叔青在1985年代出版的《完美的丈夫》（台北：洪範書店，1985），並非香港系列作品。

脫離不了干係。[11]

　　十餘年的香港生活，讓施叔青對香港產生情感。但在另一方面，香港上流社會的物質樣態又讓她亟欲逃離。當時的她，心靈逐漸粗糙乾涸，讓她把目光朝向封閉的中國內陸，渴望被堅實的土地包圍：「我要在灰敗貧瘠，行人各各面表情的北京復甦，找到新生。」[12]在推出「香港三部曲」之前，1989年施叔青出版《對談錄：：面對當代大陸文學心靈》，[13]這本書是她走訪大陸與文學者的面對面接觸，可以看出她對中國現代文學發展的關切與期待。然而，同年的六四天安門事件，讓施叔青對中國產生極大質疑，也注意到香港「回歸」時間的迫切性，進而開始干涉歷史解釋，並積極建立她的近代史觀。隨後的四部長篇小說：《維多利亞俱樂部》（1993）以及「香港三部曲」系列，包括《她名叫蝴蝶》（1993）、《遍山洋紫荊》（1995）、《寂寞雲園》（1997），展現她對香港殖民史的女性詮釋。[14]香港前後期共十七年的生活經驗，對她個人而言，是文化認同的轉型期，也是邁向新文學階段的有力見證。

　　香港的殖民地身世，和台灣有類似之處。1842年的南京條約，清朝將香港島割讓給英國。1860年的北京條約，清朝將九龍半島界限街以南部分納入香港殖民地，1898年英國政府與清

11　黃錦樹，〈餘韻：評施叔青《寂寞雲園》〉，《謊言或真理的技藝》（台北：麥田出版社，2003），頁418。

12　施叔青在《兩個芙烈達‧卡蘿》（台北：時報文化，2001）中，曾經回憶她在1980年代末期的苦悶心境，從而有了《對談錄：面對當代大陸文學心靈》一書的出版。

13　施叔青，《對談錄：面對當代大陸文學心靈》（台北：時報文化，1989）。

14　施叔青，《維多利亞俱樂部》（台北：聯合文學，1993）。施叔青，《她名叫蝴蝶》（台北：洪範書店，1993）。施叔青，《遍山洋紫荊》（台北：洪範書店，1995）。施叔青，《寂寞雲園》（台北：洪範書店，1997）。

朝政府簽訂「展拓香港界址專條」，從1898年7月1日起租借九龍半島界限街以北、深圳河以南的地方及附近二百多個離島，爲期99年。1997年對香港人而言，是「回歸」還是「大限」？兩個天壤之別的名詞，可以看出中國官方和香港居民的政治落差。在香港時期，施叔青意識到自身所處的夾縫文化位置 —— 擺盪在中與西、香港、台灣、中國大陸之間，這種文化經驗造成她在書寫香港所投入的情感格局。她爲香港創造了一位名叫黃得雲的女子，這位虛構人物扮演不斷被出賣的角色，透過她的輾轉身世，讓香港歷史又重演一次。「香港人」的國族／本土認同有如香港殖民史的命運，被歷史操弄而不斷翻轉。集香港時期的力作「香港三部曲」，令人暈眩於施叔青的絢麗筆法，以及她對人物形象與香港殖民史的掌握。在人物性格塑造方面，施叔青是成功的，因爲她擅長以卑微的女性說故事。「香港三部曲」從黃得雲被擄賣身開始，以她作爲貫穿香港殖民史的靈魂人物，最後黃得雲所創造出來的傳奇也有如東方明珠般的香港。一方面，讀者可以從「香港三部曲」窺探作者在面對史料的用功程度，一方面要在檔案到圖示之間創造想像力，這項書寫工程其實也爲隨後的「台灣三部曲」樹立範式。

　　1997年完成了「香港三部曲」之後，施叔青爲她的香港情愛找到文字歸宿。隨後她並沒有稍作歇息，而是立刻回眸故鄉，企圖再以十年來擘造另一部更爲切身的歷史小說「台灣三部曲」。在「香港三部曲」完成到「台灣三部曲」展開前，《兩個芙烈達‧卡蘿》是一本值得注意的書。[15]這本書初稿完成於1998年的台北，

15　施叔青，《兩個芙烈達‧卡蘿》（台北：時報文化，2001）。

但是她和芙烈達‧卡蘿的初遇是在多年前的紐約書店。當她頭一次面對芙烈達‧卡蘿的畫冊，她難以想像世界上會有人，能夠如此熱中地參與自己，那麼戀慕自我，不管外面的紛擾挫敗，只活在一個四處都是鏡子的天地，轉來轉去，看到的只有她自己。然而，此刻的施叔青呢：「我不願看自己，螢光幕上、電梯、韻律教室、更衣室、化妝台的鏡子都是我避之唯恐不及的對象。到後來我漸漸訓練自己刻意對鏡中倒影視而不見。」[16]接觸到芙烈達‧卡蘿，正是施叔青自我否定的嚴重期，她對這個墨西哥女畫家開始充滿好奇。芙烈達‧卡蘿透過繪畫來轉移她的身心苦痛，以微觀的視覺焦點反覆再現自己的傷殘，作品有隱喻也有具象，讓觀者直接面對畫家的靈魂深處。施叔青強烈感受到畫家赤裸裸暴露自己的勇氣。而《兩個芙烈達‧卡蘿》的書寫契機，應該是施叔青自我的追尋之旅。施叔青從香港回到台北定居後，身心狀態依然無法得到真正安頓。因此，她決定遠行，想到天涯海角為自己招魂。在回歸的心路上，她必須把自己拋擲愈遠，才會回來得愈快。《兩個芙烈達‧卡蘿》介於旅行文字與傳記小說之間，以對話的方式，交疊探索芙烈達‧卡蘿和作者本身的身分認同。在書中，她提到自己在香港時期對中國政權的抗爭：

> 芙烈達，人生的機遇何其奇妙，有著太多人無從捉摸的偶然性，在這歷史性的大難中，我正巧人在香港，無從選擇地投入時代的激流，回想起來，真的不虛此行。北京學生的民主運動，令我認同了這塊旅居時年的土地，自願與六百萬香港人共浮沉，戲稱自己是遊行專業戶，參與每一次的示威遊行，手持「李鵬下台」的標語，高唱國際歌，唱到「英特納雄耐爾」，好

16　施叔青，《兩個芙烈達》，頁20-21。

一會兒才會意過來，是英文「國際」的譯音。[17]

　　1989 年的六四天安門事件，是她重新思考中國的關鍵時刻。由於久居香港，她自認有豐富的殖民地經驗，也以小說創作的形式紀錄她對殖民主義的思考。這些心路歷程，應該就是她推出「香港三部曲」的動力。《兩個芙烈達・卡蘿》有濃厚的現代主義色彩，其中所牽引出的拉丁美洲殖民史與後殖民思考，都能對照出施叔青在「香港三部曲」到「台灣三部曲」的文學思維與史觀詮釋。《兩個芙烈達・卡蘿》是施叔青穿越時空與芙烈達・卡蘿的對話，也是她探問自我的心路書寫，一本回歸台灣的暗示之書。

三、檔案與圖示：施叔青的台灣近代史觀

　　　書寫就是鬥爭、反抗；書寫就是流變；書寫就是繪製地圖，「我是一個地
　　　圖繪製學者……」。
　　　　　　　　　　　　　　　　　　　　　　　　　　　　　　德勒茲[18]

　　從「香港三部曲」到「台灣三部曲」，施叔青的書寫姿態都在反抗，因此她毫無疑問是朝向一個地圖繪製學者施施前行。這兩部殖民史的書寫歷程，作者與讀者都同時見證了殖民歲月所留下的痕跡。如何看待這些歷史遺物與遺情，施叔青透過她的文字做出抉擇。「台灣三部曲」的起點，可以算是施叔青人生的重大事件吧。「台灣三部曲」的第一部曲《行過洛津》（2003）之洛津，

17　同註 16，頁 128。

18　德勒茲著，楊凱麟譯，《德勒茲論傅柯》，頁 105。

就是鹿港的舊名。顯然，故鄉的養分始終滋潤著她的創作內涵。
《行過洛津》的書寫，象徵了施叔青的另一個文學階段。鹿港小
城是抹不去的鄉愁，也是她創作的起點。施叔青在以小說為清代
台灣作傳之際，還是選擇了鹿港。然而她生怕自己無法免俗而患
了大鹿港沙文主義的毛病，特地南下走訪府城台南。在文化踏查
與歷史資料的作伴下，最終重塑了她心目中的清代鹿港。[19]

　　施叔青在《行過洛津》仍然還是以情慾抵抗歷史的方式，展
開一個令人驚心動魄的故事。作者自己提過《行過洛津》和《風
前塵埃》的創作策略：

> 利用文獻史料記載重現歷史達到擬真的效果，以相關的情節來鋪陳歷史
> 書寫，是我這兩部小說的創作策略。我選擇古名洛津的鹿港來做為清代
> 臺灣的縮影，以這古都，臺灣人普遍的文化記憶來書寫，走向從前，走向
> 歷史，並不是檢驗使用歷史材料的正確與否。所謂史料，本身就是二度建
> 構，不要說是小說創作，歷史學者亦是如此。[20]

　　此文提出一個基本問題：小說若以歷史素材為主要內容，它
的價值如何判斷？學者林芳玫曾經提問，為何施叔青在小說中要
如此執著於史料探求：究竟這是寫作經驗豐富的資深作家來一次
文獻資料的炫技表演（tour de force）？或是去除部分資料仍能傳
達出主要精神？誠如林芳玫在論文最後的解釋，施叔青的小說旁
徵博引各種方志與文獻，寫出來的則是當代的後學思想。書中諸
多人物，有如召喚前魂，再匯聚成「後學」。從而，《行過洛津》
這本小說與其說是使用大量史料來達成擬真、有如過去歷史重現

19　施叔青，〈後記〉，《行過洛津》，頁351。

20　施叔青，〈走向歷史與地圖重現〉，《東華人文學報》第19期（2011.7），頁2。

的效果，不如說是揭露歷史書寫本身的排除與選擇機制。[21]

　　《行過洛津》的書寫技藝，其實正吻合了德勒茲對於傅柯《知識考古學》的重新詮釋。知識，傅柯將其等同於力量，成為一種實踐上的履行，宛如一種發聲和觀看的機械或機器。人成為創意的個體，「能夠打開文字、句子、命題以析取它們的陳述」，也可以以相同方式打碎「事物」。德勒茲指出，考古學者的任務，是在「打開文字、句子、命題，打開性質、事物、物體。當被看和被說所顯示的，不同於考古學者所參與的相同次序。」[22]再根據Conley對於德勒茲論傅柯的研究延伸，檔案指的是一種空間推論，將繼承而來的知識分類和歸類。像是歷史地圖，它是事實的儲存庫，藉由形式的特質，藉由它的組織和表現形式來對待過去。圖示則並非是要總結過去，而是去塑造現在和未來可以被理解和生活的方式。圖示希望藉由改變過去被既定思考的方式，提出對未來的控制，也決定目前和未來的行為，如它的作者們所希望施加的。[23]施叔青已經指出史料本身就是二度建構，然而筆者認為，歷史小說的可塑性在於作者如何超越官方檔案的線性敘述，以圖示的方式建構出作者的想像地圖，以地理空間取代歷史時間。因為檔案的累積疊造，無論幾度建構，還是遵循了線性時間與主流價值。施叔青的「香港三部曲」與「台灣三部曲」，已然可以看出作者的書寫策略是從檔案到圖示的實踐，展現她以女性小歷史重新詮釋男性大歷史的野心，也企圖以文本交織成一幅幅的

21　林芳玫，〈文學與歷史：分析施叔青著《行過洛津》中的消逝主題〉，《文史臺灣學報》第1期（2009.11），頁181-205。

22　Conley, Tom, *Cartographic Cinema*, Minneapolis: University of Minnesota Press, 2007, p. 10.

23　Conley, Tom, "The Historical Atlas: Archive or Diagram?" *Journal of Historical Geography,* 30 (2004), pp. 564-568.

庶民地圖。她的書寫策略，亟欲解構官方的檔案，而以圖示的概念重新組合。然而，在作者的意識下，儘管揭露出歷史書寫本身的排除與選擇機制，在此之後，作者如何去重新組合，則是更上一層的書寫工程。《行過洛津》儘管有成疊的史料鋪陳，但作者還是游刃有餘地以優伶一身貫穿清朝台灣的移民社會，呈現複數流動的歷史想像，成功開展了台灣書寫的的首部曲。

施叔青以小說形式來重現洛津這座海港城市由盛而衰的過程，她深入閱讀了清領時期洛津的歷史，瞭解當時的社會型態、商業組織，祭祀信仰，民情風物，從中發現當時渡海來台的移民無心在台灣生根，死後還是埋骨原鄉。這種現象在清代晚期有了轉變，宗族成員在移民地逐漸繁衍，慢慢認同本土的地緣和血緣，產生新社會的群體。《行過洛津》以一個泉州七子戲班旦角許情的人生路線為軸，切入了洛津的移民史。《行過洛津》透過許情三次赴洛津演出，讓他遊走在情慾橫流的鹿城巷弄之間。── 他／她的身體地表與洛津地理重疊，胯下在閹割與交媾的壓迫下尋找出口。不僅小說中的主要人物各有鮮明個性，鹿城人的眾生群相更是重現生氣勃勃的時代氛圍。在歷史中被化約的庶民人物，透過作者的想像被召喚到歷史現場。《行過洛津》的歷史格局是卑微的，象徵官方立場的朱仕光以道德正統自居，在《荔鏡記》的改編工作完成後，他的「心中頗有失落之感」。為何他會有失落？因為「劇中一切實在太不足觀」。[24]從而，朱仕光不過只是大歷史的一個魁儡。以此反思《行過洛津》的書寫策略，正好站在大歷史的相對面，施叔青試圖在檔案資料中創造圖示，

24　施叔青，《行過洛津》，頁340。

以撒豆成兵的方式，將小人物的卑微生命擴大爲清朝台灣的移民史。

隨後出版的《風前塵埃》，則聚焦於日治時代的台灣東部開發史。小說中的女主角月姬是一位灣生日本人，她的父親橫山新藏爲了出人頭地，帶著妻子來到殖民地台灣擔任警察，因爲參加討伐太魯閣族的戰役而留駐山上。在台灣出生的月姬愛上了反抗日本捍衛土地的太魯閣青年哈鹿克‧巴彥，她背叛自己的種族、階級以及殖民者的優越感，不僅和哈鹿克‧巴彥發生肉體關係並懷了他的孩子。哈鹿克‧巴彥後來被橫山新藏逮捕處死，月姬不願意遵從父親安排的婚事而奔逃下山，被一個早就愛上她的客家籍攝影師收留，但是她選擇不告而別，在戰後回到日本。施叔青在《行過洛津》已展現對台灣原住民的關心，《風前塵埃》更以原住民男性和日人女性的悲戀來鋪陳日治時期殖民史，再藉由無弦琴子來到台灣尋找身世爲線，逐漸牽扯出一段塵封已久的記憶。施叔青以橫山新藏做爲台灣與日本的連接點，足見她對日治時期殖民史用功之深，也展現她有別於男性作家的大河小說模式。[25]橫山新藏所扮演的角色，其實和《行過洛津》的朱仕光是相同的。他們依附強勢政權，在國家體制中是最前線的執法者。

25　台灣男性作家的大河小說，傾向以台灣人作爲主線發展，透過台灣人的被殖民經驗來詮釋日治史，這種書寫方式可見於吳濁流、李喬、鍾肇政、東方白的大河小說。而施叔青的《風前塵埃》卻以日本人橫山新藏，一個在名古屋和服店擔任夥計的下層庶民，透過這位人物爲了出人頭地而來台擔任警察作爲連接點，從而展開他的女兒橫山月姬和台灣原住民的愛情故事。基本上，施叔青敏銳地注意到橫山新藏這類人物在日治時期的存在，他們多是在日本階級社會難以出頭的庶民百姓，所以毅然選擇來到台灣這塊新天地冒險。另外，諸如橫山新藏的人物類型（從日本移居到台灣以尋找出路的日本男性），就筆者觀察，在日本人女作家眞杉靜枝和龜田惠美子的台灣相關作品中也有出現。因此，筆者認爲施叔青在研究日治時期史料時，不僅考慮到台灣人的立場，也爬梳出日本人的在台經驗，進而以此作爲小說的故事軸線，展現了迥異於男性作家大河小說的人物設定與歷史詮釋。從而，也可印證出施叔青對於史料用功之深。

　　日治時期除了官方派遣的殖民官吏與技術人員之外，生活平穩的日本人不會冒險移民來台。如橫山新藏者，是爲了擺脫社會階級而來；也有些人在內地無法生存而投奔台灣。另外，如參與東部移民村的農民，則是因爲故鄉的土地太過貧瘠。[26]他們多是日本底層的窮困百姓，爲了前途放手一搏。施叔青在構思第二部的格局時，意識到除了蒐集文字史料外，還得置身日治時期殘留下來的現場，才能貼近揣摩日本殖民統治下臺灣人的心境。來到花蓮之後，她決定以吉野移民村爲切入點，安排橫山一家來到台灣後山的東部花蓮。施叔青爲日治時期所創造出來的圖示是從三代日本女子橫山綾子、橫山月姬、無弦琴子出發，她們的台灣經驗已非官方殖民史之再現。她們並非歷史的主體，也不凸顯於歷史之中，但是卻足以拆除先前的現實及意義來寫史，並建構無數的湧現點、創生點、意外接合點與可能性微乎其微的連續點，而以流變的方式複製歷史。在性格塑造上，她選擇「用安靜從容的語言來表現一家三代的日本女子，以和服作爲象徵，優雅的布料織上坦克、武器的圖案，反映菊花與劍兼具的日本民族性。」[27]

　　對施叔青來說，《風前塵埃》讓日本人、山地人、客家人三個不同族群一齊登場，是一種新的嘗試。她企圖擴大視野，如實地描繪日治時期花蓮一地的多元社會現象。而多年後，橫山月姬和台灣原住民所生的混血兒無弦琴子回到花蓮，一步步探究自己

26　關於移民村的題材，日治時期日人作家濱田隼雄（1909-1973）有《南方移民村》一作。《南方移民村》分9回在《文藝台灣》刊登：第3卷第1號-4卷3號（1941〔昭和16〕年10月至1942〔昭和17〕年6月〔未完〕）。小說中刻意強調台灣總督府對西部的水利建設與整地工程，因此被照顧的台灣農民是很幸福的。相形之下，到台灣後山的台東從事開墾的日本移民，則是自力更生的艱苦拓荒者。

27　施叔青，〈用小說爲台灣歷史作傳：我寫「台灣三部曲」〉，《文訊》第315期（2012.1），頁24。

的身世之謎，歷史記憶被逐漸喚起。在服飾與族群之外，作者透過橫山月姬與「眞子」之間的內在投射，橫山月姬和無弦琴子的身分認同，企圖翻轉日本人的殖民詮釋：

> 這本書重新翻轉日本人的殖民詮釋。強調優生血統的日本殖民主義，在小說中遇到了考驗，月姬和哈鹿克的私生女，身上流著山地人的血液，並不是純種的日本人，我想表現的是台灣歷史的形成是如此多元而駁雜，還往往被學術研究的學者所忽略。[28]

其實，施叔青在《風前塵埃》所展現的近代史觀，很快就被研究者所關注。林芳玫的研究認爲，此書以日本人爲發言主體，弔詭地呈現作者對日治時期台灣的曖昧立場。就書寫手法而言，小說融合大量史料詳實的記錄人、事、物、地方，使讀者彷彿重臨歷史現場，充滿寫實色彩。但是在人物方面，敘事者進入人物內心，探討其心理活動與意識流動，這方面則是現代主義的特色。《風前塵埃》也延續《行過洛津》，探討了認同的流動、變化、錯亂，尤其是以女性身體與服裝的變換來討探性別與跨性別的認同。[29]施叔青早期文學的現代主義特色，確實在她往後的文學發展中持續保留。而以女性角色展演性別、情慾與身分認同，始終也是施叔青擅長的表現技巧。《風前塵埃》以日本女性爲發言主體，這些女性並非殖民體制的受益者，反而是受害者；橫山綾子無法適應台灣，橫山月姬被迫與愛人死別，無弦琴子的身世則是一片空白。施叔青另闢蹊徑，不以台灣女性作爲殖民地命運的

---

28 施叔青，〈用小説爲台灣歷史作傳：我寫「台灣三部曲」〉，頁23。

29 林芳玫，〈《台灣三部曲》之《風前塵埃》：歷史書寫後設小説的共時與共在〉，《台灣文學研究學報》第15期（2012.10），頁157-158。

隱喻，而選擇逆向操作的方式來呈現。

　　劉亮雅則指出，較諸其他許多解嚴以來歷史記憶小說，《風前塵埃》更關注於涉及跨國殖民主義的大歷史以及諸多小歷史與大歷史的關係。這些重層交疊的歷史記憶卻又因跳躍、非線性的敘述而有如破片，藉此施叔青暗喻了臺灣歷史的複雜曖昧、斷裂錯亂以及重組記憶之必須。[30]如破片般的非線性敘述，正是作者亟欲突破線性史料的嘗試。而筆者以爲，施叔青在近代史觀的形塑與「香港三部曲」、「台灣三部曲」的書寫策略，其實相當吻合後殖民女性理論的觀點，因爲她是有意識地運用它作爲解釋歷史的方法：「長期以來，在文學史上，詮釋歷史的權利都是掌握在男性作家手中，女作家在大河小說的園地是缺席的，我有意補足這個空缺，站在女性立場發言，找回詮釋歷史的權力……」。[31]施叔青在歷史事件的罅縫中，穿插了許多眞實且虛構的庶民人物，形塑了完全屬於她的女性史觀。多少被禁錮的歷史幽靈，都因她的書寫而獲得釋放。然而，在小說不斷累積之餘，作者的文字似乎也被施施而行的歷史幽靈所糾纏。《風前塵埃》以一對日本母女與台灣之間的牽絆，刻畫出一段跨種族的悲戀，然而交錯置入文字情節的殖民史知識非常龐大，它可以在讀者閱讀時會造成熟悉感（例如從史料檔案所得到的歷史知識），但是也容易稀釋文學想像的空間。從檔案到圖示的轉化，施叔青越來越受到理論的牽引，小歷史和大歷史之間的搏力成爲拉鋸戰。甚而，因爲史料分量過於繁複，造成圖示與圖示之間的聯繫被阻斷。如何打破檔案

30　劉亮雅，〈施叔青《風前塵埃》中的另類歷史想像〉，《清華學報》第43卷第2期（2013.6），頁313。

31　施叔青，〈用小說爲台灣歷史作傳：我寫「台灣三部曲」〉，頁25。

中的陳述結構與相同次序，而以重疊的地圖改變過去既定思考的
方式，是施叔青在「台灣三部曲」書寫工程上必須一再面對的課
題。

　　三部曲之最後一部《三世人》（2010）問世，還是可以看到作
者以女性觀點重構歷史的熱念。《三世人》的主線是以虛構的施
寄生、施漢仁、施朝宗的家族三代爲中心，分別代表日治時代的
三種認同光譜之典型。施寄生以清朝遺民自居，完全排斥日本文
化。[32]施漢仁則是殖民體系下的底層公務員，第三代施朝宗的心
靈已完全日本化。這三位男性人物類型在日治時期作品中不難看
到，他們儘管是虛構的角色，卻更像時代縮影下的眞實人物。此
外，《三世人》中也穿插許多歷史的組織、事件或人物，如文化
協會、二林事件，蔣渭水、李應章、簡吉、蔡培火、謝雪紅、林
獻堂，甚至有一段文字還出現日人作家西川滿的名字，[33]顯示作者
閱讀史料的繁複性。這些人物和施家三代的交集並不多，但是他
們的現身讓《三世人》宛如重回歷史現場。然而，《三世人》探討
不同世代台灣男性認同的歧異之外，小說更把焦點凝聚在養女王
掌珠身上，她個人認同的轉變，足以涵蓋那個年代的瞬息萬變。
王掌珠想把自己的故事寫成一本自傳小說，用文言文、日文、
白話文等不同文字，去描寫她一生當中的四種服飾：大　衫、和

32　這一類型人物的經典代表是朱點人〈秋信〉中的斗文先生。請參閱朱點人，〈秋信〉，《王
　　詩琅、朱點人合集》（台北：前衛出版社，2001），頁232-233。本篇原載於《台灣新文
　　學》第1卷2號（1936.3）。

33　西川滿三歲時跟隨家人來台，在台渡過童年、少年時期。1927年3月到1933年4月這段
　　期間，他返回日本唸書。1933年大學畢業後他下定決心再回到台灣，1934年，西川滿進
　　入「臺灣日日新報」社，主編該報文藝版，同年9月創設「媽祖書房」，刊行《媽祖》雜
　　誌。從1939年設立「台灣詩人協會」開始，逐漸成爲皇民化時期的台灣文壇領導人。
　　1940年他創刊《文藝台灣》，成爲戰爭期日人作家最大的文學陣營。

服、洋裝、旗袍,「二二八」之後又變回穿大 衫。她以服裝變化展演二十多年台灣歷史的變遷。每個時期她都告訴自己:「我就是我所穿的衣服的那個人」,然而到底她是誰?她要如何說?這是一個大問號。

　　《三世人》從乙未割台到二二八事變,透過各種人物與事件串起小說情節,並以樟腦為開篇,以映襯台灣的命運。施寄生的身世,既暗示現代與傳統的衝突,也彰顯殖民者與被殖民者的摩擦,小說最後以施朝宗涉入二二八暴動後躲入歌仔戲班逃亡結束,作者呼應《行過洛津》,印證人生如戲。其實,《三世人》在女性身體與服飾方面,也是作者持續著力之處。儘管這部小說的主軸放在施家三代,但是養女王掌珠反而是撐起整個故事的關鍵性人物。從養女到自我解放,從書店店員到模仿日本女性,從一位電影愛好者變成中國白話的愛好者,其實是在描述台灣社會在1920年代至40年代的生活變化,處處都可看到台灣歷史的轉折。相較於施家三代男性,《三世人》令人驚艷之處,還是王掌珠一角。

　　《三世人》問世後,「台灣三部曲」至此總算完整,更可綜觀施叔青近代史觀的形塑歷程。「香港三部曲」到「台灣三部曲」兩個孤島的歷史書寫,讓作家從中年到遲暮的歲月投身其中。「香港三部曲」三部小說起承轉合的脈絡,和平行的香港歷史環環相扣。但是「台灣三部曲」則各自獨立,三部小說情節人物互不相屬。以此觀之,王德威對於「台灣三部曲」的討論,尤其是最後一部《三世人》的敘事轉折,值得注意。王德威認為施叔青在撰寫《三世人》時,顯然有意避免重複已經操作過的敘述模式以呈現不同風格。但她更可能認為台灣的歷史經驗繁雜,迥異於「香

港三部曲」的移民身分，身為台灣的女兒，她必須更誠實地以多
重視角、時間、事件來呈現心目中的實相。更令人矚目的是，以
往施叔青的修辭風格以華麗風瞻為能事，但《三世人》卻越寫越
淡，甚至令人覺得清冷。這裡所暗示的敘事姿態和歷史觀點的變
化，值得讀者玩味。[34]

　　王德威在《三世人》的序文中，其實相當清楚施叔青的文學
力道：「道是無情卻有情，施叔青越是對浮生百態冷眼旁觀，也
才越寫出殖民時期台灣人的認同的困惑，身分和不由自主的無
奈。《行過洛津》是以主角『許情』許諾的『情』開始的，而《三
世人》以台灣人的『不情』作結束。果真如此，三部曲對台灣史
的感喟以此最為深切。」[35]所謂「不情」，是作者的熱筆已冷，還
是面對台灣史的不奈或無奈？或者如林芳玫所說：貫穿三部曲
的一個隱性主題是以書寫來呈現書寫的困難、書寫的（不）可能
性──換言之，再現的（不）可能性。所以三本小說中的重要人
物，想寫而寫不出來、想說而不敢說、找不到適切書寫語說話的
語言。[36]不論是冷眼看世間或者無言以對，還是指向作者說故事的
方式。在史料與熱情當中，施叔青成為擺盪的作者。因為在乎歷
史詮釋的問題，所以文字的溫度越來越冷卻，文學的想像也出現
斷裂。當她面對龐大的殖民史料時，至始至終亟欲重構的，是男
性所留下的歷史記憶。然而，這項書寫工程也成為作者面對小說
技藝的極大試煉。

34　王德威，〈三世台灣的人、物、情〉，收入施叔青，《三世人》（台北：時報文化，2010），
　　頁12。

35　同註34，頁16。

36　林芳玫，〈《台灣三部曲》之《風前塵埃》：歷史書寫後設小說的共時與共在〉，《台灣文學
　　研究學報》第15期（2012.10），頁157。

四、小結：大歷史與小歷史

　　施叔青的大河小說，不遵循傳統以男性英雄偉大事蹟的敘述，而著重描寫在歷史裡無足輕重的小人物，特別是身分地位卑微，社會邊緣的人物。本文所指的「小歷史」，又稱為「微歷史」（microhistory），基本上可視為補足「大歷史」（macrohistory）的另類史觀。這個源自於法國年鑑學派學者費爾南‧布勞岱爾（Fernand Braudel）的概念，就如布勞岱爾指出，是將「日常生活……帶入歷史的範疇中」（1992），[37] 以彌補只針對主流權力結構所關注的大國家、大社會、大人物等「重要」歷史的盲點，也就是其所忽略的權力結構之外的小地方、小社群、小人物。在史觀上與布勞岱爾接軌的法國歷史學家米歇爾‧德‧塞杜（Michel de Certeau）就指出，歷史應同樣對這些「邊陲」提出關注，因為「文盲的啟發、女性的經驗、愚者的智慧、孩童的沉默」都有助於揭露被權力核心者所掩蓋的真相。[38] 此外，歷史學者伊斯特萬‧茲雅脫（István Szijártó）也從讀者觀點提出四種「小歷史」對歷史理解的重要性：它對於普遍大眾更具有吸引力，它傳遞日常的個人經驗，它更接近生活中的真實，而因此它所產生的影響也更為普及和深遠。[39]

　　因此，相較於官方紀錄下的「大歷史」，「小歷史」則是貼近

37　Fernand Braudel, *The Structures of Everyday Life, Civilization and Capitalism 15th–18th Century*, Berkeley: University of California Press, 1992, p. 29.

38　Roger Chartier, "Michel de Certeau: History, or Knowledge of the Other," in Roger Chartier, *On the Edge of the Cliff: History, Language, and Practices*, trans., Lydia G. Cochrane, Baltimore: Johns Hopkins University Press, 1997, p. 46.

39　István Szijártó , "Four Arguments for Microhistory", in *Rethinking History*, Vol. 6, No. 2 (2002), p. 209.

庶民的生活史。所謂「小歷史」並非單純只是以名不見經傳、無
足輕重的小人物、女性、或社會邊緣人爲主體，它更是一種反
「大歷史」的書寫策略，或是一種互補。作者如何挖掘屬於庶民
生活的「小歷史」並表現個人記憶情感，以此抵抗、破解「大歷
史」／官方的「歷史記憶」，從而展現「小歷史」與「大歷史」的對
話或互斥。例如「香港三部曲」的黃得雲、《行過洛津》男扮女裝
的許情。施叔青利用娼妓、藝旦、伶人來暗喻香港、台灣的被殖
民處境，透過以小搏大的技藝，去映照一個大時代的紛擾。關於
史料的運用方面，作者一再言明她的選取策略：

> 利用文獻史料記載重現歷史達到擬眞的效果，以相關的情節來鋪陳歷史
> 書寫，是我的創作策略，並不是在檢驗我所使用的歷史材料的正確與否。
> 所謂史料，本身就是二度建構，不要說是小說創作，歷史學者亦是如此。
> 小說與史論最大的不同之處在於小說回到現場，事件正在發生，是進行
> 式，時間的副產物，小說不受史實的約束，可以憑空想像杜撰，透過當時
> 所用的物品、說話的語氣、道德行爲準則、風俗祭典、人物之間的愛恨情
> 仇，不同理念的衝突、妥協傳達出那個時代的氣息風貌。[40]

　　上述兩段話，是施叔青在完成台灣三部曲後的發言。可以發
現，她再度提出：「所謂史料，本身就是二度建構」。如果以檔案
到圖示的概念來解讀，史料是歷史堆砌下的產物，它有其傳承的
知識系譜，就如同「大歷史」。小說家的工作，在於把史料化爲
個人的圖示而成爲「小歷史」：「一份圖式就是一張地圖，或更確
切地說是地圖的疊合。而且自一份圖式到另一份時，新的地圖便

40　施叔青，〈用小說爲台灣歷史作傳：我寫「台灣三部曲」〉，頁23。

又被提出。這是何以相較於它所連結的點，絕沒有一份圖式不包含相對自由或鬆脫的點（創造、轉變及反抗之點）；如果想理解整體，可能正需要由這些點出發。正是由每個時代的『鬥爭』或其鬥爭風格中，圖式之承續或它們超越不連續性之重新串連才可能被理解。」[41] 藉由檔案資料，歷史學者可以構思其他且新、創意的、突變的、抵抗的解釋形狀。以Michael De Certeau的話來說，這個新的形狀，將是地圖戰略：「圖示」的結果，在策略的設計中運作。[42] 從而，套用傅柯對歷史學者的提議，作家亦可採用相同策略以重新詮釋歷史。施叔青的作品，尤其是「台灣三部曲」的地圖戰略是相當鮮明的。

　　因此，如果從歷史主義切入探討施叔青的歷史書寫，就容易忽略大歷史對於施叔青作品中某種「無意識」的影響。換句話說，我們在注意到施叔青個人對於大歷史具有批判的能動性時，應該反向思考施叔青本身是否能夠徹底跳脫大歷史的枷鎖，而這也是本文嘗試以女性後殖民主義切入，重新理解所謂的「大歷史」對於施叔青創作的影響。女性主義與後殖民主義相結合所產生的視角，也有助於去思考施叔青這位「台灣」的「女性」作家，如何受到這兩個面向的擠壓，而形塑自己的近代史觀。因此，本文雖然依舊關注施叔青作品中的「歷史」，但切入點卻在於她如何在官方線性檔案中以作家之手重新組織材料而串聯成各種圖示，進而在圖示與圖示之間交織成那個時代的庶民面貌，達到以小歷史對搏大歷史的可能性。本論文也希望藉由對於施叔青作品的研究，進一步掌握在台灣這個社會中性別與後殖民兩者的關聯

41　德勒茲著，楊凱麟譯，《德勒茲論傅柯》，頁105。

42　Conley, Tom, *Cartographic Cinema,* Minneapolis: University of Minnesota Press, 2007, p. 13.

和影響。

在「香港三部曲」到「台灣三部曲」的格局擘造上，施叔青安置許多眞實或虛構的庶民人物，以小歷史的非線性敘事構成許多圖式。然而，小說累積越多，作品的想像空間似乎也被歷史幽靈所占據。依據筆者對於施叔青作品的觀察，投入相當史料的「台灣三部曲」，因爲政權迭換、地理跨界、性別展演、身分認同與種族混融等多音呈現，一路寫來越顯現一種蒼白的掙扎。施叔青書寫「台灣三部曲」的目的，是企圖在大歷史的縫隙中以個人小歷史填補，從而重新扭轉大歷史的獨斷和斷裂。毫無疑問的是，施叔青運用流變的方式複製歷史，汲取以及疊加各種地圖，她使歷史去解放過去的眞實和意義。然而，她的大河小說雖然是嘗試將檔案資料吸納轉化，以建構某種重新解讀的「圖示」，但這個作法也受限於作者思考自身性別和台灣身分，反而使得大歷史的主導性依然存在，圖示與圖示之間的創造與疊加也出現局限性。因此，「台灣三部曲」越行到後，作品的生氣越見消沉，大歷史以幽靈分身占據文字的各個角落，而成爲難以撼動的紀念碑（monument）。施叔青和歷史幽靈的角力，也逐漸呈現疲態。

所有的書寫，都是作家探問世界的方式，更是作家尋求自我的軌跡。施叔青的作品也是如此。趴在桌上喃喃自語寫小說的作家身影，已持續四十幾年頭了，令人不得不驚嘆於作者的創作意志。「香港三部曲」和「台灣三部曲」的完成，是施叔青文學歷程中的重大事件，她爲香港立史，接著回眸故鄉以小說重新詮釋台灣百年史，慢慢形塑她的近代史觀。施叔青在人生歷程中的遷移路線爲她帶來不同的美學經驗。從她的思想轉折（或者是一種衍化），可以看出一位台灣女性知識分子對殖民記憶與近代史觀的

嫁接與建構，施叔青的身分認同也和她的移動地圖及不同區域的
文學思維產生某種程度的影響。堅持寫完三部曲的施叔青，至此
宣布停筆。然而，筆者在最後想以提問做爲本文的再思考：作者
在完成書寫後，是否已然抽離大歷史的陰影？或者，爲了再度與
歷史幽靈進行抗爭，從而激發起她書寫下去的動力？答案，應該
在施叔青的下一個書寫計畫吧。